JAMES W. VON BRUNN

"MATEM OS MELHORES GENTIOS!"

"Tob Shebbe Goyim Harog!"

(O TALMUD: Sanhedrin 59)

"MATEM OS MELHORES GENTIOS!"

ou

"Tob Shebbe Goyim Harog!"

(O TALMUD: Sanhedrin 59)

O GUIA RACIALISTA PARA A PRESERVAÇÃO
E MANUTENÇÃO DO PATRIMÓNIO GENÉTICO BRANCO

por

JAMES W. VON BRUNN

Copyright © 2024 - Omnia Veritas Ltd

Kill the best Gentiles!

TRADUZIDO E PUBLICADO POR
OMNIA VERITAS LTD

www.omnia-veritas.com

Todos os direitos reservados. Nenhuma parte desta publicação pode ser reproduzida por qualquer meio sem a autorização prévia do editor. O Código da Propriedade Intelectual proíbe as cópias ou reproduções para uso coletivo. Qualquer representação ou reprodução, no todo ou em parte, por qualquer processo, sem o consentimento do editor, do autor ou dos seus sucessores, é ilegal e constitui uma infração punível pelos artigos do Código da Propriedade Intelectual.

Dedicação

Em memória de:

CONTRA-ALMIRANTE JOHN G. CROMMELIN, USN.

"Está ali um homem!"

+ + +

John Geraerd Crommelin Jr., contra-almirante da USN, serviu no teatro do Pacífico durante a Segunda Guerra Mundial como oficial executivo e oficial da aviação a bordo do USS *Enterprise*, CV-6 (o navio mais condecorado da história naval). Crommelin foi reconhecido pela tripulação como "o coração e a alma do Big-E". Mais tarde condecorado com a Legião de Mérito com uma estrela de ouro, um "V" de combate, uma Citação Presidencial da Unidade, uma Carta de Recomendação e um Coração Púrpura, foi-lhe atribuído o comando do porta-aviões mais avançado do mundo, o USS *Saipan* (CVL-48).

Em 1949, o Contra-Almirante Crommelin precipitou uma investigação do Congresso que impediu que uma poderosa influência comunista no seio do governo dos EUA incapacitasse a Marinha dos EUA e fizesse pender a balança do poder militar a favor da União Soviética. Em 1987, o Contra-Almirante Crommelin foi eleito para o Carrier Hall of Fame, situado a bordo do navio preservado USS *Yorktown* (CV-10), Patriot's Point, Charleston, S.C. A sua placa, ao lado da do Secretário da Marinha James Forrestal, diz: "O Contra-Almirante Crommelin foi eleito para o Carrier Hall of Fame:

Em 1949, sacrificou a sua carreira naval ao precipitar a "revolta dos almirantes", que salvou a aviação naval.

Uma nação pode sobreviver aos seus tolos e até aos seus ambiciosos. Mas não pode sobreviver à traição que vem de dentro. Um inimigo às portas é menos formidável, porque é conhecido e carrega os seus estandartes abertamente. Mas o traidor move-se livremente entre os que estão dentro dos portões, os seus sussurros astutos percorrem todos os becos, são ouvidos nos corredores do próprio governo... porque o traidor não parece um traidor: fala com sotaques familiares às suas vítimas, usa os seus rostos e roupas, apela à baixeza que jaz no fundo da alma de todos os homens. Apodrece a alma de uma nação; trabalha secretamente para minar os pilares da cidade; infecta o corpo político para que este não possa mais resistir. O assassino é menos temível.

- CÍCERO

PREFÁCIO

O objetivo deste livro é apresentar aos jovens brancos informação factual que é convencionalmente suprimida ou distorcida pelos meios de comunicação social e que lhes é negada pelas escolas e universidades - que são obrigadas a promulgar a linha marxista sob pena de perderem os subsídios governamentais.

O texto está repleto de citações de autoridades mundiais, cujas referências constam da bibliografia. Quando ler TOB SHEBBE GOYIM HAROG (MATAR OS MELHORES GENTILES!), aperceber-se-á de que - apesar dos ruidosos protestos de negação - existe uma antiga CONSPIRAÇÃO para destruir a civilização ocidental. Neste momento, estamos envolvidos numa guerra mortal com o INIMIGO HISTÓRICO para determinar se a nossa nação perdurará ou não. Estamos a perder esta guerra porque caiu uma cortina de ferro de censura, revogando a Primeira Emenda da Constituição dos Estados Unidos. Sem liberdade de expressão, o nosso sistema de governo não pode funcionar.

Este é um momento sério. Você e a sua família estão em grave perigo. Vamos dar-lhe os FACTOS e depois discutiremos as medidas a tomar.

Felicidades,

James W. von Brunn
Easton, Maryland 21601

8 de junho de 1999 (*Recordar o U.S.S. Liberty.*)

ÍNDICE DE CONTEÚDOS

PREFÁCIO 9
   INTRODUÇÃO 14
PREÂMBULO 15
   I 16
   II 21
   III 27
CAPÍTULO 1 29
   A CONSPIRAÇÃO 29
     A TORAH 29
     O TALMUD 32
     OS PROTOCOLOS DOS SÁBIOS DE SIÃO 39
CAPÍTULO 2 47
   OS KHAZARES INVENTAM O JUDAÍSMO 47
CAPÍTULO 3 52
   O ILLUMINATI 52
     GUERRA CIVIL 61
     CITAÇÕES DIRECTAS DO RELATÓRIO ANUAL DE 1980 DO CFR: 75
     CADERNO DE PERGUNTAS E RESPOSTAS 77
     OS ESTADOS UNIDOS APOIAM O COMUNISMO: 80
CAPÍTULO 4 86
   PRATA 86
   O FED: ACTIVIDADE ILEGAL E TRAIÇÃO - O DINHEIRO DA AMÉRICA EMPRESTADO PARA EXISTIR 95
   FRAUDE DO SISTEMA DE RESERVAS FEDERAIS 95
   Sistema de reservas fraccionárias - O comboio dos banqueiros 97
   EXTRACTO DOS ARQUIVOS DO CONGRESSO 99
   DOSSIER DO CONGRESSO COMISSÃO DE INQUÉRITO DA CÂMARA 101
   FICHEIRO DO CONGRESSO Câmara dos Representantes 103
   ASSEMBLEIA ESTADUAL DE NOVA YORK 104
CAPÍTULO 5 108
   ESPIROQUETAS DA SÍFILIS JUDAICA 108
     MARXISMO 110
     FREUD 114
     Hollywood encontra material para comédias de costumes 116
     BOASISME 117
CAPÍTULO 6 122

O EMBUSTE DO HOLOCAUSTO	122
CAPÍTULO 7	**147**
MENDELISMO	147
MUTAÇÕES	*149*
NASCIMENTOS	*150*
SAÚDE MENTAL	*150*
GENÉTICA E RAÇA	*154*
CAPÍTULO 8	**166**
O NEGRO	166
CAPÍTULO 9	**179**
FORÇA ARIANA	179
CAPÍTULO 10	**191**
PARASITISMO U.S.A.	191
TRAIÇÃO E SEDIÇÃO	*192*
ESTRATÉGIAS PARA A DERROTA E GUERRAS NÃO VENCEDORAS	*202*
OS MEIOS DE COMUNICAÇÃO DE MASSA	*209*
PRATA	*214*
INFLUÊNCIA JUDAICA?	*215*
INVASÕES CULTURAIS	*218*
ESPAÇO	*219*
CAPÍTULO 11	**223**
PATOLOGIA E RESUMO	223
PATOLOGIA	*223*
RESUMO	*237*
A SÍNTESE DO OCIDENTE CONTINUA:	*251*
CAPÍTULO 12	**253**
SÍNTESE	253
A SOLUÇÃO FINAL	*258*
O IMPERATIVO CATEGÓRICO	*268*
GLOSSÁRIO	**272**
BIBLIOGRAFIA	**277**
América	*277*
Revisionismo histórico	*278*
Génese da guerra	*278*
O revisionismo do Holocausto	*278*
Raça e cultura	*279*
JUDEUS	*281*
O Terceiro Reich	*282*
ALGUNS SÍTIOS WEB INTERESSANTES	*282*

EXPOSIÇÕES **285**
    FOGO *285*
    CARTA A JAMES HENRY WEBB *286*
    Carta de Crommelin a Erik von Brunn *294*
    BOICOTE DE ANDERSON *298*
    CARTA A ROBERT HIGGINS *300*
    EDITORIAIS DO STAR-DEMOCRAT *302*
    NUNCA RENUNCIAR À SOBERANIA *304*
    CÍCERO *304*

JÁ PUBLICADO **305**

INTRODUÇÃO

Este livro é, antes de mais, uma compilação de dados de investigação, ideias e escritos de homens e mulheres que admiro, cujas palavras me inspiraram e cujos escritos tomei generosamente emprestados. Tentei reconhecer e atribuir as minhas fontes ao longo deste livro. Um reconhecimento especial deve ir para Oswald Spengler, Francis Parker Yockey, Wilmot Robertson, Revilo Oliver e William Gayley Simpson.

No entanto, não devem ser responsabilizados pelas conclusões a que cheguei neste livro, que, neste sentido, é da minha exclusiva responsabilidade.

- JvB

PREÂMBULO

Porque tu és um povo santo para o Senhor teu Deus. E o Senhor escolheu-te para seres o seu povo especial, acima de todas as nações da terra.

A BÍBLIA SANTA (Torah): Deuteronómio 14:2.

Todas as propriedades de outras nações pertencem à nação judaica, que, consequentemente, tem o direito de se apoderar delas sem escrúpulos... Um judeu pode agir de forma contrária à moral se isso for benéfico para si próprio ou para os judeus em geral.

TALMUD: Schulchan Bruch, Choszen Hamiszpat 348.

Enganámos, desorientámos e corrompemos a juventude goyim, educando-a em princípios e teorias que sabemos serem falsos, apesar de termos sido nós a inculcá-los.

PROTOCOLOS DOS SÁBIOS DE SION: Protocolo 9:10.

Ainda não começaram a avaliar a verdadeira profundidade da nossa culpa. Nós SOMOS intrusos. Somos desordeiros. Somos subversivos. Apoderámo-nos do vosso mundo natural, dos vossos ideais, do vosso destino, e devastámo-los. Estivemos por detrás não só da vossa última grande guerra, mas de quase todas as vossas guerras; não só da Revolução Russa, mas de todas as outras revoluções da vossa História. Semeámos a discórdia, a confusão e a frustração na vossa vida pública. Continuamos a fazê-lo. Quem sabe que grande e glorioso destino poderia ter sido o vosso se vos tivéssemos deixado em paz?

MARCUS ELI RAVAGE, JEIF *Revista Century*, janeiro de 1928.

Deixem-me emitir e controlar o dinheiro de uma nação e não me interessa quem faz as suas leis.

AMSCHEL MEYER ROTHSCHILD, JUDEU (1743-1812).[1]

---

[1] Ao longo deste livro, inseri palavras no meu próprio texto e em textos citados por outros, para identificar indivíduos como judeus, para que o leitor não tenha de se basear no contexto ou na memória para fazer a identificação adequada. - JvB

I

Assistimos hoje, na cena mundial, a uma tragédia de proporções gigantescas: a destruição calculada da raça branca e da cultura incomparável que ela representa. A Europa, antiga fortaleza do Ocidente, está agora a ser invadida por hordas de não brancos e de mestiços. O mesmo se passa com a Austrália e o Canadá. As outrora produtivas civilizações brancas da Rodésia e da África do Sul, extorquidas pelos ILLUMINATI e pelo seu instrumento de execução, os Estados Unidos, foram forçadas a adotar governos DEMOCRÁTICOS, deixando as suas famílias brancas à mercê de negros numericamente superiores e mentalmente inferiores, cujos antepassados foram incapazes de inventar uma simples roda. Os ataques mais concentrados contra a raça branca, no entanto, ocorrem nos Estados Unidos da América.

A revista TIME (4-9-90) refere que, na primeira metade do século XXI (estatísticas do US Census Bureau), a população branca dos Estados Unidos tornar-se-á uma minoria no seu próprio país! O "browning of America" mudará todos os aspectos da sociedade, desde a política e a educação à indústria, aos valores e à cultura... o novo mundo está aqui. E é *irreversivelmente* a América que está para vir". A TIME continua: "A velha maioria aprenderá, como parte normal da vida quotidiana, o significado do slogan latino gravado nas nossas moedas - *E pluribus unum*, um formado de muitos".

Ben Wattenberg, judeu e porta-voz do American Enterprise Institute, de Washington, D.C., comentando a estagnação da taxa de natalidade branca, a miscigenação e o fluxo de imigração não branca, declara com entusiasmo: "Há uma boa hipótese de o mito americano dar mais um passo, nos anos 90 e seguintes, em direção à ideia de que somos a NAÇÃO UNIVERSAL. É a sentença de morte do destino manifesto! Somos um povo com uma missão e um objetivo, e acreditamos que temos algo para oferecer ao mundo!"

O "mito americano" (criado pelos judeus) de que os nossos pais fundadores queriam que todas as raças, desde os pigmeus aos Ainu, fossem convidadas a vir para as nossas costas, baseia-se nas palavras de Thomas Jefferson na Declaração de Independência: "... todos os homens são criados iguais". O significado desta afirmação, frequentemente citada, foi distorcido pelos ILLUMINATI que reescrevem subjetivamente a história e empunham o chamado "HOLOCAUSTO" como um machado de batalha sobre as cabeças daqueles que proclamam certezas genéticas: os homens e as raças NÃO são criados iguais.

A afirmação de Jefferson só pode ser entendida no contexto do seu tempo. Os nossos pais fundadores eram arianos, homens bem-educados que compreendiam, empiricamente, as grandes diferenças entre estirpes de cavalos, estirpes de gado, raças de homens e entre indivíduos: um conhecimento hoje confirmado pelas ciências naturais da genética, da eugenia e da antropologia. Hitler, como os simplórios americanos estão a começar a aprender, não estava totalmente errado.

Os autores da nossa Constituição, representando treze colónias proprietárias de escravos, esperavam construir um bastião da cultura ocidental na América *para a sua descendência branca*. Jefferson, proprietário de muitos escravos, NÃO apoiava a igualdade racial. A ideia nunca lhe teria ocorrido (também disse: "...as duas raças igualmente livres não podem viver juntas sob o mesmo governo"). Jefferson estava a referir-se à *igualdade perante a lei* - em relação à questão candente da época: "não tributação sem representação".

Os fundadores também queriam um governo em que o poder supremo coubesse ao povo. Sabiam, no entanto, que neste mundo tão imperfeito, os *inteligentes e capazes são sempre mais numerosos do que os pouco inteligentes e incapazes*. Por conseguinte, o voto da maioria anula o voto da inteligência. Os fundadores também sabiam que as massas são facilmente controladas por homens ambiciosos e sem escrúpulos. É por isso que, na sua sabedoria, criaram uma República com um sólido sistema de pesos e contrapesos - e não uma Democracia - sabendo que a Democracia está destinada a destruir as próprias liberdades que é suposto proteger. Como *resultado, o direito de voto era tão precioso que foi limitado* aos homens brancos considerados capazes de exercer o seu direito de voto de forma responsável. Os autores da Constituição foram influenciados pelos discursos de Platão sobre a "regra da maioria" e pela história dessa notável cidade-estado, Atenas, durante a Idade de Ouro de Péricles (c. 430 a.C.). A população total de Atenas, de 130 000 habitantes, era composta por 50 000 cidadãos (gregos, estreitamente consanguíneos), 25 000 mestiços (estrangeiros residentes) e 55 000 escravos. Nesta aclamada "democracia", que produziu desproporcionadamente muitos dos maiores homens da história, as mulheres, os mestiços e os escravos não podiam votar e os cidadãos não podiam casar com escravos.

Alexis de Tocqueville observou: para estabelecer uma base de poder numa DEMOCRACIA, basta professar uma crença no igualitarismo. Este é precisamente o estratagema utilizado pelos ILLUMINATI na última metade do século XIX na América. Engordados pelos lucros da Guerra Civil, os judeus eram como vermes atacando um campo de milho maduro. A sua estratégia, de acordo com os PROTOCOLOS, era: 1) transformar a República Americana numa DEMOCRACIA; 2) criar um banco central Rothschild; 3) tomar o controlo dos meios de comunicação social; 4) instituir um imposto sobre o rendimento das pessoas singulares; 5) destruir a nação branca; e 6) aproveitar os incríveis recursos, força e energia criativa da América para as aspirações dos JUDEUS, que incluíam a destruição da Alemanha, o inimigo declarado do LIBERALISMO/MARXISMO/JUDAÍSMO e lar da raça branca. Emma Lazarus, uma judia (1849-1887), assinalou as intenções da sua tribo em relação à nossa República num poema ("The New Colossus") inscrito na base da Estátua da Liberdade, convidando o "miserável refugo" do mundo para as margens douradas da América - a lixeira de Javé. Os judeus tendem a destruir o que mais invejam.

LIBERALISMO/JEUNISMO/MARXISMO: esta foi a fórmula utilizada por Woodrow Wilson e Franklin D. Roosevelt, ambos democratas, para trair a sua nação. O primeiro era um sofista ingénuo e vil, chantageado pelos sionistas americanos por causa de um caso extraconjugal; o segundo era um egoísta implacável com uma profunda maldade contra a sua própria raça ("Alguns dos meus melhores amigos são comunistas"). Sob Wilson, a DEMOCRACIA substituiu a nossa República, o sistema monetário americano foi colocado nas mãos dos ILLUMINATI e os JUDEUS receberam a Declaração Balfour (garantindo uma "pátria" judaica), em *troca* da entrada da América na Primeira Guerra Mundial. Sob Roosevelt, o LIBERALISMO/MARXISMO/JUDAÍSMO triunfou sobre a civilização ocidental. Foi garantido aos judeus o Estado de ISRAEL, *em troca* da entrada da América na guerra contra a Alemanha (Segunda Guerra Mundial). "O veado mais corajoso pode ser posto de joelhos se lhe puserem cães suficientes na garganta." (William G. Simpson)

O "povo com uma missão" referido acima por Ben Wattenberg, JUDEU, é o POVO ESCOLHIDO POR DEUS cuja missão messiânica, como o Antigo Testamento, o Talmude e os Protocolos deixam bem claro, é a destruição de todas as nações pagãs através da miscigenação e da guerra. A "manada de proletários castanhos" resultante será conhecida eufemisticamente como a NAÇÃO UNIVERSAL.

Desde a Segunda Guerra Mundial, o GOVERNO SIONISTA OCUPADO DOS ESTADOS UNIDOS (ZOG) tem acolhido um grande número de imigrantes não brancos férteis, com base na ideologia de que a diversidade é melhor. Paradoxalmente, o establishment liberal está empenhado numa campanha de contra-cultura para eliminar a diversidade através da miscigenação racial. Estes conceitos incoerentes partilham um objetivo ILLUMINATI singular: a destruição da raça branca ariana.

A aprovação do casamento inter-racial baseia-se no dogma cristão idiota de que os filhos de Deus devem amar os seus inimigos (um conceito que os JUDEUS rejeitam totalmente) e na propaganda liberal, marxista e judaica de que todos os homens e raças são criados iguais. Estas ideologias genocidas, pregadas nos púlpitos americanos, ensinadas nas escolas americanas, legisladas nos corredores do Congresso (confirmando a crença TALMUDIQUE de que os goyim são ovelhas estúpidas), são supostas produzir uma população "americana" única, superinteligente, bela e não-branca. O racismo, a desigualdade, o fanatismo e a guerra desaparecerão para sempre. Como todas as ideologias liberais, a miscigenação é totalmente incompatível com a lei natural: as espécies são melhoradas pela reprodução, seleção natural e mutação. Só os mais fortes sobrevivem. O cruzamento de brancos com espécies inferiores na escada evolutiva diminui o património genético dos brancos e aumenta o número de mestiços com carências fisiológicas, psicológicas e comportamentais. Ao longo da história, os brancos míopes misturaram-se entre si. O conceito de "irmandade" não é novo (como afirmam os LIBERAIS) e os resultados - que são inevitavelmente desastrosos para a raça branca - são evidentes hoje em dia, por exemplo, nas populações mestiças de Cuba, México, Egito, Índia e nos centros urbanos da América contemporânea.

Como é que os TALMUDISTAS protegem *o seu* património genético de forma diferente! Os judeus não têm qualquer intenção de fazer parte da NAÇÃO UNIVERSAL que estão a criar para os estúpidos *goyim*. O representante da ONU, o conde Folke Bernadotte, antes de ser assassinado pelo Irgun, propôs que palestinianos e judeus vivessem juntos sob um governo DEMOCRÁTICO. Os palestinianos aceitaram. Os judeus recusaram violentamente, exigindo um Estado exclusivamente para os judeus. A DIVERSIDADE DEMOCRÁTICA só é boa para os *goyim!* Os JUDEUS - que fizeram do antissemitismo um negócio lucrativo, que bombardeiam as suas próprias sinagogas, rabiscam os seus próprios túmulos, contam mentiras sobre o Holocausto - estão hoje a revelar-se os mais virulentos ANTI-SEMITAS do mundo: assassinam árabes em todas as oportunidades e pedem ajuda aos Estados Unidos quando os "terroristas" despojados ripostam.

A sobrevivência da nação judaica depende da manutenção do seu estatuto de povo escolhido por Deus. É por isso que o TALMUD considera um crime um judeu casar com um não judeu. Mas nem sempre. Os machos judeus, procurando revigorar genes tribais doentes, podem receber dispensa rabínica para acasalar com esposas troféu pagãs. Os descendentes bastardos desses casamentos mistos são considerados não-judeus; no entanto, os filhos desses casamentos podem redimir a linhagem judaica casando-se com JUDIAS, cujos descendentes continuam a ser considerados judeus. Desta forma, o TRIBU apropria-se de genes pagãos saudáveis! Numa sociedade patriarcal, como a dos JUDEUS, a dispensa descrita acima é uma necessidade biológica. Depois das guerras, os judeus ricos costumavam vasculhar as ruínas da Europa em busca de viúvas e órfãos arianos famintos para trazer de volta à América.

Steven Spielberg, um realizador judeu e pusilânime de Hollywood, pagou a Kate Capshaw, uma prostituta branca e empreendedora, 22 milhões de dólares antes de ela entrar no leito conjugal (*Vanity Fair*, outubro de 1997). Depois, ela deu à luz, obedientemente, dois futuros candidatos à florescente indústria americana de próteses nasais. É assim a vida de um pássaro numa gaiola dourada. Não se sabe que remuneração o vice-presidente Al Gore recebeu, *quid pro quo*, por ter arranjado o casamento da sua filha loira com o descendente da rica tribo Schiff (Kuhn Loeb & Co., JUDEUS), uma cabala bancária famosa por ter financiado a revolução bolchevique, durante a qual milhões de muçulmanos e cristãos desarmados foram assassinados da mesma forma que os rancheiros do Texas capturam e abatem lebres com raquetes de neve.

Em 1933, em eleições democráticas, os alemães optaram por um Estado alemão exclusivamente para os alemães (arianos), oferecendo-se ao mesmo tempo para ajudar os sionistas a colonizar a Palestina com judeus. Os judeus do mundo ficaram furiosos e declararam unilateralmente guerra (1933) à Alemanha. Para os JUDEUS, é inconcebível que outra raça, que não a escolhida por DEUS, tenha o seu próprio Estado. Os ILLUMINATI ordenaram às forças aliadas que incinerassem os alemães nas suas cidades, quintas e aldeias, informando assim o mundo que os estados-nação não serão tolerados, exceto em Israel, e que a comunidade judaica mundial pode viver em qualquer nação estrangeira da sua escolha.

A expressão *E pluribus unum*, que aparece nas moedas americanas, referia-se aos imigrantes brancos que, uma vez chegados aos Estados Unidos, abandonavam a sua etnia e se assimilavam a um património genético (nação) branco: a mesma nação ariana que povoava os grandes Estados da Europa. Aqui, em vez de se chamarem ingleses, franceses, escoceses, alemães, polacos *e outros*, chamavam-se americanos. Por isso, até à Segunda Guerra Mundial, o mundo inteiro considerava os americanos brancos. Já não é assim. Chamam-nos agora "americanos feios". Este já não é o nosso país. Vergonhosamente, a América branca rendeu-se aos judeus sem disparar um tiro, enquanto os índios americanos lutaram pela sua terra quase até ao último homem, deixando um legado de bravura sem paralelo. A população mundial de *homosapiens* é atualmente de 6 mil milhões, dos quais 800 milhões (13%) são brancos. Democratizar o mundo terá o mesmo resultado que deitar um recipiente de leite pelo cano abaixo em Nova Iorque. A população branca vai simplesmente misturar-se na lama racial e desaparecer - para *sempre* - como convém a uma espécie que não tem vontade de sobreviver.

II

Desde os primeiros dias da sua história, os judeus viveram entre nações estrangeiras. Estrabão, o grande geógrafo (c. 100 a.C.), escreveu que os hebreus controlavam clandestinamente quase todos os povos prósperos do mundo. Esta parece ser uma afirmação justa. Josefo, um historiador hebreu da mesma época, gabava-se de que não havia nação em que os hebreus não tivessem penetrado. 400 anos após a primeira pirâmide de Quéops, um fluxo de imigrantes hebreus atravessou o Istmo de Suez para o próspero Egito sob o reinado de Pepi II (2738-2644 a.C.). O fio de água transformou-se numa corrente. Os subornos e a corrupção política e moral floresceram. A dinastia egípcia estava à beira do colapso. Nefer-rohu escreve: "Todas as bocas estão cheias de "Amame!" e tudo o que é bom desapareceu". "O ladrão é agora o possuidor de riquezas... Mostro-vos o proprietário necessitado e o estrangeiro satisfeito..." Os hebreus não foram mantidos em escravatura pelo Faraó. Foi o contrário. Por fim, o camelo foi expulso da tenda e o Egito iniciou um renascimento cultural e económico.

As doze tribos hebraicas a quem Javé prometeu o mundo estiveram unidas durante menos de 100 anos ("anos dourados") sob os reis Saul, David e o bastardo Salomão. Dilaceradas por lutas internas e sobrecarregadas de impostos para sustentar os excessos do rei "sábio", as tribos dividiram-se imprudentemente em duas partes (922 a.C.): Israel com 10 tribos, a norte, e Judá (onde se encontra Jerusalém) com 2 tribos, a sul. Os assírios (sírios, semitas) mataram ou assimilaram as tribos do norte, que desapareceram para sempre da história. Judá foi então derrotada pelos babilónios (iraquianos, semitas). Os sobreviventes da Judeia foram mantidos em cativeiro na Babilónia. Mais tarde, os que ocupavam cargos de confiança (530 a.C.) traíram a Babilónia.C.) traíram a Babilónia aos persas (Irão, arianos), tal como os judeus traíram mais tarde as cidades greco-romanas da Ásia Menor aos patrícios, e os judeus do século XX traíram os segredos militares americanos à União Soviética, a Israel e à China (o livro de Ester do AT revela o conceito de heroína judia). A Pérsia permitiu que os Judeus regressassem a Jerusalém e reconstruíssem o seu templo. Em 330 a.C., Alexandre Magno (macedónio, grego, ariano) conquista a Pérsia. O helenismo foi finalmente substituído (27 a.C.) pela grande hegemonia romana (ariana).

Com o helenismo e, mais tarde, com Roma, o objetivo era reunir as populações heterogéneas da Ásia e do Médio Oriente numa entidade funcional. Foram introduzidas melhorias a nível governamental e cívico; foram construídas estradas e aquedutos; foram criadas rotas comerciais e negócios (havia mais hebreus a viver em Alexandria do que em Jerusalém).

O conceito de Razão Ocidental é introduzido na educação, ou seja, a procura objetiva de FACTOS em oposição ao raciocínio subjetivo (hebraico). Todas as regiões conquistadas foram beneficiadas. No entanto, os eleitos de Deus tinham os seus próprios objectivos. Os hebreus estavam divididos em dois campos principais: os sumos sacerdotes e os círculos de negócios que cooperavam com os governos dos sátrapas para obterem favores políticos e lucros monetários; e os fanáticos religiosos tradicionais que procuravam o martírio e a morte dos pagãos. Para a Grécia e Roma, os judeus pareciam ter pouca importância - até que uma quinta coluna de traição se espalhou pela região. O ar encheu-se de rumores, calúnias, superstições e maus presságios. A usura, a corrupção e a extorsão aumentam. O moral e os negócios sofreram. Foram assassinados funcionários públicos e oficiais do exército. Levados ao limite, como muitas nações, primeiro a Grécia e depois Roma ripostaram com força. Desde então, têm sido demonizadas pelas suas acções. Antíoco IV de Epifanes, o Ptolomeu no poder, tentou obter a cooperação dos hebreus através de decretos que apoiavam a Tora, o Sumo Sacerdote e os círculos económicos. No entanto, a sua paciência esgotou-se quando soube de uma nova rebelião armada dos israelitas (169 a.C.). "Enfurecido como uma fera, Antíoco marchou sobre Jerusalém onde, depois de os seus apoiantes hebreus terem aberto traiçoeiramente as portas da cidade, os gregos mataram 80.000 israelitas em três dias e venderam pelo menos outros tantos como escravos."

Roma, após 100 anos de mentiras e traições aos hebreus (7 milhões de hebreus viviam no Império Romano), e perante uma nova rebelião na Palestina, ordenou a destruição do Templo de Jerusalém (70 d.C.). Além disso, segundo Tácito, 600.000 dos 2,5 milhões de israelitas que viviam na Palestina foram mortos em combate (Josefo, o Elie Wiesel do seu tempo, afirma que foram assassinados 1.197.000 homens, mulheres e crianças).

Em 115 d.C., os hebreus e os pagãos mataram-se uns aos outros no Egito, na Mesopotâmia, em Chipre e em Cirene. Durante a diáspora (ou seja, a expulsão dos hebreus de Canaã), os "eleitos de Deus" foram espalhados por toda a costa mediterrânica. Tragicamente para o Ocidente, muitos deles chegaram ao enclave hebraico de Roma, onde, já em 63 a.C., se diz que os hebreus causaram problemas económicos ao exportarem ouro de Itália. A sua influência corruptora era suficientemente poderosa para subornar juízes romanos e influenciar a política externa. A história lamentável do povo ISRAELI forçado a viver na diáspora é outro embuste. Apenas uma pequena população hebraica viveu na Palestina; geneticamente, são obrigados a viver entre as nações de acolhimento. A capital administrativa do povo israelita não era Jerusalém, mas a Babilónia. Foi aí que um NASI (chefe) administrou a nação hebraica dispersa. José Ben Tobias, JUDEU (c. 240

a.c.) é descrito como "o protótipo do FINANCEIRO INTERNACIONAL para quem não existem fronteiras ou considerações éticas restritivas... o primeiro grande banqueiro judeu". (Peter Green, *Alexander to Actium*).

Desde os faraós, passando por Hamurabi, até aos tempos modernos, os judeus têm sido temidos e odiados:

(CICERO) Os judeus pertencem a uma força obscura e repulsiva. (TÁCITO) Estão sempre prontos a mostrar compaixão uns pelos outros, enquanto reservam uma amarga inimizade para todos os outros. (CONSTANTIN) Os JUDEUS são uma seita nociva e perversa. (O CORÃO) Satanás apoderou-se deles. Os JUDEUS são o partido de Satanás. (GOETHE) Esta raça astuta tem um grande princípio: enquanto reinar a ordem, não há nada a ganhar. (VOLTAIRE) Todos os JUDEUS nascem com o fanatismo no coração, tal como os bretões e os alemães nascem com o cabelo louro. (WASHINGTON) Os judeus trabalham mais eficazmente contra nós do que os exércitos do inimigo. (JEFFERSON) Por mais dispersos que estejam os Judeus, eles são, no entanto, uma nação, alheia à terra em que vivem. (FRANKLIN) Concordo plenamente com o General Washington que devemos proteger esta jovem nação de influências e penetrações insidiosas. (NAPOLEÃO) Os judeus são os grandes ladrões da era moderna; são as aves de rapina da humanidade. (LISZT) A presença de JUDEUS nas nações da Europa é uma causa de muitos males e um grave perigo. (HEGEL) O Estado é incompatível com o princípio judaico. (LORD HARRINGTON) Os JUDEUS têm sido sempre os maiores inimigos da liberdade. (HUME) Os JUDEUS têm um carácter peculiar e são notórios pela fraude. (U. S. GRANT) Os JUDEUS, como classe, que violam todas as regras estabelecidas pelo Tesouro, são por este meio expulsos deste departamento. (SOMBART) As guerras são as colheitas dos JUDEUS. (DOSTOYEVSKY) Os judeus estão a drenar o solo da Rússia. (JUNG) O judeu nunca criou uma forma cultural própria e, tanto quanto sabemos, nunca o fará. (R. L. STEVENSON) Os judeus estão a levar o agricultor a uma dívida irrecuperável e a mantê-lo para sempre como seu escravo. (R. WAGNER) Uma coisa que eu tenho muito claro é que o sequestro e a falsificação das nossas tendências culturais podem ser atribuídos à influência judaica. (LINDBERGH) Estamos preocupados com o efeito da influência judaica na nossa imprensa, rádio e filmes. (NESTA WEBSTER) A Inglaterra já não é controlada pelos britânicos. Estamos sob uma ditadura judaica invisível.

(KEROUAC) O verdadeiro inimigo é o comunista, o judeu. (J. R. LOWELL) Onde estaria o JUDEU numa sociedade de homens primitivos sem dinheiro? (MALCOM X) Nem sequer podes dizer JUDEU sem que ele te acuse de antissemitismo. (MENCKEN) Parece-me que, com exceção de alguns pontos brilhantes, o TALMUD é completamente indistinguível do lixo. (G. B. SHAW) Esse é o verdadeiro inimigo... o parasita oriental, numa palavra, o JUDEU. (SOMBART) Veja nas páginas do TALMUD... Os judeus foram ensinados muito cedo a procurar a sua principal felicidade no dinheiro. (MARK TWAIN) Li na *Enciclopédia Britânica* que a população judaica dos Estados Unidos era de 250.000; escrevi ao editor que conhecia pessoalmente mais judeus do que isso. Na minha opinião, temos uma enorme população judaica nos EUA. (THOMAS WOLFE) Os judeus seduzem rapazes (e raparigas) cristãos puros porque os querem destruir.[2] Por detrás de todas as guerras e revoluções no Ocidente está o JUDEU internacional, que não pára de gritar antissemitismo enquanto suga o sangue dos gentios.

> Não somos judeus hifenizados: somos judeus sem qualificações ou reservas... O vosso espírito é estranho para nós... as vossas ambições e aspirações nacionais são estranhas para nós. Somos um povo estrangeiro entre vós, e insistimos que queremos continuar a sê-lo... Reconhecemos a unidade nacional dos judeus da diáspora, independentemente do país em que residimos. Por conseguinte, nenhuma fronteira pode impedir-nos de prosseguir as nossas próprias políticas judaicas...
> DR. JAKOB KLATZKIN, JUDEU, "Krisis und Entsheidung".

Nos tempos modernos, os judeus foram expulsos, punidos ou denunciados por muitos Estados arianos, incluindo os seguintes

1215 CONCILIO CATÓLICO 4 LATRAN - restringe o tráfico de escravos judeus, a prostituição e o proxenetismo.

1253 FRANÇA - restrições por infração do direito civil.

1255 INGLATERRA -18 enforcados por assassínio ritual.

---

[2] As citações são retiradas do livro *ANTIZION*, compilado por William Grimstad, Noontide Press.

1275 INGLATERRA - Proibição parlamentar da usura pelos judeus.

1290 INGLATERRA - expulso de Inglaterra por traição, etc.

1300 RÚSSIA - guerra contínua entre a Rússia Ariana e os Khazares, que conduziu à Revolução Bolchevique e à tomada da Rússia, da Europa de Leste e da América pelos ILLUMINATI.

1348 SAXÓNIA - Judeus expulsos para a Polónia e Turquia; traição.

1360 HUNGRIA - Expulsão dos judeus por violação do direito civil.

1370 BÉLGICA - Judeus expulsos por usura e traição.

1380 ESLOVÁQUIA - Judeus expulsos por usura, traição e prostituição.

1420 ÁUSTRIA - Expulsão de judeus por violação do direito civil.

1444 PAÍSES BAIXOS - Judeus expulsos por usura, traição e procura.

1492 ESPANHA - Judeus expulsos por blasfémia e traição.

1495 LITUÂNIA - Judeus expulsos por violação do direito civil.

1498 PORTUGAL - Judeus expulsos por blasfémia e traição.

1540 ITÁLIA - Judeus expulsos por blasfémia, assassínio e prostituição.

1551 BAVIÈRE - Judeus expulsos por traição.

1776 FRANÇA/BAVIÈRE - onde os ILLUMINATI são proibidos.

1913 RÚSSIA - Os bolcheviques são expulsos por traição e assassínio.

1935 A ALEMANHA, a ROMÉNIA, a HUNGRIA, a ÁUSTRIA, a CROÁCIA e a FRANÇA expulsam os judeus por traição, usura e assassínio.

1953 Estados Unidos - O Congresso identifica e condena os espiões judeus.

1966 E.U.A. - O senador McCarthy tem razão sobre os espiões judeus.

1990 CANADÁ - O julgamento de Zundel prova que o "HOLOCAUSTO" é uma farsa.

1999 E.U.A. - Espionagem judaica.

> O judeu já se emancipou à maneira judaica: o judeu que é meramente tolerado em Viena, por exemplo, determina o destino de todo o Império Alemão através do seu poder monetário. O judeu que não tem direitos no mais pequeno Estado alemão decide o destino da Europa.
> KARL MARX, "Um mundo sem judeus", 1840

III

Na natureza, todos os organismos se alimentam de outros organismos. Neste sentido, a humanidade é parasita porque se alimenta de outros seres vivos. No entanto, o único parasita humano que se encarna nos nervos de outros humanos é o JUDEU. O seu génio reside na sua astúcia, na sua capacidade de enganar como um camaleão e, como diz Cícero, na sua malícia, que apela à baixeza que está no fundo da alma de todos os homens. Em público, os JUDEUS fingem a POBREZA. Apresentam-se como judeus que vagueiam eternamente na diáspora: vítimas trágicas, indefesas, perseguidas por TODOS num mundo intolerante e antissemita! Por detrás desta quimera, o judaísmo internacional é um COMÉRCIO virulento, organizado, poderoso, extremamente rico, que combina NAÇÃO/LOJA/RELIGIÃO/CULTURA: só ele comanda a fidelidade, ultrapassa todas as fronteiras nacionais e despreza totalmente as nações pagãs que o seu DEUS genocida lhes ordenou que destruíssem.

> A ira do Senhor está sobre todas as nações, e o seu furor sobre todos os exércitos. Os seus mortos serão lançados fora, e dos seus cadáveres sairá o mau cheiro... Porque este é o ano da vingança do Senhor, o ano da retribuição da controvérsia de Sião.
> A BÍBLIA SAGRADA: Isaías 34,2.

Edward Gibbon, no seu livro *O Declínio e Queda do* Império

Romano, descreveu os judeus como "uma raça de fanáticos... animados por um ódio irreconciliável pela humanidade". Arnold Toynbee descreveu o JUDAÍSMO como uma "religião fóssil". Winston Churchill denunciou os JUDEUS como "um bando de personalidades do submundo que CONSPIRAM para derrubar a civilização ocidental". O rabino Stephen Wise, chefe dos judeus "americanos" durante a Segunda Guerra Mundial, que ajudou a criar o Holocausto (CANULAR), afirmou: "Não sou um cidadão americano de ascendência judaica. Sou um judeu. Sou judeu há mil anos. Hitler tinha razão - nós somos um povo". Sim, Hitler tinha razão.

Neste prefácio, passámos brevemente em revista as intenções dos nossos pais fundadores de criar um bastião da cultura ocidental na América para a sua descendência branca. As estatísticas actuais do U.S. Census Bureau revelam que os americanos brancos estão a ser erradicados. Também explorámos uma breve história dos hebreus/judeus/israelitas porque, como Spengler demonstrou de forma tão convincente - e como a América pode agora atestar - a história repete-se infalivelmente. O velho cancro judeu está agora entranhado nos nervos da América.

As regras da navegação dizem-nos que, para traçar um novo rumo, é preciso primeiro saber onde estamos; para saber onde estamos, é preciso saber onde estivemos. É por isso que pretendemos fazer uma breve análise da história da CONSPIRAÇÃO, depois descrever a CONSPIRAÇÃO em ação: LIBERALISMO/MARXISMO/JUDAÍSMO e, finalmente, propor um plano para eliminar o cancro do nosso organismo cultural. *Se não o eliminarmos, morreremos.*

LEMBREM-SE: os genes brancos não podem ser criados, só podem ser transmitidos. Nós, arianos, podemos sempre construir outro Estado sobre as ruínas do antigo; mas quando o reservatório de genes brancos estiver poluído, podem dizer adeus às loiras, ruivas e morenas de pele clara para sempre!

CAPÍTULO 1

A CONSPIRAÇÃO

Porque tu és um povo santo para o Senhor teu Deus, e o Senhor te escolheu para seres o seu povo especial, acima de todas as nações da terra.

BÍBLIA SANTA: Deuteronómio 14,2.

A ira do Senhor está sobre todas as nações, e o seu furor sobre todos os exércitos. Ele os destruirá totalmente... Os seus mortos serão lançados fora, e o fedor sairá dos seus cadáveres... Porque este é o ano da vingança do Senhor, o ano da recompensa pela controvérsia de Sião.

BÍBLIA SANTA: Isaías 34,2.

O extermínio dos cristãos era necessário.

TALMUD: Zohar II 43a.

É mais mau questionar as palavras dos rabinos do que a Torá.

TALMUD: Mishna Sanhedrin 11:3.

Os administradores, que escolheremos de entre os cidadãos com base na sua obediência servil, não serão pessoas formadas na arte de governar e tornar-se-ão facilmente peões no nosso jogo, nas mãos de homens de ciência e de génio que serão os seus conselheiros: especialistas criados desde a infância para dirigir os assuntos do mundo inteiro.

PROTOCOLOS DOS SÁBIOS DE ZION,
protocolo 2:2.

Todos os futuros votos, juramentos, promessas, promessas e juramentos feitos por mim serão anulados a partir deste Dia da Expiação até ao próximo.

TALMUD: Juramento de Kol Nidre.

A TORAH

Quando os historiadores se comprometem publicamente com uma teoria da conspiração, os meios de comunicação social ficam furiosos, chamando-lhes nazis, fanáticos, paranóicos e idiotas. Porquê estas negações furiosas? Desde o início da história, as pessoas conspiraram para dominar o mundo, ou o que pensavam ser o mundo. Porque é que hoje haveria de ser diferente? Não é. Há uma conspiração em ação neste momento para destruir a civilização ocidental e a nação ariana que a criou. Esta conspiração não é nova. Começou há mais de 3000 anos sob a forma de lendas tribais faladas, que acabaram por ser reunidas na Tora (cerca de 900 a.C.), uma tapeçaria de mitos e contos plagiados, em grande parte, do Egito, Mesopotâmia, Babilónia e Grécia. A Lei Mosaica, o Jardim do Éden, o Dilúvio e a história de David provêm todos de fontes não hebraicas. A ideia do monoteísmo foi emprestada (por volta de 1400 a.C.) do faraó Akhnaton. Nesta rica tapeçaria, os hebreus teceram fios da sua própria história, tal como acreditavam ou queriam que ela fosse - o *modus operandi* dos actuais guionistas de Hollywood. O protagonista fictício destas histórias egocêntricas é Javé (Adonai, Jeová, Deus): um deus tribal antropomórfico, ciumento, vingativo, zangado, genocida, criado à imagem e semelhança dos hebreus que o criaram. Naturalmente, este GRANDE HEBREU no céu ama os HEBREUS. Todas as outras nações são consideradas como gado a ser usado, ordenhado e exterminado.

> Porque tu és um povo santo para o Senhor, teu Deus, e o Senhor te escolheu para seres o seu povo especial, acima de todas as nações da terra.
>
> A BÍBLIA SANTA, Deuteronómio 14:2.
>
> Tu serás para mim um tesouro acima de todos os povos, porque a terra é minha.
>
> A BÍBLIA SANTA, Êxodo 19:5.

Não se esqueçam que estes delírios de grandeza foram escritos pelos hebreus sobre eles próprios. Os megalómanos desta dimensão são normalmente maníaco-depressivos encerrados em manicómios.

O tesouro dos tesouros é Abraão, a quem Javé "ama acima de todas as coisas". Dizem-nos que Abrão (Abraão) e a sua mulher Sari (Sara), que é também sua meia-irmã, viajaram para o próspero Egito em busca de bens. Aí, Abraão organiza um encontro entre a sua irmã e o Faraó. O omnipresente Javé apanhou-os em *flagrante*. O faraó, sem saber que tinha cometido adultério, ofereceu a Abe e a Sari gado, servos, prata e ouro "e Abraão ficou muito rico". Mas JEOVÁ é um deus ciumento e vingativo (Gn 12); NÃO contra o proxeneta Abraão, que ele ama acima de tudo; NÃO contra a prostituta Sari. Ele está furioso com o bom

Faraó, que foi enganado, e ataca o Egito com uma praga (Spielbergismo). Muitos anos mais tarde (Gn 20), num cenário idêntico, Sara, então com 92 anos, enganou o Faraó Ambimileque. Deus disse a Ambimileque: "Eis que és um homem morto... porque ela é mulher de um homem! A história real mostra que os judeus foram expulsos do Egito por traição e por serem portadores da peste - tal como os judeus foram portadores de tifo durante a Segunda Guerra Mundial (ver capítulo 6, "HOLOCAUSTO").

Num outro exemplo do ódio de DEUS pelos pagãos, ficamos a saber que Abraão, patriarca de Israel, tinha os olhos postos em Canaã, uma "terra de leite e mel" pertencente a uma tribo semita pastoril - os filisteus (palestinianos). Felizmente, Javé fez um acordo com o seu amigo Abraão:

> Darei a terra onde és peregrino, toda a terra de Canaã, a ti e à tua descendência depois de ti, para que a possuam para sempre; e eu serei o seu Deus.
>
> GÉNESIS 17:8.

JEOVÁ diz tudo o que os argumentistas imprimem nos intertítulos. Aqueles que acham convincente acreditar que Javé criou uma terra plana, por volta de 5000 a.C., que falou de uma sarça ardente, que desnudou as nádegas, que dividiu o Mar Vermelho e que ama os JUDEUS mais do que todas as outras nações, partilham uma credulidade infantil com aqueles que acreditam que milhões de JUDEUS morreram nas câmaras de gás alemãs. Também confirma a crença JUDAICA de que os gentios são ovelhas estúpidas. Dá-nos vontade de vomitar.

A Torá ordena aos gentios que adorem a Jeová ou sofrerão os tormentos do inferno. Por outro lado, Jeová garante aos gentios que eles podem roubar, enganar, violar e matar impunemente. Ele promete que só os JUDEUS herdarão a terra.

O TALMUD

A BÍBLIA SANTA conta-nos que Moisés, um hebreu (ou terá sido egípcio?), subiu ao monte Sinai (cerca de 1300 a.C.) para falar com Javé, que lhe deu A LEI (os Dez Mandamentos), que Moisés escreveu em duas tábuas de pedra (na altura não havia alfabeto hebraico e a escrita pode ter sido cuneiforme, hieroglífica, chinesa ou outra). Tradicionalmente, Moisés escreveu também a TORAH (Pentateuco). Séculos mais tarde, os fariseus afirmaram que Deus tinha interpretado oralmente a LEI dada a Moisés. Os fariseus afirmavam que a interpretação oral de Javé era idêntica à interpretação oral deles. Assim, a LEI ORAL dos fariseus e a TORAH são reconhecidas como A PALAVRA SANTA. A LEI ORAL dos fariseus, chamada farisaísmo, que Jesus desprezou como a "Sinagoga de Satanás", foi finalmente escrita e tornou-se o TALMUD (500 d.C.).

> O TALMUD é constituído por 63 livros de escritos jurídicos, éticos e históricos dos antigos rabinos (22 a.C. - 500 d.C.). Foi publicado cinco séculos após o nascimento de Jesus. É um compêndio de leis e de conhecimentos: o código jurídico que constitui a base da lei religiosa judaica e o livro utilizado para formar os rabinos; é o próprio fundamento da vida judaica. É ensinado às crianças judias logo que elas sabem ler.
>
> Rabino Morris N. Kertzer, Presidente da Associação de Capelães Judeus, Forças Armadas, EUA; porta-voz do Comité Judaico Americano (o "Vaticano do Judaísmo").

Existem dois TALMUDs: o palestiniano e o babilónico. É ao TALMUD babilónico (Socino Ed. 1935), utilizado pela maioria dos JUDEUS, que nos referiremos aqui. É um tomo enorme, em grande parte enfadonho, a sintaxe pesada; nele se manifesta a esquizofrenia genética dos JUDEUS: é jactancioso, deprimido, vingativo, vulgar, desonesto e cheio de ódio. O TALMUD trata de quase todos os aspectos concebíveis da existência judaica, pouco é deixado ao acaso, desde a forma de usar as sementes e as ervas, à dieta e às relações sexuais, quando mentir, quem matar, que cabra sacrificar, cabalismo, numerologia, necromancia, taumaturgia e obsessões com perversões ao estilo de Hollywood, funções corporais, etc. No entanto, os rabinos teceram os aspectos mais importantes da vida judaica. No entanto, os rabinos teceram o fio da filosofia judaica, da lei judaica e da "história" judaica. Aí está o grão de areia que sustenta o objetivo JUDAICO de dominar o mundo, colher as suas riquezas e escravizar os gentios. É este credo luciferiano que está a transformar os Estados Unidos numa nação não branca controlada pelos ILLUMINATI, que em breve fará parte de um mundo mestiço.

> Os pagãos que se interessarem pelas leis judaicas serão condenados à morte.
>
> TALMUD: Sanhedrin 59a.
>
> Não salvar cristãos em perigo de vida.
>
> TALMUD: Hilkoth Akum X, 1.
>
> Matem os melhores gentios!
>
> TALMUD: Sanhedrin 59.
>
> Uma mulher que tenha relações com um animal pode casar-se com um padre.
>
> TALMUD: Yebamoth 59b.
>
> Uma rapariga de três anos e um dia pode ser adquirida em casamento por coito.
>
> TALMUD: Sanhedrin 55b.
>
> A pederastia com uma criança com menos de nove anos não é considerada pederastia.
>
> TALMUD: Sanhedrin 54b-55a.
>
> Jesus foi concebido ilegitimamente durante a sua menstruação.
>
> TALMUD: Kallah 1b (18b).
>
> Quando um homem adulto tem sexo com uma menina com menos de 3 anos, não é nada.
>
> TALMUD: Kethuboth 11a-11b.
>
> São permitidas relações sexuais com um familiar falecido.
>
> TALMUD: Ya Bhamoth.
>
> Não esqueçamos que somos uma nacionalidade distinta, da qual cada judeu - independentemente do seu país, posição ou credo - é necessariamente membro.
>
> LOUIS DEMBITZ BRANDEIS,
> Judeu, Supremo Tribunal dos Estados Unidos.

Michael Redkinson, um judeu, e o rabino Isaac Wise, "duas das maiores autoridades mundiais no TALMUD", que colaboraram no famoso livro "*History of the Talmud*", afirmaram o seguinte:

> A fonte de onde Jesus de Nazaré retirou os ensinamentos... que lhe permitiram revolucionar o mundo... é o TALMUD. Este é a forma escrita daquilo a que se chamava, no tempo de Jesus, as tradições dos Sábios de Sião, a que ele se refere frequentemente.

Redkinson e Wise, evidentemente, são mentirosos. O TALMUD ressoa com o ódio de Jesus:

> Jesus foi concebido enquanto Maria estava menstruada.
>
> TALMUD: Kallah 1b.
>
> Jesus era o filho bastardo de Pandira, um soldado romano.
>
> TALMUD: Sanhedrin 67a.
>
> Jesus está no inferno, castigado por ser cozido em esperma quente... todos os cristãos são cozidos em merda!
>
> TALMUD: David livre 37.

E o Novo Testamento mostra claramente o desprezo de Jesus pelos fariseus e pelo seu ensino oral (TALMUDIQUE):

> Eu conheço a blasfémia daqueles que se dizem filhos de Deus, mas são da sinagoga de Satanás! Porque vós sois do vosso pai, o diabo, e fareis as vontades do vosso pai. Ele foi homicida desde o princípio e não permaneceu na verdade, pois não havia verdade nele... Quando ele profere uma mentira, fala de si mesmo, pois é mentiroso e pai da mentira.
>
> JESUS, JOÃO 8:1

Sob a liderança dos fariseus, o Templo tinha-se tornado o sistema de reserva federal da época. Cristo expulsou os usurários do Templo com um chicote de serpente, atacando indiretamente a bolsa dos fariseus. Isto selou o seu destino! A Liga Anti-Difamação da época reagiu rapidamente. Usando os procedimentos habituais, difamou Jesus ("Infâmia") para atrair a multidão para a sua causa - tal como, séculos mais tarde, difamaria Maria Antonieta, os Romanov, Hitler, o General MacArthur, McCarthy *e outros*). Depois, Jesus foi apanhado pelo Sinédrio, que o mandou prender, julgar, condenar e crucificar. (O Papa João Paulo, em 1995, negou a PALAVRA SANTA ao declarar que *os*

JUDEUS nada tinham a ver com a morte de Jesus Cristo).

> Que o seu sangue caia sobre nós (JUDEUS) e sobre os nossos filhos!
>
> MATEUS 27:24-25.

> Estou inocente do sangue deste homem justo!
>
> OS SINÓPTICOS: Pôncio Pilatos.

Jesus fornica com o seu cretino.

> TALMUD: Sinédrio.

Rodkinson e Wise, com a coragem de um ganso, dizem:

> O TALMUD sobreviveu na sua totalidade, não falta uma única letra do TALMUD... e floresce hoje num grau que não se encontrava na sua história passada. Domina as mentes de todo um povo que venera o seu conteúdo como verdade divina.

Uma destas "verdades divinas" do TALMUD é o juramento sagrado do KOL NIDRE (oração de todos os votos). É recitado três vezes pela congregação da sinagoga como prólogo dos ritos de YOM KIPPUR (o Dia da Expiação ou do Grande Perdão), "o mais alto dos dias santos". Foi também musicado por Felix Mendelssohn, um judeu (marrano). A maioria dos cristãos, incluindo o clero, acredita que o juramento do KOL NIDRE é um voto profundo de obediência a Deus. De facto, o TALMUD exige que cada JUDEU quebre antecipadamente todos os juramentos e declarações que possa fazer a um gentio no decurso do ano seguinte:

> "...as minhas promessas não serão vinculativas...os meus votos não serão considerados votos...nem os meus juramentos como juramentos...todos os votos que eu fizer no futuro serão ANULADOS a partir deste Dia da Expiação até ao próximo."
>
> TALMUD: Juramento de Kol Nidre.

Joseph G. Burg, judeu, autor de "Zionist Nazi Censorship"; "Guilt and Fate", e de vários outros livros importantes sobre a Segunda Guerra Mundial, testemunhou a favor da defesa no julgamento *Canadá v Ernst Zundel*, "Holocausto", em Toronto, Ontário, Canadá (censurado nos EUA). Burg testemunhou que os judeus sobreviventes do "Holocausto" tinham inventado as histórias das câmaras de gás. Mas como o seu testemunho foi prestado perante um tribunal pagão, podiam mentir impunemente.

> Se estes judeus tivessem feito um juramento perante um rabino que usasse um yarmulke, estas declarações falsas, estas declarações doentias, teriam diminuído em 99,5%, porque o juramento superficial não era moralmente vinculativo para os JUDEUS.
>
> JOSEPH G. BURG, JUDEU,
Julgamento por crime de ódio de Zundel, 1988.

> Os judeus podem mentir e fazer perjúrio para condenar os cristãos.
>
> TALMUD: Babha Kama 113b.

> O TALMUD é a base da vida judaica. É ensinado às crianças judias assim que elas têm idade suficiente para ler.
>
> RABINO MORRIS KERTZER,
Comité Judaico Americano.

A TORAH foi assim criada para inspirar e controlar um povo "de dura cerviz" e derrotado, enquanto o TALMUD era uma interpretação pragmática deste MITO. Os fariseus e os sumos sacerdotes, profundamente conscientes do CANULAR de Jeová, também compreenderam que a TORAH/TALMUD não só apoiava o seu modo de vida, mas era a cola que mantinha a nação hebraica unida.

Continentes magníficos e ricos em recursos naturais estavam à espera de serem descobertos e civilizados. Mas os judeus não produziram exploradores ou conquistadores. Podiam ter-se assimilado às nações semíticas. Em vez disso, compelidos pelo genótipo da sua espécie e convencidos do seu estatuto de "ELEITOS", os JUDEUS plantaram-se como sanguessugas entre as nações pagãs que tinham secretamente jurado desapossar e destruir.

Onde quer que o TALMUDISMO tenha aparecido, o "antissemitismo" seguiu-se como a noite segue o dia. As comunidades judaicas - guetos, com sinagogas e rabinos no seu núcleo operacional - concebidas para manter os goyim fora, tornaram-se invariavelmente recintos para manter os judeus dentro. Os gentios não podiam tolerar esta nação estrangeira, corrupta e maníaco-depressiva no seu seio.

Os psicólogos referem que as crianças condicionadas a desenvolver níveis exagerados ou infundados de autoestima - e sentimentos antinaturais de valor próprio - que são ensinadas a considerarem-se irrealisticamente melhores do que os outros, sofrem invariavelmente de depressão profunda quando as suas realizações não correspondem às suas expectativas. Quando são criticados pelos outros ou não conseguem o que querem, recorrem a birras e à violência. Culpam sistematicamente os outros pela sua inadequação. Odeiam os seus superiores e querem vingar-se deles.

Os judeus invejam e odeiam especialmente a nação ariana, cujos feitos notáveis e beleza física os judeus consideram humilhantes - um licor amargo para engolir dia após dia, ano após ano, geração após geração - especialmente para aqueles que tão ardentemente acreditam ser o povo escolhido de Deus. A CONSPIRAÇÃO TORAH/TALMUD exigia uma nova abordagem, sem sacrificar a tradição, para lidar com os problemas políticos contemporâneos. Por isso, não é surpreendente descobrir que alguns dos anciãos de Sião - após séculos de frustração e humilhação - tomaram o assunto nas suas próprias mãos e formularam um plano para implementar e acelerar as promessas não cumpridas de Jeová. OS PROTOCOLOS DOS SÁBIOS DE SIÃO.

> Teremos um governo mundial, quer se goste ou não. A única questão é se o governo mundial será alcançado por consentimento ou por conquista.
>
> JAMES WARBURG, judeu, banqueiro, 1953,
> U. Audiência no Congresso.
>
> A verdade é que, durante 147 anos, o fogo da revolução tem estado a arder constantemente por baixo da velha estrutura da civilização... não é local, mas universal... as suas causas devem ser procuradas numa conspiração profunda... que constitui a maior ameaça alguma vez enfrentada pela raça humana... a conceção dos judeus como o povo escolhido... constitui uma tentativa concertada de alcançar o domínio mundial.
>
> NESTA H. WEBSTER, *World Revolution*, Briton Press 1971.
>
> Este movimento entre os judeus não é novo. Desde o tempo de Spartacus-Weishaupt até ao de Karl Marx, passando por Trotsky (Rússia), Bela Kuhn (Hungria), Rosa Luxemburgo (Alemanha) e Emma Goldman (Estados Unidos), esta conspiração mundial para derrubar a civilização e reconstruir a sociedade com base num desenvolvimento detido, numa malevolência invejosa e numa igualdade impossível não parou de crescer. Desempenhou, como o historiador Nesta Webster tão bem demonstrou, um papel reconhecível na tragédia da Revolução Francesa, e foi a força motriz de todos os movimentos subversivos do século XIX... a maioria das suas figuras de proa são judias. Além disso,

a principal inspiração e força motriz veio de líderes judeus.

WINSTON CHURCHILL, *Illustrated Sunday Herald* (1920).

Amshel Mayer Rothschild, um JUDEU, (1743-1810) patriarca da família bancária de Frankfurt, Alemanha, ficou intrigado com alguns pergaminhos antigos contendo protocolos hebraicos que tinha adquirido para a sua biblioteca. Encarregou Adam Weishaupt, um padre jesuíta apóstata, de os descobrir. No fatídico ano de 1776, Weishaupt apresentou a Rothschild os *Einigen Original Scripten* (Protocolos), juntamente com um paradigma organizacional concebido para implementar os Protocolos revistos, a que deu o nome de "ILLUMINATI", em homenagem a Lúcifer (Satanás), "O Portador da Luz". O seu objetivo: UM GOVERNO MUNDIAL ILLUMINATI.

Os documentos Weishaupt/Rothschild foram revelados ao mundo (1784) "por um ato de Deus" quando um mensageiro Rothschild e o seu cavalo foram atingidos por um raio em Regensburg, a caminho de Paris. As autoridades bávaras descobriram uma cópia do *Einigen Original-Scripten* nos alforges. Os ILLUMINATI foram rapidamente proscritos e as lojas do Grande Oriente, onde os conspiradores se reuniam, foram encerradas definitivamente. Os ILLUMINATI infiltraram-se então rapidamente nas lojas da Maçonaria em toda a Europa, a partir das quais foi fomentada e dirigida a Revolução Francesa (judaica).

Muitos anos mais tarde, os Protocolos, novamente revistos, reapareceram em São Petersburgo, na Rússia, na altura da revolução bolchevique judaica. Victor E. Marsden, correspondente do *London Morning Post* (numa altura em que a integridade da imprensa era considerada sacrossanta) adquiriu uma edição russa (*Cionski Protocoli*) da obra de Weishaupt, no âmbito de uma operação especial, ao professor Sergyei Nilus, um padre católico ortodoxo. Marsden traduziu-a para inglês e publicou-a sob o título: *Os Protocolos dos Sábios de Sião*. Marsden foi assassinado pela sua ousadia. O exemplar original de Os Protocolos de Nilus, datado de 10 de agosto de 1906, encontra-se atualmente no Museu Britânico, em Londres.

Nos Estados Unidos, Henry Ford Sr., fundador da Ford Motor Company, mandou imprimir milhões de exemplares dos Protocolos, em várias línguas, e distribuiu-os por todo o mundo. A comunidade judaica mundial protestou veementemente contra o facto de os Protocolos serem "falsificações" (sic). Ford respondeu (*New York World*, 2-1721):

"A única declaração que gostaria de fazer sobre os Protocolos é que [...] eles corresponderam à situação mundial até à data. Eles adaptam-se à situação atual. O senador Jacob Javits, um judeu, presidiu a uma comissão de inquérito do Senado dos EUA para elaborar um relatório sobre os Protocolos. O Senado americano, que faz o que lhe mandam, confirmou que os Protocolos foram "falsificados" (sic). Falsificações de quê? Não houve qualquer debate sobre a correlação entre os Protocolos e o que se passou na cena mundial!"

300 homens, que se conhecem entre si, controlam o destino económico do continente.

WALTER RATHENAU, judeu, poderoso financeiro alemão.

O mundo é gerido por personagens muito diferentes das que não estão nos bastidores.

BENJAMIN DISRAELI, JUDEU, Primeiro-Ministro da Grã-Bretanha.

Ainda não começaram a avaliar a verdadeira profundidade da nossa culpa. *Somos* intrusos. *Somos* desordeiros. *Somos* subversivos. Apoderámo-nos do vosso mundo natural, dos vossos ideais, do vosso destino, e devastámo-los.

MARCUS ELI RAVAGE, JUDEU, *Revista Century* (janeiro de 1928).

A história do século passado é que atualmente 300 financeiros judeus, todos mestres de lojas, governam o mundo.

JEAN IZOULET, Alliance israélite universelle (1931).

Os PROTOCOLOS DOS SÁBIOS DE SION, que contêm 24 protocolos, estão divididos em artigos. Vários PROTOCOLOS podem ter sido suprimidos pelo Professor Nilus por considerá-los prejudiciais à Igreja. Aqui, por falta de espaço, os PROTOCOLOS serão abreviados. (Edward Gibbon lembra-nos - *O Declínio e Queda do Império Romano*, Capítulos XV, XXVIII, XLVII, XLIX - que a conspiração judaica esteve por detrás da queda de TODA a antiguidade civilizada).

OS PROTOCOLOS DOS SÁBIOS DE SIÃO

Protocolo n.º 1: A liberdade política é uma ideia, não um facto. É preciso saber aplicar esta ideia como isco sempre que for necessário atrair as massas populares para o nosso partido, a fim de esmagar os poderes instituídos. Esta tarefa é facilitada se o próprio adversário tiver sido contagiado pela ideia de liberdade, o chamado liberalismo, e estiver disposto a ceder algum do seu poder em nome de uma ideia. É precisamente aqui que o triunfo da nossa teoria aparece; as rédeas afrouxadas do governo são imediatamente, pela lei da vida, tomadas e reunidas por uma nova mão; pois o poder cego da nação não pode existir por um único dia sem direção, e a nova autoridade meramente toma o lugar da velha autoridade enfraquecida pelo liberalismo.

O nosso direito reside na força. A palavra "direito" é um pensamento abstrato que não é provado por nada. Não significa mais do que: "Dá-me o que eu quero para que eu possa provar que sou mais forte do que tu".

O nosso poder, no atual estado de vacilação de todas as formas de poder, será mais invencível do que qualquer outro porque permanecerá invisível até ter adquirido uma força tal que nenhuma astúcia o poderá abalar.

Vejam os animais alcoólicos que se divertem com a bebida, cujo direito de fazer um uso imoderado vem com a liberdade. Não cabe a nós e aos nossos enveredar por esse caminho. Os *goyim estão a divertir-se* com o álcool e com a imoralidade prematura a que foram conduzidos pelos nossos agentes especiais.

Protocolo n.º 2: Os administradores, que escolheremos entre os cidadãos, tendo em conta o seu servilismo, não serão pessoas formadas na arte de governar e tornar-se-ão, portanto, peões no nosso jogo: nas mãos de homens cultos e dotados, especialistas criados desde a infância para dirigir os assuntos do mundo inteiro.

Nas mãos dos Estados, há uma grande força que cria o movimento do pensamento no povo. É a imprensa! É na imprensa que se concretiza o triunfo da liberdade de expressão. Mas os *goyim* não souberam utilizar essa força e ela caiu nas nossas mãos.

Vamos desencadear guerras económicas e militares entre os Estados *goyim*. Quando as guerras terminarem, ambos os lados estarão devastados e à mercê das nossas finanças internacionais. Esta é a "colheita judaica". Primeiro, construímos as enormes máquinas de guerra. Segundo, destruímos a flor do homem branco, enfraquecendo assim a resistência racial dos *goyim*. Em terceiro lugar, as nações brancas estão prostradas sob enormes dívidas e nós lucramos com juros sobre juros.

Protocolo n.º 3: É assim que as pessoas condenam os honestos e absolvem os culpados, na convicção de que podem fazer o que quiserem. Graças a isso, o povo destrói todas as formas de estabilidade e cria desordem a cada passo. Ao encorajar os abusos de poder dos detentores do poder, ao agitar e excitar as multidões, a imprensa "dará os últimos retoques na preparação de todas as instituições para o seu derrube, e tudo se desmoronará sob os golpes da multidão delirante".

Aparecemos em cena como supostos salvadores do trabalhador da opressão, e depois propomos-lhe que se junte às fileiras das nossas forças de combate - socialistas, comunistas, anarquistas - a quem damos sempre o nosso apoio em virtude de uma suposta regra fraterna.

Protocolo n.º 4: Para que os *goyim* não tenham tempo para pensar, as suas mentes devem ser desviadas para a indústria e o comércio. É assim que todas as nações serão engolidas na corrida pelo lucro. A maçonaria pagã serve cegamente de escudo para nós e para os nossos objectivos, mas o plano de ação da nossa força, e mesmo o seu esconderijo, permanecem um mistério para todo o povo, e este não prestará atenção ao seu inimigo comum.

Protocolo n.º 5: Para colocar a opinião pública nas nossas mãos, é preciso confundi-la, fazendo exprimir muitas opiniões contraditórias de todos os lados, e isto durante um período de tempo suficiente para que os goyim se percam no labirinto e cheguem a ver que o melhor é não ter opinião sobre questões políticas, que o público não é dado a compreender, porque só são compreendidas por quem orienta o público. Este é o primeiro segredo.

Por todos estes meios, esgotaremos os goyim de tal forma que eles serão obrigados a oferecer-nos uma potência internacional que, devido à sua posição, nos permitirá, sem violência, absorver gradualmente todas as forças estatais do mundo e formar um Super-Governo Mundial.

Protocolo n.º 6: criação de monopólios financeiros gigantescos: finanças, edição, petróleo, açúcar, aço, medicamentos, caminhos-de-ferro, álcool, alimentação, vestuário - contendo reservatórios de riquezas colossais de que os *goyim* têm de depender para existir.

Os *goyim* devem ser privados das suas quintas e propriedades, o que será conseguido sobrecarregando-os com dívidas que devem ser impiedosamente exploradas.

Protocolo n.º 7: Os nossos agentes estão nos governos de todos os países do mundo, aconselhando os seus líderes. Assim, temos uma rede internacional, enquanto os *goyim* não têm nenhuma. Através de tratados económicos e obrigações de empréstimos, bem como as hostilidades e intrigas que eles criam, nós enredamos de tal forma os fios dos governos mundiais que eles serão incapazes de agir sem a nossa aprovação. Se alguma nação ousar opor-se a nós, organizaremos coletivamente os seus vizinhos e destruiremos esse país através de uma guerra universal.

Protocolo nº 8: Infiltrámo-nos nos tribunais dos *goyim* e transformámo-los numa selva jurídica. Estamos agora em posição de vos dizer em consciência que, quando chegar a altura, nós, os legisladores, executaremos o julgamento e a sentença; mataremos e pouparemos; como líder das nossas tropas, montámos o corcel do líder. E as armas que temos nas mãos são a ambição sem limites, a ganância ardente, a vingança implacável, o ódio e a maldade infinita!

Protocolo n.º 9: Somos a fonte de um terror generalizado. Temos ao nosso serviço pessoas de todas as opiniões, de todas as doutrinas: monárquicos, demagogos, socialistas, comunistas, cristãos, utópicos de todos os géneros. Todos eles estão empenhados na nossa tarefa: cada um deles está a roer os últimos vestígios de autoridade, esforçando-se por derrubar todas as formas de ordem estabelecidas. Todos os Estados são torturados por estes actos; apelam à tranquilidade, estão prontos a sacrificar tudo pela paz. Mas nós não lhes daremos a paz enquanto não reconhecerem abertamente e submissamente o nosso super-governo internacional.

Protocolo n.º 10: Concebemos um plano mestre para colocar todas as nações da Terra sob o domínio de um ditador judeu despótico, submetendo todos os povos da Terra a um sofrimento, confusão e tormento tão terríveis que eles aceitarão, em desespero, tudo o que propusermos.

Para o conseguir, é preciso que todos votem, independentemente da classe ou das qualificações, a fim de estabelecer uma maioria absoluta, que não pode ser obtida a partir das classes proprietárias instruídas. As democracias e as repúblicas onde todos têm direito de voto, até à última escumalha, oferecem-nos uma grande oportunidade.

Protocolo n.º 11: Os *goyim* são um rebanho de ovelhas e nós somos os seus lobos. E sabem o que acontece quando os lobos se apoderam do rebanho? Deus deu-nos, a nós, o seu povo eleito, o dom da dispersão e, naquilo que a todos parece ser a nossa fraqueza, emergiu toda a nossa força, que nos levou agora ao limiar da soberania sobre o mundo inteiro.

Protocolo n.º 12: Nem um único anúncio chegará ao público sem o nosso controlo. Isto é possível graças ao controlo total da imprensa e ao controlo da maçonaria ao mais alto nível.

Protocolo n.º 13: Para que os estúpidos *goyim* não adivinhem o que estamos a preparar, distraímo-los novamente com jogos, passatempos, sexo, desportos populares... Quem suspeitará que todas estas pessoas foram encenadas por nós para se adaptarem a um plano político que ninguém adivinhou ao longo dos séculos? Os liberais e os utópicos, de que nos livraremos quando tivermos tomado o poder, desempenharão um papel importante no desmantelamento das instituições *goy*.

Protocolo n.º 14: Em países reputados como progressistas e esclarecidos, criámos uma literatura insensata, suja e abominável, que utilizaremos para dar um relevo eloquente ao nosso governo quando chegarmos ao poder...

Protocolo n.º 15: Mataremos sem piedade todos aqueles que pegarem em armas para se oporem à vinda do nosso Reino.

Vamos refazer todas as legislaturas, todas as nossas leis serão curtas, claras, simples, sem qualquer interpretação, de modo a que qualquer pessoa as possa conhecer perfeitamente. A principal caraterística será a submissão às ordens, e este princípio será elevado a alturas grandiosas.

Protocolo n.º 16: Para destruir todas as forças colectivas, exceto a nossa, castraremos a primeira etapa do coletivismo, as universidades, reeducando-as numa nova direção. Os seus dirigentes e professores serão nomeados com precauções especiais e dependerão do nosso governo; ser-lhes-ão inculcados programas de ação secretos detalhados para que possam exercer a sua profissão.

Apagaremos da memória da humanidade todos os factos dos séculos anteriores que não nos convêm e deixaremos apenas aqueles que descrevem todos os erros cometidos pelos governos *goyim*. Não haverá liberdade de educação. Todos os povos serão iniciados numa única fé: o judaísmo.

Protocolo n.º 17: Há muito que nos preocupamos em desacreditar o clero dos *goyim* e, assim, arruinar a sua missão na Terra. Todos os dias, a sua influência sobre os povos do mundo diminui.

A liberdade de consciência foi declarada em todo o lado. Apenas alguns anos nos separam da destruição total do cristianismo.

Protocolo n.º 18: Quando o nosso rei judeu do mundo estiver no poder, será protegido por uma aura de divindade mística, que nós criaremos, para que os *goyim* estúpidos o vejam como um Deus.

Protocolo 19: Os *goyim* não têm o direito de se imiscuir na política. Qualquer líder de um movimento de oposição será julgado da mesma forma que o roubo, o assassínio ou qualquer outro crime abominável e repugnante. Os cidadãos não terão mais influência ou controlo sobre os assuntos políticos do que uma manada de gado.

Protocolo n.º 20: A soma total das nossas acções é resolvida pela questão dos números. A ruína dos Estados pagãos foi conseguida tirando o dinheiro de circulação. Só nós somos donos dos seus bancos e controlamos a sua política fiscal. Eles estão irrevogavelmente ligados a nós por dívidas de longo prazo e pelos juros que cobramos sobre essas dívidas.

Enquanto os empréstimos eram internos, os *goyim* limitavam-se a transferir o seu dinheiro dos bolsos dos pobres para os dos ricos. Quando comprámos as pessoas necessárias para transferir os empréstimos para o exterior, toda a riqueza dos Estados fluiu para os nossos cofres e os *goyim* começaram a pagar-nos o tributo de súbditos.

Protocolo n.º 21: Substituiremos os mercados monetários por instituições de crédito do Estado cujo objetivo será fixar o preço dos títulos industriais de acordo com os nossos pontos de vista. Estas instituições poderão emitir 500 milhões de papel industrial num dia, ou comprar a partir desse montante. Por conseguinte, todas as empresas industriais dependerão de nós. Podeis imaginar o imenso poder que assim asseguraremos para nós próprios.

Protocolo n.º 22: Nas nossas mãos está o grande poder da nossa época - o ouro: nos nossos armazéns podemos ter tanto quanto quisermos. O verdadeiro poder não aceita nenhum "direito", nem mesmo o de Deus: ninguém se atreve a aproximar-se dele para lhe tirar um palmo sequer.

Protocolo n.º 23: Quando os nossos agitadores tiverem semeado a discórdia, a revolução e o fogo da anarquia em todo o mundo, quando o Escolhido estiver no trono, então esses agitadores terão cumprido o seu papel. Tendo cumprido o seu tempo, será necessário removê-los do seu caminho, no qual nenhum nó ou lasca deve permanecer.

Protocolo n.º 24: O futuro rei do mundo virá da linhagem ancestral do rei David. Ele será escolhido pelos Sábios de Sião devido às suas capacidades excepcionais. Apenas o Rei e os três Sábios de Sião terão conhecimento dos mistérios e dos planos secretos do governo. Ninguém saberá o que o Rei pretende alcançar com os seus planos e, consequentemente, ninguém ousará enveredar por um caminho desconhecido.

> Qualquer pessoa que, como o autor, tenha visto e ouvido com inquietante admiração os objectivos da vida económica, política e intelectual judaica, pode afirmar que eles (os PROTOCOLOS) são a mais pura expressão do espírito judaico... que um espírito ariano... nunca, em circunstância alguma, poderia ter concebido estes métodos de ação, estes expedientes desonestos e estas fraudes no seu conjunto.
> ARTHUR TRIBITSCH, JUDEU,
> „Deutscher Geist oder Judentum."

É impossível para qualquer pessoa inteligente ler os Protocolos sem ficar espantada com a sua visão profética. Na verdade, porém, não precisamos dos Protocolos... para nos informar sobre estas coisas... O que me interessa é o que discerni do uso organizado do mal para subverter a civilização ocidental e desmoronar os nossos valores tradicionais, de modo a que uma influência completamente diferente, gelada de sangue e ódio, possa agora dominar o mundo... Estadistas como Churchill e Lloyd George, escritores como Belloc e Wickham Steed, editores como H. Estadistas como Churchill e Lloyd George, escritores como Belloc e Wickham Steed, editores como H. A. Gwynne, os próprios judeus do calibre de Disraeli e Oscar Levy, todos deram o seu testemunho... a uma vasta acumulação de provas... O poder judaico é real.

A. K. CHESTERTON, "The Learned Elders and the BBC".

Todos os gentios deveriam ler os PROTOCOLOS DOS SÁBIOS DE SION na íntegra para compreenderem porque é que os JUDEUS protestam tão veementemente contra a sua autenticidade. Aqui está a loucura tribal judaica reflectida como num espelho, obscuramente: congelada na eternidade para toda a humanidade ver, compreender e resistir.

CAPÍTULO 2

OS KHAZARES INVENTAM O JUDAÍSMO

Os ratos estão debaixo das pilhas; o judeu está debaixo do lote.

T. S. ELIOT, "Burbank com um Baedeker..."

A culpa, caro Brutus, não está nas nossas estrelas, mas em nós próprios, no facto de sermos subalternos.

WILLIAM SHAKESPEARE, "Julius Caesar".

A derivação genética khazar da maioria dos judeus - apenas os sefarditas podem ser considerados hebreus de sangue - é conhecida há muito tempo, se não em grande escala. Dunlap, da Universidade de Columbia, Bury, em Inglaterra, e Poliak, da Universidade de Telavive, investigaram esta "mais cruel das piadas" e obtiveram a aprovação dos investigadores nos últimos cinquenta anos.

ALFRED M. LILIENTHAL, JEW, *The Zionist Connection (A Ligação Sionista)*.

A conversão dos khazares (ao talmudismo) teve um impacto considerável e duradouro no mundo ocidental.

ENCYCLOPAEDIA BRITANNICA (1956)

Parece-me que os judeus estão especializados numa existência parasitária em relação a outras nações, e é necessário provar que são capazes de cumprir por si próprios os vários deveres de uma natureza civilizada.

SIR FRANCIS GALTON (1812-1911), fundador da eugenia.

Por volta do ano 600 d.C., uma tribo belicosa de meio-mongóis, semelhante aos actuais turcos, conquistou o território do que é hoje o sul da Rússia. Muito rapidamente, o reino (khanate) dos khazares, nome dado à tribo, estendeu-se do Mar Cáspio ao Mar Negro. A sua capital, Ityl, situava-se na foz do Volga.

SOLOMON GRAYZEL, JUDEU, "A History of the Jews".

Como aprendemos, a história do mundo é pontuada por histórias de engano, traição, traição e engano por parte dos hebreus. Um dos enganos mais significativos, e até taumatúrgicos, foi a CONVERSÃO, pelos rabinos sefarditas de Constantinopla, de cerca de três milhões de khazares pagãos - uma tribo asiática com afinidades mongóis e turcas - à religião hebraica (TORAH/TALMUDISMO), apenas para convencer o cristianismo de que os khazares eram judeus bíblicos da diáspora! A antiga pátria dos khazares situava-se no coração da Ásia. Eles eram uma nação guerreira e predatória cuja religião era uma mistura de adoração fálica, idolatria e devassidão. Odiados e temidos pelo seu comportamento psicopático, os khazares foram expulsos da Ásia pelas tribos vizinhas. Esta retirada ignominiosa transformou-se numa invasão da Europa Oriental onde, "impelidos pelo seu próprio desejo de pilhagem e vingança" (segundo a *Enciclopédia Judaica*), os khazares conquistaram e subjugaram vinte e cinco nações pastoris, colocando-as sob a sua "custódia protetora" e exigindo o pagamento de tributo. Os khazares estabeleceram-se na região entre o Mar Negro e o Mar Cáspio, estendendo gradualmente as suas conquistas para norte, ao longo dos rios Don e Volga, até que o canato khazar abrangesse mais de um milhão de quilómetros quadrados. No ano 1000, a Khazaria era o maior reino da Europa Oriental e um dos mais ricos (em termos de espólio, não de cultura). No entanto, hoje em dia, os khazares foram praticamente apagados da história mundial *porque os judeus querem que o mundo esqueça que eles são os descendentes diretos dos khazares asiáticos*. Os judeus querem que acreditemos que eles são os descendentes dos hebreus bíblicos. NÃO são! Essa é a história completa.

Os excessos sexuais ao estilo de Hollywood dos khazares corromperam a moral tribal e minaram a disciplina militar. O Khagan Bulan queria e precisava de uma religião oficial para incutir disciplina e criar unidade tribal. Em 730, Bulan convidou representantes do Islão, do Cristianismo e do Talmudismo para discutirem a religião com ele. Após longas deliberações, o astuto khagan escolheu a religião hebraica, o TALMUDISMO (hoje JUDAÍSMO), para que fosse a religião adoptada por todos os khazares. (Tal como Santo Agostinho, HÉBREU, Bulan aspirava à castidade e à continência "mas, Senhor, ainda não"). *O Khagan Bulan e 4000 nobres feudais khazares foram rapidamente convertidos à Torah/Talmudismo* (4001 prepúcios!). Pouco a pouco, milhões de khazares juntaram-se às fileiras dos escolhidos de DEUS. Bulan, claro, sabia que o TALMUDISMO era uma fraude. Não importava, desde que os seus súbditos acreditassem. Também não importava que os khazares não fossem hebreus (semitas). Era fácil de gerir. Tudo o que tinham de fazer era mentir! Fingir que eram judeus! A Europa cristã emergente aceitaria os "asiáticos/judeus" tal como aceitou ingenuamente a divindade tribal hebraica Javé como seu Deus.

A aliança de Jeová com o seu povo escolhido - e os Protocolos destinados a tornar essas alucinações uma realidade - foram, sem dúvida, os mais sedutores para Bulan. Os khazares eram sobretudo extorsionários, traficantes de escravos, proxenetas, assassinos e usurários, desprezados pelos seus vizinhos pagãos. Após gerações de guerras contra os russos, varangianos, eslavos e árabes, os khazares (judeus) foram totalmente derrotados (1300 d.C.) no campo de batalha. Privados das suas terras, dispersaram-se pela Europa e por outros lugares, o que explica que, 700 anos mais tarde, *tantos judeus indesejáveis vivam na Hungria, Polónia, Rússia, Ucrânia, Lituânia, Roménia, Galiza, Áustria e Israel!* Em termos culturais, os khazares deixaram muito pouco para a posteridade. Não há o mais pequeno vestígio da sua língua. Mas muito do veneno que legaram permanece (ver ILLUMINATI). Nunca antes duas raças tão desviantes, os KHAZARES ASIÁTICOS e os hebreus SEMIÁTICOS, partilharam tantas caraterísticas repulsivas.

Para explicar melhor o efeito devastador dos khazares na humanidade, precisamos de viajar brevemente até Inglaterra.

Em 1775, enquanto o adorador de Satanás Adam Weishaupt estava a rever os PROTOCOLOS Rothschild, JUIF/KHAZAR, o dramaturgo britânico William Sheridan, na sua peça *The Rivals*, cunhou a palavra "JUIF": um derivado da palavra "JUDÉEN". A palavra "JEW" tinha sido utilizada ao longo da história num contexto de calão (como "Hebe" para hebraico ou "Yid" para iídiche). Foi *Sheridan, no entanto, quem primeiro legitimou a palavra "JEW", utilizando-a na imprensa como um nome próprio para um judeu de fé hebraica, mas aplicando-a a uma personagem de KHAZAR.* É IMPORTANTE SABER que a palavra "JUDEU" não aparece no Antigo Testamento original escrito em hebraico; nem aparece nos Targuns - tradução do Antigo Testamento para o aramaico; nem aparece na Septuaginta (TORAH) - tradução do aramaico para o grego (3 a.C.). A palavra "JUDEU" não aparece em nenhuma das primeiras traduções da BÍBLIA SANTA (Vulgata Latina, Rheims/Douai, King James, etc.). Portanto, uma vez que a palavra "JUDEU" só foi usada em 1775, é incorreto chamar JUDEUS aos patriarcas bíblicos. Eles não o eram. Eram hebreus. Jesus Cristo NÃO era judeu. Ele era um rabino (professor) que venerava a Lei Mosaica e desprezava a Lei Oral Farisaica (Talmud). Jesus (se é que existiu) nasceu na Galileia ("terra impura dos gentios"). É possível que fosse semita, mas também pode ter sido ariano. O Novo Testamento é contraditório quanto à sua linhagem. Uma coisa é certa, ele NÃO era JUDEU (Khazar). *Também é errado e deliberadamente enganador aplicar a palavra "JUDEU" aos hebreus/israelitas (semitas). Finalmente, o termo difamatório "antissemita", aplicado aos odiadores de KHAZAR, é oximorónico. A palavra correta é "judeofóbico".*

> O estudo do judaísmo é o estudo do Talmud, tal como o estudo do Talmud é o estudo do judaísmo... são duas coisas inseparáveis, ou melhor, são uma e a mesma coisa.
> ARSENE DARMESTETER, JUDEU, "O Talmude".

Depois de 1776, a manobra de relações públicas dos Khazares começou a dar frutos: foram aceites pelo Cristianismo (os leões castrados) como remanescentes da tribo da Judeia (hebreus) em diáspora e foram oficialmente designados como "JUDEUS". Por fim, o fariseísmo tornou-se talmudismo e, finalmente, o talmudismo tornou-se JUDAÍSMO: a religião dos actuais KHAZARES. As palavras "JUDEU" e "JUDAÍSMO" começaram a aparecer, pela primeira vez, nas edições revistas do Talmude, e começaram a aparecer em TODAS as edições revistas da Bíblia Sagrada. Atualmente, os ashkenazim (asiáticos/khazares) e os sefarditas (hebreus bíblicos/israelitas) - que se odeiam com razão - são agrupados sob o termo "JUDEUS". Assim, os khazares (num piscar de olhos) abandonaram as suas afinidades asiáticas e tornaram-se "hebreus"; tornaram-se o povo escolhido de Javé, os beneficiários do Pacto e herdeiros da Palestina e de todos os minerais e outros bens nela existentes. Para além disso, os khazares reforçaram o seu ódio racial às tribos arianas com o ódio talmúdico a todos os GENTIOS. Os antropólogos referem-se aos khazares como judeus mongol-armenóides. Os historiadores chamam-lhes Ashkenazi (judeus asiáticos/europeus). Os psiquiatras chamam-lhes maníaco-depressivos. Os JUDEUS merecem a sua alcunha: "Mestres do Engano". Por isso, atualmente, todos os chamados "JUDEUS" acreditam (ou afirmam) fanaticamente que são o povo escolhido por Deus para dominar o mundo. Todos os meios são bons para alcançar esta ilusão. Tal estado de espírito é sintomático de personalidades psicopáticas e está associado à insanidade, megalomania, infantilismo, depressão maníaca, delírios de grandeza, sadismo, etc. Outra conclusão lógica a retirar desta charada louca é que qualquer povo - digamos 10 milhões de Watusi ou 50 milhões de chineses - só precisa de se converter ao judaísmo para ter o "direito" khazar de possuir a Palestina, matar os árabes e destruir os gentios em todo o lado!

Os judeus poderiam ter tido o Uganda, Madagáscar e outros locais para estabelecer uma pátria judaica, mas não querem absolutamente mais nada para além da Palestina: não porque a água do Mar Morto possa produzir 5 biliões de dólares de metalóides por evaporação, não porque o subsolo da Palestina contenha vinte vezes mais petróleo do que as reservas combinadas das duas Américas; mas porque a Palestina é a encruzilhada da Europa, da Ásia e da África; porque a Palestina é o verdadeiro centro do poder político mundial, o centro estratégico para o controlo do mundo.

NAHUM GOLDMAN, Presidente do Congresso Judaico Mundial.

Chaïm Weizmann, um JUDEU, o Gabinete de Guerra Britânico e o Ministério dos Negócios Estrangeiros Francês estavam convencidos em 1916... que a melhor e talvez a única maneira (como se veio a verificar) de induzir o Presidente americano a entrar na guerra (Primeira Guerra Mundial) era assegurar a cooperação dos judeus sionistas, prometendo-lhes a Palestina, e assim alistar e mobilizar as até então insuspeitadas e poderosas forças dos judeus sionistas na América e noutros locais a favor dos Aliados, com base num contrato recíproco...

SAMUEL LANDMAN, JUDEU,
"A Grã-Bretanha, os Judeus e a Palestina.

Em seguida, vamos dar uma breve olhada nos ILLUMINATI que hoje marcam o ponto culminante da CONSPIRAÇÃO. Mitos antigos, mentiras e personagens de banda desenhada ganham vida. O CANULAR torna-se realidade.

CAPÍTULO 3

O ILLUMINATI

O mundo é gerido por personagens muito diferentes das que não estão nos bastidores.

BENJAMIN DISRAELI, JUDEU, primeiro-ministro britânico, 1868

300 homens, todos membros de Lojas, todos se conhecendo, controlam o continente.

WALTER RATHENAU, JUDEU, Ministro dos Negócios Estrangeiros alemão (Presidente de 84 grandes empresas alemãs, assassinado em 1920).

Desde que entrei na política, as opiniões dos homens têm-me sido confidenciadas sobretudo em privado. Alguns dos maiores homens do comércio e da indústria dos Estados Unidos têm medo de alguém, têm medo de alguma coisa. Sabem que, algures, existe um poder tão organizado, tão subtil, tão vigilante, tão entrelaçado, tão completo, tão penetrante, que é melhor não falarem muito alto quando o condenam.

WOODROW WILSON, Presidente dos Estados Unidos, *A Nova Liberdade.*

Um a um, os judeus tomaram o controlo dos principais jornais... Os bancos judeus eram supremos. Eles tomaram o controlo do Tesouro Americano. Forçaram Woodrow Wilson a nomear Paul Warburg, um judeu, para o Conselho da Reserva Federal, que ele domina... cujo irmão Max Warburg (chefe dos serviços secretos alemães) é uma figura de proa da finança alemã.

SIR CECIL SPRING-RICE, embaixador britânico nos Estados Unidos, na Alemanha e na Rússia (1916)

A dimensão da nossa dívida nacional é a medida da nossa subserviência às finanças judaicas globais. Vivemos numa democracia e, no entanto, são contraídos empréstimos que custam sempre mais do que o montante do empréstimo e ninguém tem uma palavra a dizer sobre isso. Nós, americanos, não sabemos quanto estamos a pagar de juros todos os anos e não sabemos a quem o estamos a pagar.

HENRY FORD, *O Judeu Internacional.*

O que é importante sublinhar é a evidência crescente de uma

conspiração secreta em todo o mundo para a destruição do governo organizado e a libertação do mal... políticos eminentes, filósofos e soldados são encontrados em momentos críticos a dar opiniões de uma descrição absolutamente imoral, que não estão de acordo com o seu comportamento na vida quotidiana... é aqui que a conspiração do mal contra a humanidade se torna reconhecível.

> CHRISTIAN SCIENCE MONITOR, "The Jewish Peril", 619-20.

O objetivo é nada mais nada menos do que criar um sistema global de controlo em mãos privadas capaz de dominar o sistema político de cada país e a economia global.

> CARROLL QUIGLEY, Professor na Universidade de Georgetown, *Tragédia e esperança*.

O significado da história do último século é que 300 financeiros judeus, todos mestres de lojas, governam o mundo (1931).

> JEAN IZOULET, JUDEU, Aliança Israelita Universal.

(EN) Senhor Presidente, é monstruoso para esta grande nação ver o seu destino presidido por um sistema traiçoeiro de reservas federais que actua em segredo com agiotas internacionais.

> LOUIS T. McFADDEN, Presidente do Comité Bancário da Câmara, 610-32.

Não são os Trilateralistas que dirigem secretamente o mundo, mas sim o Conselho de Relações Externas (CFR).

> WINSTON LORD, antigo Presidente do CFR.

Os membros do CFR são pessoas cuja influência nas suas comunidades está muito acima da média. Utilizaram o prestígio da sua riqueza, posição social e educação para conduzir o seu país à falência e ao descalabro militar. Deviam olhar para as suas mãos. Estão cobertas de sangue.

> CHICAGO HERALD TRIBUNE.

O que a Comissão Trilateral realmente pretende é criar um poder económico global superior aos governos políticos dos Estados-nação em questão... Como gestores e criadores do sistema, eles governarão o futuro... As populações são tratadas apenas como grupos de produtores económicos. A liberdade (política, espiritual, económica) é irrelevante.

> O SENADOR DOS EUA. BARRY GOLDWATER, JUDEU, *sem pedir desculpa*.

Em reuniões secretas na Suíça, 13 pessoas moldam a economia

mundial. O Banco de Pagamentos Internacionais foi criado em 1930 para ajudar a pagar as indemnizações devidas pela Alemanha e outros perdedores da Primeira Guerra Mundial aos vencedores. Atualmente, protege o sistema financeiro mundial. As vozes mais poderosas são as do representante dos EUA Alan Greenspan, Presidente da Reserva Federal, e da sua substituta Alice M. Rivlin (ambos judeus).

> WASHINGTON POST, (extrato) 6-28-98).

O MITO: No princípio, Lúcifer, "o anjo da luz", julgava-se maior do que Javé. Disfarçado de serpente no Jardim do Éden, Lúcifer seduziu Eva (o TALMUD diz que fornicou com ela), violando as leis de Deus e introduzindo o pecado no mundo. Por esta e por outras abominações, Lúcifer e os seus comparsas entre as hostes celestiais foram expulsos do céu. Por ser um arcanjo, Lúcifer continua a ser um espírito maligno indestrutível, criado, segundo nos dizem, por Javé, o "todo-poderoso"!

> Como caíste do céu, Lúcifer, filho da Estrela da Manhã! Como foste cortado na terra que enfraqueceu as nações!
>
> BÍBLIA SANTA: Isaías 14.

Lúcifer (Satanás, o Diabo) estabeleceu um reino terrestre onde ele e os seus seguidores (ILLUMINATI) lucraram com as lágrimas, o trabalho, o suor e o sangue da humanidade: apoderaram-se dos corpos e das almas dos homens. A empresa de Lúcifer foi tão bem sucedida que Javé se enfureceu e, num acesso de ciúme (HOLOCAUSTO número um), afogou toda a raça humana - homens, mulheres e crianças! - com exceção de Noé, em hebraico "um bêbado adorável", e da sua família. No entanto, depois destes afogamentos em massa, tudo foi para o inferno num cesto de mão, outra vez. E mais uma vez. E mais uma vez! *A essência deste mito hebraico é a seguinte: Deus não consegue vencer Satanás!*

A REALIDADE: o mito explica porque é que Rothschild deu o nome de Lúcifer aos ILLUMINATI e porque é que adoptou a serpente hebraica simbólica, que representa a astúcia e o engano de Lúcifer, no seu cartucho. A apostasia de Lúcifer e o seu modus operandi atraem muito os Usurários: serpentes humanas com poucas ou nenhumas qualidades morais, ou seja, desprovidas de honra, coragem, criatividade e habilidade, personificando a fealdade do corpo e da alma. O que elas possuem em abundância é o engano, a ganância, o orgulho excessivo e a malícia. Porquê trabalhar, perguntam eles, quando se pode obter as riquezas do mundo mentindo, roubando, prestando falsos testemunhos e apelando à "baixeza que reside na alma de todos os homens"?

Já mencionámos Amschel Mayer Bauer, um penhorista judeu que descobriu que podia obter lucros enormes emitindo notas a curto prazo por montantes muito superiores aos seus activos. Este papel remunerado, garantido por Bauer, era frequentemente utilizado como meio de troca no mercado. Desde que os detentores não exigissem um concerto de ouro em troca do seu papel, Shylock escapava à forca. Em suma, Bauer emitia notas a favor de mutuários, em troca de uma comissão, representando activos de que não era proprietário (ver: O Sistema da Reserva Federal). Decidiu cessar as suas actividades de penhorista, mudou o seu apelido para Rothschild ("Escudo Vermelho") e concentrou-se no seu lucrativo esquema bancário. No final do século XVIII, Rothschild & Sons tornou-se o principal estabelecimento bancário da Europa, e a sua fraude tornou-se a pedra angular do sistema bancário central Rothschild que hoje controla o Sistema da Reserva Federal). Rothschild não estava apenas a pensar em dinheiro. Ele combinou o ódio da TALMUDI pelos gentios com a sede de vingança dos Khazares contra a raça ariana. O nome "Escudo Vermelho" tornou-se o símbolo da revolução mundial. Como se recordará, Rothschild encarregou Adam Weishaupt (um padre jesuíta apóstata que foi expulso do seu posto na Universidade de Ingolstadt por praticar a adoração de Satanás) de atualizar os antigos Protocolos. A organização criada por Weishaupt para implementar estes planos é a ILLUMINATI.

Os ILLUMINATI são chefiados por um KHAGAN. O Khagan preside ao KEHILLA (Conselho de Administração), composto por 13 judeus, a maioria dos quais são banqueiros internacionais. Cada um destes diretores dirige uma organização-chave do Movimento Revolucionário Mundial. Os diretores presidem alternadamente ao ILLUMINATI, que é composto por 300 personalidades influentes, nem todas judias, representando as áreas mais importantes da atividade humana: finanças, meios de comunicação social, governo, forças armadas, negócios estrangeiros, ciência, indústria, comércio, educação, religião, etc. No entanto, por ser uma ORGANIZAÇÃO SECRETA, é praticamente invisível. Tal como o vento, revela-se pela sua influência e danos:

A REVOLUÇÃO FRANCESA de 1778, o primeiro golpe ILLUMINATI contra o cristianismo, revelou os PROTOCOLOS em ação.

    Uma vez firmemente estabelecido o controlo da dívida, segue-se rapidamente o controlo de todas as formas de publicidade e de atividade política, bem como o controlo total dos industriais (patrões e sindicatos)... o controlo da mão direita estabelece a paralisia, enquanto a mão esquerda revolucionária segura o punhal e dá o golpe fatal.

SIR WALTER SCOTT, *The Life of Napoleon* (os nove volumes de Scott foram suprimidos devido à sua posição judaicofóbica e nunca foram catalogados com as suas outras obras).

    Enquanto os jornais judeus de M. Balsamo caluniavam a Igreja e o Estado, os ILLUMINATI organizavam o Reino do Terror. Por toda a França foram criados clubes jacobinos que serviam de ponto de encontro para os canalhas.

    Restif alude também ao racismo de classe, ao medo que os burgueses e os artesãos sentem dos homens pálidos, com cabelos escuros e mal penteados, olhos penetrantes e bigodes desgrenhados... este patife é sempre escuro e sombrio... Os respeitáveis: os homens de posses, os artesãos virtuosos são claros e de boa aparência.

REVISTA LITERÁRIA BRITÂNICA, Restif de la Bretonne - relatos do Terror.

    A Maçonaria continental é, e tem sido desde há 200 anos, notoriamente controlada pelos judeus.

A. K. CHESTERTON, The New Unhappy Lords (1974).

    A INFÂMIA (mentira, calúnia e falso testemunho) é uma das armas mais temidas pelos judeus. A vítima não se apercebe dos sussurros nas suas costas até começar a sentir olhares de condenação, rejeição e reviravoltas repentinas na sua sorte. *Não há praticamente nenhuma forma de refutar esta destruição anónima da sua reputação.* Para alvos maiores, os ILLUMINATI utilizam todo o seu aparelho de assassinato, desde campanhas nos meios de comunicação social a comissões de investigação do Congresso, intimidação do IRS e equipas especiais de resposta.

    A mudança gradual das aspirações ocidentais (por volta de 1750) da Cultura para a Civilização criou tensões e fracturas no seio das monarquias europeias, exigindo tempo para diagnosticar, tratar e curar.

Os judeus viram nesta indisposição uma oportunidade para atacar. O que quase certamente teria sido uma revolução pacífica em França transformou-se numa tragédia. Pela primeira vez, o Ocidente assistiu ao PODER JUDAICO: os ILLUMINATI fomentaram a REVOLUÇÃO FRANCESA. A INFÂMIA desencadeou-a.

A rainha de Luís XVI, Maria Antonieta, era filha de Francisco I da Áustria. A irmã de Maria, sabendo que o governo da Baviera tinha descoberto os planos dos ILLUMINATI, avisou-a dos PROTOCOLOS e do perigo iminente. A rainha escreveu:

> Penso que, no que se refere a França, estão demasiado preocupados com a Maçonaria. Aqui, ela não tem nem de perto nem de longe a importância que tem noutras partes da Europa.

O agente dos ILLUMINATI, o judeu Moses Mendelssohn, encomenda a um joalheiro londrino um colar de diamantes no valor de 250.000 livres, que é oferecido a Maria Antonieta. A "indulgência" da Rainha é divulgada nos jornais de Paris, enfurecendo os funcionários, a Igreja e o público. A Rainha conseguiu provar que não tinha encomendado o colar, mas a reputação da monarquia ficou seriamente afetada. Joseph Balsamo, um judeu, mandou distribuir 500 000 panfletos acusando a Rainha, "a prostituta austríaca" (termo mais tarde aplicado à czarina pelos bolcheviques), de ter concedido favores sexuais a um amante secreto em troca do colar. Para reforçar a teia, Balsamo, um judeu, falsificou a assinatura da Rainha numa carta em que convidava o Cardeal Príncipe de Rohan a encontrar-se com ela no palácio real para discutir o caso do colar. Foi contratada uma atriz para se fazer passar pela Rainha. O cenário resultante, com testemunhas ocultas, implica o Cardeal num caso de amor com a Rainha. O escândalo manchou os mais altos escalões da Igreja e do Estado. O CANULAR, pois é disso que se trata, aumenta o fosso entre a monarquia e o povo, diminuindo a sua resistência aos ILLUMINATI.

Quando os *canalhas* (os agitadores judeus na imprensa e nas ruas) mergulharam a França num frenesim de desespero, as portas das prisões e dos asilos abriram-se subitamente. O TERROR foi desencadeado. Enquanto os criminosos e os loucos se descontrolavam, queimando, violando, matando, gritando "Liberté, Egalité, Fraternité" e agitando a bandeira vermelha de Rothschild, os clubes jacobinos prendiam e encarceravam sem julgamento burgueses e aristocratas: homens, mulheres e crianças cujo extermínio era planeado pelos ILLUMINATI.

O Marquês de Mirabeau e Robespierre, líderes da revolução contra a sua própria raça, aperceberam-se demasiado tarde de que homens mais poderosos do que eles tinham criado O TERROR. Mirabeau, num último ato de redenção, tentou salvar a família real condenada. Foi frustrado e decapitado. Robespierre, antes de levar um tiro no queixo para o silenciar, declarou perante a Convenção:

> Não posso rasgar o véu que cobre este profundo mistério de iniquidade. Mas posso afirmar muito positivamente que entre os autores desta trama estão os agentes deste sistema de corrupção e extravagância - o mais poderoso de todos os meios inventados pelos estrangeiros - para derrotar a República: refiro-me aos impuros apóstolos do ateísmo e da imoralidade que é a sua base.
>
> ROBESPIERRE, de *Vie de Robespierre*, de George Renier.

A discrição de Robespierre em não revelar os CONSPIRADORES não lhe serviu de nada. Sabia demasiado e foi decapitado como quase todos os chefes revolucionários goy. Sabemos agora que ele escondia a identidade de: Daniel Itg (Berlim), Herz Gergsbeer (Alsácia), os Rothschild e Sir Moses Montifiore (Inglaterra), todos financeiros judeus que pretendiam instaurar uma monarquia constitucional em França, como tinham feito em Inglaterra. A monarquia absoluta, aliada ao nacionalismo, rejeitava em absoluto a usura. Os judeus lançaram então uma guerra continental contra a França. Esta guerra exigiu enormes empréstimos estrangeiros de TODOS os participantes: França, Inglaterra, Espanha, etc., mas os ILLUMNATI levaram a França à falência, recusando-se a aceitar pagamentos em assignats. Foi isto que levou ao TERROR.

A história "popular" retrata Maria Antonieta como uma mulher desmiolada, devassa e sem compaixão que, ao saber que a população não tinha pão, disse: "Que comam brioches". Historiadores sérios provaram que os detractores da Rainha eram judeus mentirosos. A Rainha suportou com dignidade os sofrimentos infligidos a ela e à sua família e enfrentou com grande coragem a sua morte na Guilhotina.

Napoleão I (1769-1821) também lutou contra as armadilhas e as mentiras dos ILLUMINATI. A reputação manchada de Bonaparte baseia-se no facto de ele, herói do povo, se ter oposto aos empréstimos com juros. A principal preocupação dos banqueiros era continuar as guerras e financiá-las.

>   Nunca é demais sublinhar que as finanças, e não a expansão territorial, foram a chave do reinado de Napoleão. Se o imperador francês tivesse concordado em abandonar o seu sistema financeiro a favor do sistema londrino (Banco Central) - ou seja, a favor de empréstimos através do mercado monetário - poderia ter tido paz em qualquer altura.
>
>   R. MICHAEL WILSON, *O amor de Napoleão*.

Durante a Guerra Peninsular (1809), Wellington enfrentou as tropas francesas em Espanha. A costa ibérica estava cercada pela frota francesa, que bloqueava o abastecimento das forças britânicas. O problema foi resolvido pelos Rothschilds britânicos, que informaram os Rothschilds franceses, que contrabandearam ouro para Wellington através de um comboio de mulas que atravessava os Pirinéus. Com o ouro na mão, Wellington comprou mantimentos e forragem aos espanhóis. E as tropas que morrem pelos seus ideais, pelo seu Deus e pelo seu país? Os judeus não se importam.

À medida que se desenrola a Batalha de WATERLOO, sobre a qual repousa o destino da Inglaterra e da França, os ILLUMINATI concebem um plano que lhes permite conhecer o resultado da batalha antes dos dois governos. Foi criado um sistema de pombos-correio para atravessar a Mancha (daí a expressão: "Um passarinho contou-me"). Assim que a vitória de Wellington foi confirmada (1815), os agentes de Rothschild em Londres anunciaram que a batalha estava perdida! O mercado monetário britânico entrou em pânico: os investidores desfizeram-se das suas acções de alto valor e dos títulos do Estado a preços muito baixos. Nos bastidores, Rothschild comprava tudo a que conseguia deitar a mão. Em França, foi feita uma burla semelhante. Os mortos foram enterrados. Os heróis receberam medalhas e os banqueiros riram-se.

>   O nome Rothschild tornou-se, assim, omnipresente, e notou-se que a Casa se espalhava como uma rede sobre as nações; não é surpreendente, portanto, que as suas operações no mercado monetário fossem finalmente sentidas por todos os gabinetes da Europa.
>
>   RABINO MOSE MARGOLUTH (1851).

A IDADE DA RAZÃO foi o terreno fértil para a ideia do capitalismo: livre iniciativa, competição, individualismo ("cada um por si"); o sistema monetário fazia parte do capitalismo. Toda a direção desta fase do desenvolvimento orgânico da cultura ocidental foi desviada pelo monopólio monetário dos ILLUMINATI. O capitalismo tornou-se sinónimo de usura e, como se sabe, *usura é sinónimo de dívida, ou seja, de escravatura.*

A natureza satânica da REVOLUÇÃO INDUSTRIAL, que começou em Inglaterra (por volta de 1760), tem a marca dos Rothschilds. São eles que estabelecem os códigos de construção, os regulamentos, as normas e os valores. Os judeus NÃO têm patriotismo pelo país que os acolhe: NÃO amam a paisagem, o Estado, a sua história e o seu povo. Vêem o SEU MUNDO TALMUDI como um mundo sem fronteiras, e os goyim como as SUAS ovelhas a serem depenadas. Se o homem ariano tivesse controlado o seu próprio dinheiro, NÃO teria criado cidades-fábricas infernais, utilizando os seus próprios filhos como mão de obra escrava. Teria feito a revolução industrial com a mesma arte e amor que usou para criar a sua grande música, literatura, arte, ciência e catedrais. O VESTIDO degrada. O VESTUÁRIO escraviza.

Na AMÉRICA COLONIAL, depois de o Banco de Inglaterra (dominado por JUDEUS) se ter recusado a aceitar o texto sem dívidas das colónias americanas, Benjamin Franklin observou com amargura que "a prosperidade acabou e instalou-se a depressão e o desemprego". Para sobreviver, os colonos tiveram de hipotecar os seus bens e títulos junto do Banco de Inglaterra. A Guerra da Independência (1776) não foi travada contra Jorge III, como os livros de história nos querem fazer crer, mas contra os USURÁRIOS JUDEUS.

> O Banco de Inglaterra recusou-se a dar mais de 50% do valor nominal da nossa moeda quando a entregou, como exigido por lei. O meio de troca em circulação foi assim reduzido a metade... As colónias teriam suportado de bom grado o pequeno imposto sobre o chá, entre outras coisas, se a Inglaterra não lhes tivesse tirado o dinheiro, o que criou desemprego...
> BENJAMIN FRANKLIN, documento do Senado dos EUA n.º 23.

Nos anos seguintes, antes de criarem a FED, os ILLUMINATI criaram pânicos financeiros, escassez de dinheiro e espalharam a Infâmia, com o objetivo de criar descontentamento público com o sistema monetário americano e substituí-lo pelo seu próprio sistema.

> Sois um covil de ladrões e víboras! Tenciono derrotar-vos, e pelo Deus eterno, vou derrotar-vos!
>
> ANDREW JACKSON, Presidente dos Estados Unidos, cerca de 1835

GUERRA CIVIL

Surgiu uma oportunidade estratégica quando profundos antagonismos sociais começaram a ameaçar a estabilidade da América. Os ILLUMINATI atiçaram as faíscas, sabendo que teriam uma colheita dourada se conseguissem dividir ideologicamente o Norte e o Sul, empurrando depois ambos os lados para uma longa e sangrenta guerra civil.

> Não tenho qualquer dúvida, e sei-o com absoluta certeza, que a separação dos Estados Unidos em duas federações de poderes iguais foi decidida muito antes da Guerra Civil pela principal potência financeira da Europa.
>
> OTTO VON BISMARCK, Chanceler, Alemanha.

A Guerra Civil Americana, num sentido muito real, foi uma continuação da guerra revolucionária travada pelos nossos fundadores contra o Banco de Inglaterra. A Guerra Civil foi planeada em Londres por Rothschild, que queria duas democracias americanas, cada uma delas sobrecarregada com dívidas. Quatro anos antes da guerra (1857), Rothschild decidiu que o seu banco de Paris apoiaria o Sul, representado pelo senador John Slidell, um judeu do Louisiana, enquanto a sucursal britânica apoiaria o Norte, representado por August Belmont (Schoenberg), um judeu de Nova Iorque. O plano era financiar, a taxas de juros usurárias, as enormes dívidas de guerra previstas, usando essa dívida para extorquir de ambos os lados a aceitação de um sistema bancário central Rothschild semelhante ao que tinha sangrado (e ainda estava a sangrar) as nações da Europa, mantendo-as em condições de guerra perpétua, insolvência e à mercê de especuladores judeus.

Tal como na França pré-revolucionária, os agitadores ILLUMINATI, como vermes atacando uma ferida crua, começaram a trabalhar no Norte e no Sul, em todos os níveis do governo e em toda a sociedade, para explorar as questões divisórias que ameaçavam a nação. Os banqueiros internacionais foram bem sucedidos. Todos os esforços de paz entre o Norte e o Sul falharam.

> A propaganda realçava a questão da escravatura, mas o verdadeiro objetivo da guerra era levar os dois lados a aceitar o mesmo sistema monetário que Rothschild tinha criado em Inglaterra e no continente, a fim de explorar a imensa produtividade do povo americano no seu conjunto.
> WILLIAM G. SIMPSON, The Way of the Western Man.

> O governo deve criar, emitir e fazer circular toda a moeda e crédito necessários para satisfazer as despesas públicas e o poder de compra dos consumidores.
> PRESIDENTE ABRAHAM LINCOLN.

Lincoln disse que temia mais os banqueiros internacionais do que a Confederação. Ele podia ver claramente a conspiração a crescer à sua volta, mesmo dentro do seu próprio gabinete. Numa tentativa de desestabilizar Rothschild, conseguiu que o Congresso emitisse 150 milhões de dólares de "Greenbacks", uma moeda sem juros garantida pelo governo dos Estados Unidos (estas notas circulam sem dívidas nos Estados Unidos desde então). No entanto, a comunidade judaica internacional recusou-se a aceitá-las. Ambos os lados do conflito precisavam desesperadamente de grandes quantidades de dinheiro para manter a guerra. Apenas Rothschild poderia fornecer esse dinheiro - a taxas usurárias. DINHEIRO DE SANGUE.

> Os Estados Unidos foram vendidos aos Rothschilds em 1863.
> EZRA POUND, "Impacto".

> No rescaldo da guerra [...] o poder financeiro deste país esforçar-se-á por prolongar o seu reinado, trabalhando sobre os preconceitos do povo até que a riqueza se agregue nas mãos de alguns e a República seja destruída. Estou mais preocupado do que nunca com a segurança do meu país, mesmo no meio da guerra.
> PRESIDENTE ABRAHAM LINCOLN.

624.511 soldados morreram durante a Guerra Civil (1861-1865) 475.881 soldados ficaram feridos. Estes números são incompletos porque alguns registos não foram mantidos e outros perderam-se, sobretudo no início da guerra. Depois da guerra, apercebendo-se de que o verdadeiro inimigo da União era Rothschild, o Presidente, dando ênfase à Constituição, deixou claro ao Congresso que:

> O privilégio de criar e emitir dinheiro é... a prerrogativa suprema do governo!
>
> ABRAHAM LINCOLN.

A Constituição dos EUA confere exclusivamente ao Congresso o poder de cunhar moeda e regular o seu valor; o Supremo Tribunal decidiu que o Congresso não pode abdicar desta função.

O Presidente Lincoln tinha lançado o desafio. Sob a sua administração, um sistema bancário central dos Rothschild não seria tolerado.

Lincoln enfureceu ainda mais os judeus quando anunciou a sua intenção de colonizar os negros que tinham sido recentemente reintegrados nos Estados Unidos. Os judeus queriam que os negros permanecessem nos Estados Unidos como mão de obra barata (agora que já não precisavam de ser tratados e sustentados), mas também como um elemento racial de divisão que poderia ser explorado no futuro pela Revolução.

A intransigência de Lincoln selou o seu destino. O obstáculo tinha de ser removido. *Provas convincentes sugerem que o assassino de Lincoln, John Wilkes Booth (Botha), JUDEU, foi contratado por Judah Benjamin, JUDEU, tesoureiro da Confederação.* Benjamin era um colaborador próximo de Benjamin Disraeli, JUDEU (1804-1881), primeiro-ministro britânico. Disraeli, Benjamin e Booth tinham falado juntos com os Rothschilds. Quando Booth escapou do Teatro Ford, fugiu "por acaso" ao longo da única estrada de saída de Washington, D.C., que não estava bloqueada por tropas. Entre os seus pertences encontrava-se um livro de códigos idêntico ao encontrado na posse de Benjamin; e outro, cujas páginas tinham sido arrancadas, entre os pertences do Secretário de Guerra americano, Stanton. Após o assassínio, Benjamin fugiu para Londres, onde foi acolhido pela sua tribo. Recentemente, os familiares de Booth pediram a exumação da sua sepultura em Maryland. Eles não acreditam que Booth esteja lá. Mas a autorização foi recusada por autoridades não identificadas.

Se por acaso visitar as longas filas de mortos ianques e rebeldes em Pea Ridge, Gettysburg, Shiloh, Chickamaugua, Cold Harbor, Chancellorsville, Antietam e *outros*, lembre-se que cada cruz representa DINHEIRO DE SANGUE, lágrimas e dor exigidos pelos JUDEUS TALMUDIANOS KHAZARES.

Trinta e cinco anos depois de Appomatox, no início do século mais sangrento da história mundial, os ILLUMINATI estão a preparar o terreno para a Primeira Guerra Mundial. Onde quer que vivam, os judeus espalham a INFÂMIA, como fizeram em todas as suas guerras e revoluções, demonizando o seu inimigo. Os tambores já começaram a tocar. Na América, os judeus usaram a lisonja e a coerção para entrar na Casa Branca. Manipularam o Presidente Wilson - como fariam mais tarde com FDR - "como um macaco numa corda". Para grande desgosto dos patriotas, o Congresso dos EUA aprovou a inconstitucional Lei da Reserva Federal (1913), dando aos Rothschilds o controlo total do sistema monetário dos EUA. A partir daí, os ILLUMINATI controlaram o funcionamento do governo dos EUA (atualmente, os judeus entram e saem da Sala Oval e do Tesouro, tal como entram e saem do Hillcrest Club em Los Angeles). Os JUDEUS prepararam imediatamente os Estados Unidos para a Primeira Guerra Mundial, de cuja iminência o povo americano não fazia ideia na altura. Para garantir aos BANQUEIROS o reembolso do capital e dos juros, o Congresso promulgou a 16ª Emenda à Constituição, estabelecendo o primeiro imposto sobre o rendimento das pessoas singulares na história dos EUA. Não só se esperava que os americanos morressem numa guerra contra os seus parentes alemães, como também tinham de pagar aos JUDEUS por esse privilégio.

Nesse mesmo ano fatídico, 1913, os judeus criaram a Liga Anti-Difamação da B'nai B'rith, cujo principal objetivo *é a* difamação. O seu objetivo declarado é identificar, expor e erradicar o "antissemitismo" (sic), que é equiparado a qualquer crítica aos JUDEUS. O Congresso assusta-se perante os seus olhos malévolos. Com sede em Nova Iorque, a ADL emprega 225 advogados, lobistas, engenheiros sociais, educadores e especialistas em relações públicas numa base permanente. Tem escritórios regionais em todo o mundo civilizado.

O B'NAI B'RITH (Filhos da Aliança), uma cabala secreta, afirma ser uma organização religiosa e caritativa dedutível nos impostos. A sua rede penetra em todos os níveis da comunidade judaica, no país e no estrangeiro. O seu objetivo é unir todos os judeus em torno da aplicação dos Protocolos.

Em 1913, o resultado da guerra que se avizinhava era bem conhecido dos actores internos. Depois de os combatentes europeus estarem exaustos e endividados, a estratégia adoptada consistia em fazer intervir no conflito os recursos e o poder incomparáveis dos Estados Unidos. Americanos com lavagem cerebral, apanhados num frenesim assassino, correram "para lá" para "salvar o mundo para a democracia" - uma palavra que não aparece em lado nenhum na Constituição dos EUA. *Os verdadeiros objectivos eram:*

1. Destruir a Rússia cristã, o inimigo ariano do MARXISMO/LIBERALISMO/JUVENTARIA.
2. Substituir as monarquias absolutas da Europa por governos democráticos. Expondo assim a Europa cristã ariana ao vírus do LIBERALISMO/MARXISMO/JUVENTARIA.
3. Inundar a Europa com dívidas colossais a serem pagas a taxas de juro usurárias aos ILLUMINATI.
4. Estabelecer uma pátria sionista na Palestina (homenagem da Grã-Bretanha aos judeus "americanos" por terem arrastado a América para a guerra).
5. Destruição da Alemanha. A JUDIARIE investiu maciçamente no Império Britânico, detido pelo Banco de Inglaterra. A marinha mercante, os caminhos-de-ferro intercontinentais, o comércio externo e as colónias da Alemanha representam uma séria ameaça económica.
6. Matar a nata do homem ariano, expondo o património genético branco à miscigenação e à escravatura branca.

Na Europa e na América, os ILLUMINATI colocaram os seus peões goy em posições de destaque. Judeus em posições de confiança em vários governos europeus usaram confidências obtidas ao mais alto nível para trair os seus Estados anfitriões e usar esse conhecimento para promover os objectivos dos ILLUMINATI. Por exemplo: Max Warburg, um judeu e chefe dos serviços secretos alemães, financiou os bolcheviques de Lenine. O irmão de Max, Paul Warburg, arquiteto do sistema da Reserva Federal, comprou a presidência de Woodrow Wilson e, juntamente com Jacob Schiff, Kuhn-Loeb & Co, financiou os bolcheviques assassinos de Leon Trotsky.

Pouco tempo depois, as crises financeiras eclodiram em todo o Ocidente, semeando a confusão e o desespero. As diferenças étnicas entre os Estados europeus foram exacerbadas pelo L'INFAMIE. Os Balcãs tornaram-se um barril de pólvora de animosidades políticas e raciais. O arquiduque Ferdinando da Áustria deslocou-se à Sérvia para tentar apaziguar as divergências. Ele e a sua encantadora esposa foram assassinados em Sarajevo (628-1914) por Gavrilo Princip, um maçon. As peças de dominó começaram a cair, uma a uma.

> O Arquiduque estava bem ciente de que um atentado contra a sua vida estava iminente. Um ano antes da guerra, informou-me de que os maçons tinham planeado a sua morte.
>
> COUNT CZERNIN, *Na Guerra Mundial*.

> É um homem notável, e é pena que tenha sido condenado; morrerá nos degraus do seu trono.
>
> LÉON PONCINS, *O poder secreto por detrás da revolução*.

> O assassínio do arquiduque incendiou elementos que, de outra forma, não se teriam incendiado como se incendiaram, se é que se incendiaram. Por isso, é importante traçar as origens da conspiração de que foi vítima...
>
> B. FAY, *As origens da guerra mundial*.

> A linha do partido consistia em unir todas as organizações revolucionárias com o objetivo de fazer com que todos os grandes países capitalistas entrassem em guerra uns contra os outros, para que todas as terríveis perdas sofridas, os elevados impostos cobrados e as dificuldades suportadas pelas massas da população fizessem com que a maioria das classes trabalhadoras reagisse favoravelmente a... uma revolução para acabar com todas as guerras. Quando todos os países estivessem sovietizados, os Iluminados formariam uma ditadura totalitária... É possível que só Lenine conhecesse os objetivos e as ambições secretas dos Iluminados, que moldavam a ação revolucionária em função dos seus objetivos. Os chefes revolucionários deviam organizar os seus maquis em todos os países para se apoderarem do sistema político e da economia da nação; os banqueiros internacionais deviam estender as filiais das suas agências por todo o mundo...
>
> WILLIAM GUY CARR, R. D., *Pawns in the Game (Peões no Jogo)*.

Uma série de assassinatos foi cometida (1881-1914) para promover os objectivos de guerra dos ILLUMINATI, sendo os mais críticos: O Czar Alexandre II ("Pai Pequeno") da Rússia, em 1881; a Imperatriz da

Áustria, em 1893; o Rei Humberto de Itália, em 1900; o Presidente dos EUA McKinley, em 1901; o Grão-Duque Sergius da Rússia, em 1905; o Primeiro-Ministro V. von Plehve, da Rússia, em 1905; o Primeiro-Ministro Peter A. Stolypin, da Rússia, em 1911; o Rei Carlos e o Príncipe Herdeiro de Portugal, em 1908; o Arquiduque Ferdinando e a Duquesa da Áustria, em 1914. Todos estes assassínios, e muitos mais, podem ser atribuídos ao bolchevismo, à Maçonaria (Maçons do Grande Oriente) e a outros grupos terroristas patrocinados pelos ILLUMINATI. No julgamento militar austríaco (10-12-14) sobre o assassínio do Arquiduque, o procurador interrogou Cabrinovic - o assassino que lançou a primeira bomba - que respondeu

> A Maçonaria teve algo a ver com isso, porque reforçou as minhas intenções. A Maçonaria tinha condenado o Arquiduque à morte mais de um ano antes.
>
> I. CABRINOVIC, maçon, sérvio.

> Deixem-me recuar até 1913. Se eu tivesse estado aqui em 1913 e vos tivesse dito: "Venham a uma conferência para discutir a reconstrução de um lar nacional na Palestina", ter-me-iam olhado como um sonhador; apesar de, de tudo o que se seguiu, eu ter encontrado uma oportunidade, uma oportunidade, a oportunidade de estabelecer um lar nacional para os judeus na Palestina. Alguma vez vos ocorreu que foi no sangue de todo o mundo que esta oportunidade surgiu? Acredita realmente que foi um acidente? Acreditam mesmo, no fundo, que fomos trazidos de volta a Israel pela maior das coincidências? Acreditas que não há maior significado na oportunidade que nos foi dada? Depois de dois mil anos a vaguear pelo deserto, é-nos oferecida uma oportunidade e uma oportunidade, e muitos contentam-se em dizer que não estamos interessados. Pergunto-me se já pensaram na cadeia de circunstâncias.
>
> LORD MELCHETT, JUDEU, Presidente da Federação Sionista Inglesa.

A PRIMEIRA GUERRA MUNDIAL (1914) eclodiu como previsto. Foi a Alemanha, um dos Estados mais cultos e civilizados da Europa - que ofereceu a um mundo admirado a sua magnífica música e génio científico - que foi especificamente visada pelas razões acima mencionadas e, também, porque a Alemanha representava o CORAÇÃO DA CRISTIANIDADE. Os meios de comunicação social controlados pelos judeus demonizam inevitavelmente os seus inimigos, retratando-os como monstros depravados: os soldados alemães são acusados de amputar as mãos de crianças belgas, de baionetar mulheres grávidas e de esquartejar fetos, de afundar aleatoriamente navios de passageiros e de metralhar "obscenamente" os sobreviventes nos barcos salva-vidas. Os "hunos" foram acusados de fabricar abajures e barras de sabão a partir de cadáveres de inimigos. Os americanos de origem alemã foram condenados ao ostracismo. Atiraram tijolos pelas janelas das suas salas de estar. A Alemanha foi responsabilizada por toda a guerra.

Embora a Rússia fosse um ALIADO da Grã-Bretanha e da França, os judeus financiaram a revolução bolchevique contra o Estado russo. A INFÂMIA envolveu o czar e a czarina, nascidos na Alemanha, criando desconfiança em relação à monarquia e fomentando motins no exército. Este facto permitiu que as tropas alemãs se deslocassem da Frente Oriental para a Frente Ocidental, onde os combates sangrentos na terra de ninguém se tornaram rapidamente numa vantagem para a Alemanha.

Neste momento crítico, o Barão ILLUMINATI Edmond de Rothschild, um JUDEU (Banco de Inglaterra), organizou uma audiência entre Lord Arthur Balfour, o Ministro dos Negócios Estrangeiros britânico, e Chaïm Weizmann, um JUDEU e cofundador do SIONISMO. Weizmann propôs aos judeus que os Estados Unidos entrassem na guerra contra a Alemanha se a Grã-Bretanha, em troca, garantisse a criação de um lar judeu na Palestina. A Grã-Bretanha concordou, traindo os árabes (Tratado Sykes-Picot) que tinham lutado a favor da Grã-Bretanha contra os turcos. A primeira versão secreta da Declaração Balfour foi enviada por telegrama ao Presidente Wilson, cujos conselheiros, o rabino Wise, Louis Denmitz Brandeis, um judeu, Bernard Baruch, um judeu, Felix Frankfurter, um judeu, e Edward Mandel House, um judeu, fizeram adições e correcções. O Barão Edmond de Rothschild redigiu finalmente a versão final, substituindo a frase "uma pátria para a raça judaica" por "uma pátria para o povo judeu". O texto foi depois dactilografado em papel timbrado do Ministério dos Negócios Estrangeiros britânico e assinado por Lord Balfour. O último parágrafo diz o seguinte: "Ficar-lhe-ia grato se levasse esta declaração ao conhecimento da Federação Sionista. A carta era dirigida ao Barão Edmond de Rothschild, que redigiu o texto final e era membro da KEHILLA ILLUMINATI, que tinha planeado a entrada da América na guerra! (A Grã-Bretanha ganhou o apelido de "Pérfida Albion" depois de Cromwell ter dado o Banco de Inglaterra aos judeus em 1653).

Um "passarinho" disse a Winston Churchill que a Primeira Guerra Mundial iria rebentar em setembro de 1914, pelo que, em fevereiro de 1913, mandou converter o transatlântico britânico *Lusitania* num cruzador auxiliar armado com doze canhões navais de seis polegadas: um facto publicado no *Jane's Fighting Ships* (1914), a referência internacional em matéria naval. Na América, porém, o *Lusitania* foi apresentado como um navio de passageiros. O Almirantado alemão avisou, em anúncios publicados no *New York Times*, que o *Lusitania* transportava material de guerra e era, por isso, considerado um *prémio de guerra*. O Departamento de Estado dos EUA rejeitou as alegações alemãs. O *Lusitania*, que Churchill tinha anteriormente descrito como "45 000 toneladas de isco vivo", zarpou e foi torpedeado em águas profundas ao largo da costa irlandesa por um submarino alemão (1915). O *Lusitania* afundou-se, como era de esperar, com grande perda de vidas (ver: WTC, 9-11-01) A INFÂMIA contra a Alemanha encheu as ondas de rádio, a imprensa e as universidades de todo o mundo. No espaço de três anos, bombardeado por mentiras incessantes, o *Stupidus Americanus*, num frenesim animal, engoliu o "isco" e correu para a Europa para "salvar o mundo para a democracia" (uma palavra que não aparece na Constituição americana) e para matar os seus próprios irmãos de sangue - os "desprezíveis hunos"!

> Chaïm Weizmann, o Gabinete de Guerra britânico e o Ministério dos Negócios Estrangeiros francês estavam convencidos, em 1916, de que a melhor e talvez a única maneira (o que se veio a verificar) de induzir o Presidente americano a entrar na guerra (Primeira Guerra Mundial) era assegurar a cooperação dos judeus sionistas, prometendo-lhes a Palestina, e assim alistar e mobilizar as forças até então insuspeitas dos judeus sionistas na América e noutros locais a favor dos Aliados, com base num acordo acompanhado de um quid pro quo...
>
> SAMUEL LANDMAN, JUDEU,
> *A Grã-Bretanha, os judeus e a Palestina*.

Na Rússia, os anarquistas de Lenine e Trotsky convergiram. Três milhões de membros desarmados da classe média (burguesa), cristãos e muçulmanos, foram massacrados no impulso inicial da REVOLUÇÃO BOLCHESA, e 31 milhões de europeus morreram no rescaldo. Milhões simplesmente desapareceram no Gulag, para sempre. Praticamente todo o estrato cultural branco (petrino) foi aniquilado (a "Solução Final"). A Rússia foi então perdida para o Ocidente, sendo a sua população pós-revolucionária predominantemente asiática.

O nacionalismo é um perigo para o povo judeu. Hoje, como em todos os momentos da história, está provado que os judeus não podem viver em Estados poderosos onde se desenvolveu uma cultura nacional elevada.

>THE JEWISH SENTINEL, Chicago 9-24-36.

Penso que o orgulho nacional (patriotismo) é um disparate.

>BERNARD BARUCH, JUDEU, *Chicago Tribune*, 9-25-35.
>(Conselheiro de Wilson, Roosevelt, Eisenhower).

Colin Simpson, um jornalista britânico, agindo ao abrigo da Lei da Liberdade de Informação, descobriu o conhecimento antecipado do *Lusitânia* entre os objectos pessoais de Franklin Roosevelt em Hyde Park, Nova Iorque (1973). Roosevelt, um fracassado de Harvard e subsecretário da Marinha dos EUA durante a Primeira Guerra Mundial, tinha traiçoeiramente ocultado o seu conhecimento prévio ao Congresso dos EUA (mais tarde, ocultou o "engodo" de Pearl Harbor, "uma data que ficará na longa série de infâmias cometidas por estes traidores"). O *Lusitania* estava carregado com material de guerra destinado a Inglaterra (beligerante) e estava a sair dos Estados Unidos (neutro), em violação do direito marítimo internacional. Uma empresa privada de salvamento (novembro de 1982), que explorou o malfadado navio ao largo da costa irlandesa, utilizou equipamento de câmara subaquática que revelou que um torpedo tinha atingido um compartimento que continha munições. A explosão projectou *para fora* o casco mutilado do *Lusitania*.

Após o armistício de 1918, a Grã-Bretanha bloqueou os portos alemães, fazendo com que mais de um milhão de alemães morressem à fome, comendo lixo e ratos. As famosas escolas e universidades da Alemanha encheram-se de judeus, enquanto os jovens alemães, incapazes de pagar sequer a comida, passaram das trincheiras para as linhas de padaria. A escravatura branca floresceu quando os judeus faziam ofertas de emprego legítimas a jovens sem dinheiro, que eram depois enviadas para redes de prostituição no estrangeiro. Hoje, usando o mesmo esquema, os judeus atraem jovens russas brancas famintas para uma vida de prostituição em Israel e noutros locais. São também utilizadas como reprodutoras. ("60 Minutes" CBS, 1998).

O Tratado de Versalhes ("Conferência Kosher") foi concebido pelos ILLUMINATI para esmagar a Alemanha, enfraquecer a sua resistência ao marxismo e lançar as bases para a Segunda Guerra Mundial - vinte anos mais tarde.

O Presidente Wilson levou 117 judeus e 39 gentios (principalmente criados) para Paris.
COUNT CHEREP-SPIRIDOVICH, *A Rússia sob os judeus.*

Os judeus formaram um forte círculo em torno de Woodrow Wilson. Houve uma altura em que ele só comunicava com o país através de um judeu.
HENRY FORD, père, Volume II, *O Judeu Internacional.*

A nação densamente povoada da Alemanha foi privada de uma grande parte do seu território, incluindo zonas mineiras vitais e o "corredor polaco" que separava o Ducado da Prússia do resto do país. A Alemanha foi privada da sua frota mercante... e viu-se confrontada com um fardo impossível de indemnizações. Em consequência, o país derrotado viu-se numa situação precária que rapidamente conduziu ao colapso económico. O Império Austro-Húngaro, antigo posto avançado dos povos teutónicos e da civilização ocidental, foi destruído... O novo Estado da Checoslováquia recebeu 3,5 milhões de pessoas de sangue e língua alemã...

Em 1923, Berlim era uma cidade desesperada. As pessoas esperavam no beco por detrás do Hotel Adlon, prontas a atacar os caixotes do lixo... uma chávena de café custava um milhão de marcos num dia, um milhão e meio no dia seguinte, dois milhões no dia seguinte... a atitude alemã (suspeita e medo) foi intensificada pelo novo poder que os judeus alemães tinham adquirido... utilizando fundos de judeus ricos e conscientes da sua raça de outros países e por um afluxo de judeus do destruído Império Austro-Húngaro.
DR. JOHN O. BEATY (OSS), *A Cortina de Ferro sobre a América.*

A desvalorização do marco alemão permitiu que os judeus com livros, francos e dólares "comprassem" empresas, bens imobiliários e tesouros artísticos alemães por uma fração do seu valor intrínseco (como fizeram no Sul após a Guerra Civil). Quinze anos mais tarde, os nazis recuperaram esses tesouros roubados aos judeus. Hoje, em 1998, os judeus (com o apoio dos Estados Unidos) estão a processar com sucesso nações e indivíduos para recuperar o "saque nazi roubado aos judeus". O mesmo saque que os JUDEUS originalmente extorquiram de uma nação alemã prostrada e arruinada.

Após a Primeira Guerra Mundial, os Aliados *apresentaram um pedido oficial de desculpas à Alemanha* por falsos relatos de atrocidades. Infâmia! Os alemães, reconheceu-se, tinham-se comportado tão bem, se não melhor, do que os seus homólogos! O *registo do Congresso dos EUA* (Senado, 6-15-33) coloca a culpa da Primeira Guerra Mundial diretamente sobre os ombros dos seus autores: os banqueiros internacionais provocaram a guerra e foram os seus vencedores finais.

A Segunda Guerra Mundial (ver Capítulo 6: "O Holocausto") foi planeada no Tratado de Versalhes e foi a continuação do programa ILLUMINATI para escravizar as nações do mundo, colocando-as sob montanhas de dívidas usurárias.

A intervenção direta com todo o potencial militar da América era essencial para que a guerra (a Segunda Guerra Mundial) não terminasse com uma vitória do Ocidente (Alemanha) sobre a Rússia marxista asiática... e resultasse na criação de uma unidade Cultura-Nação-Estado-Povo-Raça do Ocidente.
FRANCIS PARKER YOCKEY, *Imperium*.

Para quem sabe alguma coisa sobre os factos do mundo e os principais detalhes do abandono americano da sua segurança e dos seus princípios em Teerão, Ialta e Potsdam... três objectivos terríveis tornam-se claros:

1)   Já em 1937, (a cabala de Roosevelt) decidiu entrar em guerra com a Alemanha sem outro objetivo que não fosse agradar ao elemento dominante na Europa de Leste... dentro do Partido Nacional Democrata e "manter esses votos", como disse Elliot Roosevelt... para satisfazer a vaidade do Presidente de se candidatar a um terceiro mandato.
2)   O poderoso elemento da Europa de Leste, dominante nos círculos internos do Partido Democrata, encarava com total equanimidade... e até entusiasmo, o assassínio do maior número possível de arianos da odiada raça khazar.
3)   O nosso governo dominado por estrangeiros travou uma guerra para a aniquilação da Alemanha, o baluarte histórico da Europa cristã... Em 1937-1938, o governo alemão fez um "esforço sincero para melhorar as relações com os Estados Unidos, mas foi rejeitado". Os apelos da Alemanha à negociação... foram ocultados do público até serem descobertos pela Comissão de Actividades Anti-Americanas da Câmara... mais de dez anos depois de os factos terem sido tão criminosamente suprimidos.
DR. JOHN O. BEATY, *The Iron Curtain over America*.

O nosso breve exame dessas derrotas históricas revela que elas foram dirigidas por uma força muito mais poderosa do que os Estados

Arianos realmente envolvidos na luta. O Presidente Wilson disse: "Em algum lugar existe um poder tão organizado, tão subtil, tão vigilante, tão entrelaçado, tão completo, tão penetrante..." que este poder satânico só pode ser detectado pela semelhança dos seus métodos, pela coesão das suas acções e pelos seus horríveis RESULTADOS. O judaísmo infiltrou-se nas áreas mais sensíveis de poder e confiança em TODAS as nações ocidentais, enquanto secretamente jurava lealdade ao judaísmo. Os arianos chamam a isto traição. Mas os judeus consideram tais acusações como "anti-semitas", considerando os arianos como gado que invade o seu mundo. O Presidente Wilson, os Estados Unidos da América e a humanidade aprenderam estes factos demasiado tarde. Após a Primeira Guerra Mundial, os ILLUMINATI falharam na sua tentativa de estabelecer uma Liga das Nações porque o Congresso dos EUA se recusou a desistir da sua soberania. Frustrados, mas determinados, os membros americanos dos ILLUMINATI reuniram-se em Paris para discutir novas formas de promover o governo mundial único. Os participantes eram Jacob Schiff, um judeu (KuhnLoeb & Co, agente dos Rothschilds); Bernard Baruch, judeu, "Príncipe de Kahilla" (que tinha ganho milhões especulando com cobre - do qual são feitas as conchas); Walter Lippman, judeu, (académico/escritor); Coronel E. Mandel House, judeu (agente da Casa Branca, do Tesouro e de Wall Street); John D. Rockefeller, judeu; e os colaboradores goy Averell Harriman, Christian Herter e John Foster Dulles. O negociante de armas J.P. Morgan, um agente de Rothschild, estava lá em espírito. Todos tinham lucrado monetariamente com a Primeira Guerra Mundial e todos, pelas mesmas razões, foram fundamentais na criação da Segunda Guerra Mundial. Nenhum deles tinha servido no exército. Foi o exército que os serviu.

Pretendiam reforçar o controlo dos ILLUMINATI sobre os Estados Unidos. O Conselho das Relações Exteriores (CFR) nasceu desta reunião em Paris. Ao mesmo tempo, em Inglaterra, o Instituto Real de Assuntos Internacionais foi organizado por uma cabala semelhante. Ambas as organizações dependiam de KEHILLA, o conselho de administração dos ILLUMINATI. O Instituto Rockefeller é uma filial do CFR. Os Rockefellers, de origem judaica, fundiram o seu banco Chase com o Manhattan Bank de Warburg (judeu) e colocaram uma filial do Chase-Manhattan na Praça Karl Marx, em Moscovo, para financiar a chamada "Guerra Fria", enquanto lutávamos em guerras perdidas na Coreia e no Vietname.

Os meus antepassados podem ter sido judeus. Não temos a certeza.

NELSON ROCKEFELLER, vice-presidente, EUA, TIME, 10-19-70, (Nelson, casado com o ariano "Happy" Rockefeller, morreu de apoplexia enquanto se divertia na cama com a sua secretária judia).

O livro de Steven Birmingham, *The Grandees: America's Sephardic Elite* (Harper & Row), confirma a origem judaica de Rockefeller.

Em 1973, David Rockefeller criou a Comissão Trilateral (TRI) e nomeou Zbigniew Brzezinski, conselheiro de segurança do Presidente Jimmy Carter, para a dirigir. Durante muitos anos, David Rockefeller presidiu a ambos os grupos (CFR/TRI).

Os Bilderbergers, "o Quarto Reich dos Ricos", são o equivalente europeu do CFR, embora os seus membros sejam mais pequenos e mais poderosos e tenham uma rede social mais exclusiva. As suas reuniões, geralmente realizadas em propriedades isoladas, são altamente secretas e protegidas por forças terrestres e aéreas fortemente armadas. Os membros de elite do CFR/TRILATERAL/BILDERBERGERS partilham associações interligadas. Recentemente, os Bilderbergers conseguiram a "unificação da Europa". *Não uma nação ariana unida* como queriam Carlos Magno, Frederico, Napoleão e Hitler, mas a unificação através de uma moeda única. Atualmente, a Europa está totalmente escravizada pela USURA e incapaz de se rebelar e desafiar o JUDAÍSMO INTERNACIONAL como fez a Alemanha em 1933.

As Nações Unidas foram inventadas pelos ILLUMINATI após a Segunda Guerra Mundial. Quarenta membros da delegação americana à Conferência das Nações Unidas em São Francisco eram membros do CFR: Alger Hiss, principal autor da Carta das Nações Unidas, que assegurava que o Conselho de Segurança (o órgão mais importante da ONU) teria uma maioria marxista; Dean Acheson (Yale, democrata), futuro Secretário de Estado dos EUA, jurou, depois de Hiss ter sido condenado por perjúrio: "Nunca voltarei as costas a Alger Hiss! (Os registos soviéticos confirmam que Hiss era um agente soviético); Owen Lattimore e Philip Jessup, rotulados pelo Senado dos EUA como "instrumentos dos soviéticos"; Harry Dexter White (Weiss), JUDEU, a força motriz por detrás dos acordos de Bretton Woods, que criaram o Fundo Monetário Internacional (FMI) e o Banco Mundial, cujos investimentos são subscritos pelo dinheiro dos contribuintes americanos. White foi mais tarde desmascarado como espião soviético.

CITAÇÕES DIRECTAS DO RELATÓRIO ANUAL DE 1980 DO CFR:

O objetivo do Council on Foreign Relations é o seguinte:

1) Demonstrar inovação na abordagem de questões internacionais.
2) Contribuir para o desenvolvimento da política externa dos EUA de uma forma construtiva e não partidária.
3) Liderança permanente na condução dos assuntos externos.
4) O Conselho é uma instituição de ensino e um fórum único que reúne líderes dos sectores académico, público e privado.

A tradição do Conselho dita que as declarações dos oradores não devem ser atribuídas aos mesmos nos meios de comunicação social ou em fóruns públicos.

As reuniões do Conselho geralmente NÃO SÃO ABERTAS ao público nem aos meios de comunicação social... (no entanto, é legítimo que os funcionários públicos transmitam aos seus colegas o que aprenderam na reunião... ou que um advogado transmita um memorando ao seu parceiro, ou que um administrador de uma empresa o faça a outro administrador da empresa. No entanto, não seria adequado que um participante numa reunião publicasse as declarações de um orador no jornal, ou as repetisse na televisão ou na rádio... é proibido a um participante numa reunião transmitir qualquer declaração feita pelo Conselho de Administração a um jornalista ou a qualquer outra pessoa suscetível de a publicar nos meios de comunicação social públicos.
O Conselho não tem qualquer afiliação com o governo dos EUA.

Paradoxalmente, o relatório do CFR reconhece que 12% dos seus 2164 membros SÃO funcionários do governo dos EUA! Isto significa que pelo menos 260 membros, de acordo com esta organização secreta, ocupam cargos importantes no governo dos EUA! 70% dos membros são da área de Washington, D.C./Nova Iorque/Boston. A maioria é doutrinada no marxismo: Ivy League, London School of Economics, Georgetown University, Southern Illinois U., etc.

Desde a Segunda Guerra Mundial, quase todos os Secretários de Estado foram membros do CFR/TRILATERAL. A maioria era judia, incluindo Madeleine Albright, nomeada por Clinton. Entre os ministros da defesa recentes contam-se Harold Brown, James Schlesinger, Cap

Weinberger, Henry Kissinger e William Cohen, todos judeus e todos membros do CFR/TRI. Nenhum deles alguma vez usou um uniforme do exército americano. Todos eles, após o seu tempo no governo, encontraram emprego com os ILLUMINATI, normalmente em Wall Street. Não se esqueçam que os judeus observantes fazem votos cabalísticos KOL NIDRE para apoiar a TORAH; os judeus marranos juram proteger o POVO KHAZAR. Isto explica o défice de segurança nos Estados Unidos.

O antigo presidente do CFR, Winston Lord, conselheiro da Casa Branca de Clinton, casado com uma chinesa, salientou que "os trilateralistas não mandam no mundo, o CFR é que manda".

O estudo de caso n.º 76 do CFR (1959) refere o seguinte:

> Os Estados Unidos devem esforçar-se por construir uma nova ordem internacional, incluindo para os Estados que se dizem socialistas. A experiência social levada a cabo na China sob a direção do Presidente Mao é uma das mais importantes e bem sucedidas da história da humanidade.
> DAVID ROCKEFELLER, JUDEU, Presidente do CFR/TRI.

O Senado dos Estados Unidos estima que cerca de 65 milhões de chineses foram massacrados durante o regime do Presidente Mao, no que se revelou uma experiência social terrivelmente falhada, rejeitada até pelos admiradores mais próximos de Mao.

Os membros do CFR, que ocupam muitos dos mais altos cargos do governo dos EUA, são nomeados - e não eleitos - para os seus cargos de confiança pelo Presidente. O "governo invisível" do qual emana, o CFR, procura abandonar a soberania americana. A lealdade do CFR, cujo presidente é atualmente David Gelb, um judeu, não é para com a Constituição dos EUA, mas para com o TALMUD.

> É do interesse dos americanos acabar com a nacionalidade.
> WALT ROSTOW, judeu, CFR/TRI, conselheiro dos Presidentes Kennedy e Johnson, contribuiu para o desenvolvimento da "ação policial" no Vietname.

> O nosso objetivo nacional deveria ser renunciar à nossa nacionalidade.
> KINGMAN BREWSTER, CFR, antigo Presidente, Universidade de Yale, em CFR Quarterly *Foreign Affairs*.

De Gaulle não conseguia compreender a crença americana na obsolescência do Estado-nação.

HENRY KISSINGER, JUDEU,
CFR/TRILATERAL, *Os anos da Casa Branca*.

Embora os objectivos do CFR e do TRILATERAL sejam os mesmos que os dos ILLUMINATI - e existam ligações ao mais alto nível entre os seus membros - eles têm estratégias diferentes, que por vezes se sobrepõem. O CFR parece ter como principal objetivo infiltrar-se no governo dos Estados Unidos. Influencia as políticas dos diferentes departamentos e agências, coordenando-as com as expectativas dos ILLUMINATI. O TRILATERAL parece ter por objetivo internacionalizar (sovietizar) os negócios e a indústria nas Américas, na Europa e na região do Pacífico (daí o nome "Trilateral").

A Comissão Trilateral tem cerca de 300 membros, dos quais 87 nos Estados Unidos: o maior segmento representa a comunidade bancária.

CADERNO DE PERGUNTAS E RESPOSTAS

Publicado pela Comissão Trilateral

O CT é um grupo de discussão não governamental, centrado nas políticas... não só sobre questões relativas a estas (três) regiões, mas também num contexto global.

Zbigniew Brzezinski desempenhou um papel muito importante na formação da Comissão... e é o seu principal pensador. Jimmy Carter foi membro da Comissão desde 1973 até à sua eleição como Presidente da União Europeia.

Renunciou ao cargo de Presidente dos Estados Unidos, em conformidade com as regras da Comissão, que proíbem os membros da administração nacional de fazerem parte da Comissão.

A Comissão Trilateral é uma organização independente. Não faz parte do governo dos EUA (ver quadro CFR/TRI, índice) nem das Nações Unidas. Não tem ligações formais com o CFR ou o Brookings Institute, embora um número considerável de membros da Trilateral esteja também envolvido numa ou mais destas organizações. [Ver gráfico ILLUMINATI na página 105 - JvB].

A Comissão Trilateral não é de modo algum secreta. As suas reuniões são o único aspeto confidencial.

A Comissão Trilateral congratula-se com a cobertura das suas actividades.

As alegações de que a Comissão Trilateral está a tentar estabelecer um governo mundial único são totalmente falsas... não houve um único relatório da Comissão ou sequer um único caso nas discussões da Comissão em que um membro ou autor de um grupo de trabalho tenha proposto que o nosso governo nacional fosse dissolvido e que fosse criado um governo mundial.

A Comissão Trilateral não faz lobbying a favor de qualquer legislação ou candidato em particular.

A ideia de que a Comissão Trilateral é uma conspiração baseia-se em grande parte no facto de muitos membros da administração Carter, incluindo o Presidente, terem sido antigos membros da Comissão. À primeira vista, trata-se de uma estranha coincidência, mas estes factos não indicam que a Comissão controla o governo dos EUA.

Em total contradição com o folheto de perguntas e respostas da Comissão Trilateral, encontramos algumas declarações do "cérebro" que atualmente ensina na Universidade de Georgetown, Zibby Brzezinsky:

> A ficção da soberania nacional... já não é compatível com a realidade.
>
> No entanto, mesmo que o estalinismo tenha sido uma tragédia desnecessária para o povo russo e o comunismo um ideal, para todo o mundo o estalinismo foi uma bênção disfarçada.
>
> O marxismo é simultaneamente uma vitória do homem exterior ativo sobre o homem interior passivo e uma vitória da razão sobre a crença.
>
> O marxismo é o sistema de pensamento mais influente deste século.
>
> A América está a passar por uma nova revolução... que põe em evidência a sua obsolescência.
>
> A gestão deliberada do futuro da América vai generalizar-se, com o planeador a acabar por substituir o advogado como principal legislador e agitador social.
>
> No ano 2000 (nos Estados Unidos), será aceite que Robespierre e Lenine foram reformadores gentis.
> ZBIGNIEW BRZEZINSKI, CFR/TRILATERAL, Conselheiro de Segurança dos EUA, do seu livro *Between Two Ages*.

As brochuras postas à disposição do público pelo CFR/TRILATÉRALE são manifestamente falsas e não reflectem as opiniões expressas noutros locais pelos seus dirigentes.

> O que os Trilateralistas realmente querem é a criação de um poder económico global superior aos governos políticos dos Estados-nação envolvidos... Como gestores e criadores do sistema, eles governarão o futuro. A maior parte da nossa ajuda externa... é usada para criar uma economia internacional gerida e controlada pelo mecanismo dos

conglomerados internacionais da indústria e dos negócios. As pessoas são tratadas apenas como grupos económicos produtivos. A liberdade (política, espiritual, económica) não tem qualquer importância na construção trilateral do próximo século.

> BARRY GOLDWATER, judeu, senador dos EUA,
> *Sem pedir desculpa.*

Estou convencido de que o CFR, e as organizações isentas de impostos a ele associadas, constituem o governo invisível que define as principais políticas do governo federal... Estou convencido de que o objetivo deste governo invisível é converter a América num estado socialista e torná-la uma unidade do sistema socialista mundial.

> DAN SMOOT, professor de Harvard, FBI,
> *O governo invisível.*

O poder monetário internacional é a mais perigosa conspiração contra a liberdade humana que o mundo alguma vez conheceu.

> FREDERICK SODDY, Professor do Prémio Nobel em Oxford.

O eminente Dr. Medford Evans disse: "*A Tecnologia Ocidental e o Desenvolvimento Económico Soviético* de Anthony Sutton é talvez o livro mais importante desde a Bíblia". O autor acrescenta que "*Trilateralists Over Washington*" de Sutton, e todos os seus livros, são de leitura obrigatória para aqueles que querem compreender as influências malignas que estão a trabalhar na destruição da cultura ocidental. Estes livros referem-se ao período da Guerra Fria na história dos EUA e da URSS, mas são extremamente relevantes atualmente. Por incrível que pareça, muitos dos que implementaram a política ILLUMINATI durante este período ocupam posições de prestígio, recebem louvores, gozam de honrosas reformas ou estão enterrados no cemitério de Arlington. Eis algumas das observações feitas por Sutton na sua investigação (*Western Technology and Soviet Economic Development*):

Os soviéticos têm a maior fábrica de aço do mundo. Construída pela McKee Corp, é uma cópia da fábrica da U.S. Steel em Gary, Indiana. Toda a tecnologia de fabrico de aço soviética veio dos Estados Unidos e dos seus aliados.

Os soviéticos têm a maior fábrica de tubos da Europa - um milhão de toneladas por ano. O equipamento é do tipo Salem, Aetna, Standard... Se conhecer alguém que trabalhe no sector espacial, pergunte-lhe quantos quilómetros de tubos entram na composição de um míssil.

O camião soviético padrão utilizado no Vietname e no Médio Oriente é fabricado na fábrica ZIL-130, construída pela A. J. Brandt Co. em Detroit, Michigan. O exército soviético tem mais de 300.000 camiões, todos construídos em fábricas americanas ("Hanoi" Jane Fonda foi fotografada a agitar uma bandeira congolesa num destes veículos).

A URSS tem a maior marinha mercante do mundo, com cerca de 6.000 navios, dois terços dos quais foram construídos fora da URSS. 80% dos motores destes navios foram construídos fora da URSS. Nenhum deles é de conceção soviética. Os construídos dentro da URSS foram construídos com a assistência tecnológica dos Estados Unidos.

Cerca de cem navios foram utilizados na operação de Hanói para transportar armas e abastecimentos soviéticos para os norte-vietnamitas. Nenhum dos motores principais destes navios foi fabricado pelos soviéticos. Toda a tecnologia de construção naval veio dos Estados Unidos ou dos nossos aliados.

Durante a guerra do Vietname ("ação policial"), a administração Johnson enviou aos soviéticos equipamento e assistência tecnológica que mais do que duplicou a sua produção automóvel.

(A partir de 1917), surgiu no Ocidente uma força omnipresente, poderosa e não claramente identificável para encorajar novas transferências. O poder político e a influência dos soviéticos, por si só, não eram certamente suficientes para provocar políticas ocidentais tão favoráveis (em relação à URSS)... Na verdade, tais políticas parecem incompreensíveis se o objetivo do Ocidente for sobreviver como uma aliança de nações independentes e não comunistas.

DR. ANTHONY C. SUTTON, Instituto Hoover, Stanford, Univ.

OS ESTADOS UNIDOS APOIAM O COMUNISMO:

Após a Segunda Guerra Mundial, os Estados Unidos (CFR) traíram o seu aliado de longa data, Chiang Kai-shek, permitindo que Mao Tse-tung assumisse o controlo da China continental (1950), enquanto prometiam defender Formosa contra Mao. No espaço de um ano, os americanos lutaram e morreram na Coreia e depois no Vietnam, supostamente para IMPEDIR a expansão comunista na Ásia! Entretanto, o SISTEMA DE RESERVA FEDERAL financiou a máquina de guerra soviética e o CFR/TRILATERAL modernizou-a e desenvolveu-a.

Os ILLUMINATI arrastaram-nos para guerras "sem esperança" na Coreia e no Vietname por duas razões: DINHEIRO e a esperança de que o exército americano sofresse pesadas baixas, o que levaria ao desespero e à revolução na Main Street USA. Quando os militares americanos começaram a ganhar estas guerras, os media gritaram. Os canalhas liderados pelos judeus, emergindo como ratos das pilhas e dos becos, condenaram as alegadas "atrocidades" do exército americano, difamaram os nossos oficiais e homens, cuspiram literalmente nos veteranos e conseguiram fazer uma lavagem cerebral ao *Stupidus Americanus* e a um Congresso cobarde para que aceitassem a derrota. (O general Douglas MacArthur queixou-se de que os generais norte-coreanos estavam a receber as suas diretivas antes dele, de um Pentágono cheio de espiões).

    A traição nunca prospera. Porquê? Porque quando isso acontece, ninguém se atreve a chamar-lhe traição.
                                                    LORD HARRINGTON.

    Tob shebbe goyim harog!
                                                      TALMUD: Sinédrio.

    Dêem-me o poder de emitir e controlar a moeda de uma nação e não me interessa quem faz as suas leis.
                                      ANSELM MAYER ROTHSCHILD.

O relato acima revela apenas o mais pequeno fio de uma tapeçaria de maldade. Os aspectos recorrentes da história dos ILLUMINATI são a MANIPULAÇÃO DE DINHEIRO, o uso da INFÂMIA - calúnia e falso testemunho - e o SILÊNCIO daqueles que poderiam testemunhar contra eles:

Em França, em 1780, a família real, os chefes de governo e os líderes goy da revolução foram assassinados PARA OS SILENCIAR.

Napoleão, encarcerado em segredo na ilha de Santa Helena, foi envenenado para o silenciar.

Na Rússia, em 1918, membros da família real, da corte e do governo foram caluniados e assassinados para os silenciar. (Tendo os judeus massacrado ou expulsado toda a camada cultural ariana, que incluía cientistas, engenheiros e outros profissionais, os soviéticos nunca passaram de um tigre de papel até capturarem os cientistas nazis e obterem os segredos da bomba atómica, bem como a tecnologia, o equipamento e o dinheiro dos ILLUMINATI).

O Presidente Woodrow Wilson, um democrata, morreu com a mente e o espírito destroçados, silenciado por Sam Untermeyer (um judeu), que tinha confiscado as indiscretas cartas de amor do Presidente à Sra. Peck no início da administração de Wilson.

Os líderes nazis foram caluniados, falsamente acusados, perseguidos por judeus em uniformes americanos, condenados por tribunais improvisados por crimes cometidos após o facto e depois (no DIA SANTO DA JUVENTUDE) enforcados, PARA OS FAZER CALAR.

Outros oficiais alemães foram presos por 15 anos a prisão perpétua; aquando da sua libertação, muitos deles foram assassinados. 10 de maio de 1941, seis meses antes de Pearl Harbor, Rudolph Hess, um anglófilo e adjunto de Hitler, salta de para-quedas do seu Messerschmitt 109 sobre a Escócia (o seu primeiro salto), num esforço de última hora para conseguir a paz entre os Estados beligerantes. Hess foi encarcerado na prisão de Spandau sem julgamento e mantido incomunicável durante 46 anos (dos quais 21 anos em solitária). Em 17 de agosto de 1987, aos 93 anos de idade, pouco antes da sua anunciada libertação, Hess foi assassinado. Oficialmente, suicidou-se (Menachim Begin, um terrorista israelita, avisou o presidente americano Jimmy "Rabbit" Carter, democrata, CFR/TRILATERAL, de que Hess não deveria sair vivo de Spandau). Os ficheiros ultra-secretos sobre Hess só serão totalmente revelados em 2027.

Franklin Delano Roosevelt, um democrata, morreu aos 63 anos, antes do fim da sua guerra para salvar o mundo do comunismo. Caiu (ou foi empurrado) de cabeça nas brasas de uma lareira em Warm Springs, Geórgia, que convenientemente o silenciou e lhe deu, na sua viagem para o inferno, um gostinho de Hamburgo e Dresden. Os ILLUMINATI não podiam permitir que o Congresso questionasse FDR (vivo ou morto). Ele está enterrado sob uma placa de bronze de 4 polegadas de espessura em Hyde Park, N.Y. O relatório da sua autópsia nunca foi publicado.

Lee Harvey Oswald, o presumível assassino de John F. Kennedy, foi previsivelmente assassinado por um judeu (Jack Ruby), silenciando assim um testemunho crucial que teria revelado o(s) verdadeiro(s) assassino(s) que Ruby (Rubinstein) tinha sido contratado para proteger.

Oswald, McFadden, Long, Patton, Forrestal, Isador Fisch, um judeu ("amigo" de Bruno Hauptmann), e muitos outros participantes nos acontecimentos decisivos de uma ERA RUIM foram reduzidos ao SILÊNCIO - permanentemente. Deixando figuras da história ocidental para serem preenchidas por "historiadores" subjetivamente motivados. O SILÊNCIO É DE OURO!

Podemos agora deduzir o que foi dito acima a partir da história:

OS ILLUMINATI TENCIONAM SUBSTITUIR A CIVILIZAÇÃO OCIDENTAL POR UM GOVERNO MUNDIAL LUCIFERIANO

Isto será conseguido através do *poder do DINHEIRO, que está nas mãos apenas dos JUDEUS*. A ordem da batalha é a seguinte:

Objectivos

1) Destruir a monarquia, o nacionalismo e o patriotismo.
2) Criar democracias (governos marxistas).
3) Mistura de raças.
4) Criar uma única religião mundial: o Judaísmo/Nohachismo.
5) Abandono das fronteiras nacionais
6) Destruir o exército das nações.
7) Destruir o estrato que suporta a cultura.
8) Controlar a máquina do governo.

Estratégias

1) Assumir o controlo do sistema monetário.
2) Assumir o controlo dos meios de comunicação social.
3) Criando guerras, dívidas, falências e impostos elevados.
4) Distorção da linguagem, dos códigos morais, da ética e da moral.
5) Confiscar armas privadas.
6) Controlar a educação, reescrever a história.
7) Abrir a fronteira mexicana.
8) Infiltrar-se no governo, nos sindicatos e na indústria.

Tácticas

1) Promover a integração inter-racial.
2) Promoção do marxismo, do freudismo e do boasismo.
3) Promover a democracia, a anarquia e a agitação racial.
4) Difamação: heróis nacionais, orgulho racial, tradição.

5) Chantagem, calúnia, extorsão, suborno, assassínio.
6) Apoiar todas as facções dissidentes. Honrar os traidores.
7) Usem a ADL, o IRS, a ACLU, a CIA e a ATF para punir os patriotas arianos.
8) Mentir, espalhar desinformação e desinformação.

> Queimem tudo o que houver na cidade e matem ao fio da espada homens e mulheres, jovens e velhos, bois e ovelhas; queimem a cidade e tudo o que nela houver.
>
> JOSHUA 7:21.

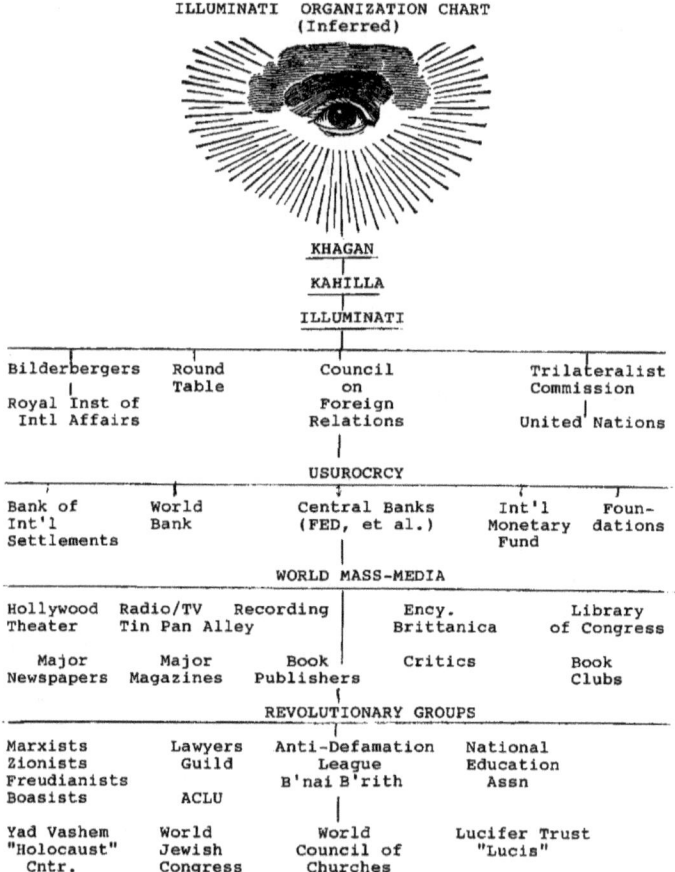

O marxismo é a forma moderna da profecia judaica.

REINHOLD NIEBUHR, num discurso calorosamente recebido no Instituto de Religião Judaica, Waldorf Astoria, Nova Iorque.

> Juro solenemente que exercerei fielmente o cargo de Presidente dos Estados Unidos e que envidarei os meus melhores esforços para preservar, proteger e defender a Constituição dos Estados Unidos da América.
>
> CONSTITUIÇÃO DOS ESTADOS UNIDOS, Artigo II, Secção 1, Cláusula 7.

O Presidente Bill Clinton, cuja mente foi doutrinada pela Ivy League, pela Rhodes Scholar e pelo marxismo, e que foi chantageado e extorquido, nomeou numerosos JUDEUS/CFR/TRILATERAIS para posições sensíveis no GOVERNO dos EUA, incluindo: JUÍZES DO SUPREMO TRIBUNAL DE JUSTIÇA Ruth Bader Ginsberg e Stephen Breyer, JUDEUS; SECRETÁRIA DE ESTADO, Madeleine K. Albright, JUDEU; SECRETÁRIO DE ESTADO ADJUNTO, Stuart Eizenstat, JUDEU; SECRETÁRIO DE ESTADO, Stanley Roth, JUDEU. STATE, Stanley Roth, JUDEU; SECRETÁRIO DA DEFESA, William Cohen, JUDEU; CONSELHEIRO SUPERIOR DO PRESIDENTE, Rahm Emanuel, JUDEU; ADVOGADO DA CASA BRANCA, Bernie Nussbaum, JUDEU; DIRECTOR DA AGÊNCIA CENTRAL DE INTELIGÊNCIA (CIA), John Deutch, JUDEU (que está atualmente a ser investigado por traição) ; CONSELHEIRO DA SEGURANÇA NACIONAL, Sandy Berger, JUDEU; SECRETÁRIO DO TESOURO, Robert Rubin, JUDEU; CHEFE DA ADMINISTRAÇÃO NACIONAL DA AERONÁUTICA E DO ESPAÇO (NASA), Daniel E. Golden, JUDEU; ADMINISTRADOR DA SEGURANÇA SOCIAL, Kenneth Apfel, JUDEU; CHEFE DO DEPARTAMENTO DE AGRICULTURA, D. Glickman, JUDEU; e vários cargos ministeriais, incluindo Robert Reich, Donna Shalala, Alice Rivlin (FED), Robert Morris ("o chupador de dedo"), e outros - todos são JUDEUS cuja única lealdade, vinculada pelo juramento de KOL NIDRE, é à tribo Khazar, e ao TALMUD, que é dedicado à destruição da civilização ocidental.

> Uma análise dos 4984 membros mais militantes do Partido Comunista nos Estados Unidos mostrou que 91,4% deles eram de origem estrangeira ou casados com pessoas de origem estrangeira.
>
> COMITÉ JUDICIÁRIO DO SENADO DOS ESTADOS UNIDOS, 1950

> Não me surpreenderia se um dia estes judeus se tornassem mortais para a raça humana.
>
> VOLTAIRE

CAPÍTULO 4

PRATA

Houve um clamor do povo... contra os seus irmãos judeus... hipotecámos as nossas terras, as nossas vinhas e as nossas casas para comprar cereais por causa da escassez... e agora estamos a escravizar os nossos filhos e as nossas filhas... algumas das nossas filhas já estão escravizadas; não está ao nosso alcance resgatá-las, porque outros homens são donos das nossas terras e das nossas vinhas...

BÍBLIA SAGRADA: NE: 5:1,7.

O nosso sistema monetário não é mais do que um truque de prestidigitação... O "poder do dinheiro" que conseguiu eclipsar um governo ostensivamente responsável não é apenas o poder dos ultra-ricos, mas é nada mais nada menos do que uma nova técnica para destruir dinheiro, adicionando e subtraindo números dos livros de registos bancários, sem a mínima consideração pelos interesses da comunidade ou pelo verdadeiro papel que o dinheiro deve desempenhar nela... Permitir que se torne uma fonte de rendimento para emissores privados é criar, em primeiro lugar, um ramo secreto e ilícito do governo e, em segundo lugar, um poder rival suficientemente poderoso para acabar por derrubar todas as outras formas de governo.

FRED SODDY, Prémio Nobel, *Riqueza, riqueza virtual e dívida*.[3]

Uma grande nação industrial é controlada pelo seu sistema de crédito. O nosso sistema de crédito está concentrado. O crescimento da nação, portanto, e todas as nossas actividades estão nas mãos de alguns homens. Tornámo-nos um dos governos mais desgovernados, um dos governos mais controlados e dominados do mundo civilizado... já não é um governo de opinião livre... mas um governo pela opinião e coerção de pequenos grupos de homens dominadores.

PRESIDENTE WOODROW WILSON, 1916.

O Ocidente considera o judeu como um estrangeiro que vive no seu seio. Os judeus não tinham um Estado próprio, nem um território. Qualquer que fosse a paisagem, falavam a mesma língua. Em público,

---

[3] Publicado por Omnia Veritas Ltd, www.omnia-veritas.com

negavam a sua identidade racial, adoptando as vestes exteriores, por mais grotescas que fossem, de qualquer nação em que aparecessem. Nomes cristãos, conversões, plásticas no nariz e sapatos de plataforma faziam parte da camuflagem. O judaísmo parecia ser apenas uma religião. Como resultado, o judaísmo era politicamente invisível para o Ocidente, e a sua guerra contra o Ocidente foi sempre subterrânea, astuta e enganadora. A estratégia judaica consistia em infiltrar-se nas instituições da cultura ocidental e destruí-las. A principal arma do judaísmo era a manipulação do dinheiro e da usura.

Os primeiros papas e monarcas cristãos invocavam as proscrições bíblicas contra a "prática maligna e perniciosa da usura". O dinheiro era utilizado apenas como meio de troca e reserva de valor garantida pela honra do Estado e pela capacidade de produção dos seus cidadãos. No entanto, o resultado final das proscrições cristãs contra a usura foi tornar os judeus os senhores da banca europeia.

Os judeus não têm escrúpulos religiosos em tirar dinheiro dos goyim. Têm agora os meios para levar a cabo a sua guerra de aniquilação do Ocidente. Não quiseram apresentar-se como uma unidade de combate e atacar abertamente o seu odiado inimigo. Permaneceram invisíveis. A sua estratégia consiste em *organizar todo o povo judeu numa quinta coluna* cujo objetivo é penetrar no Ocidente e *destruir tudo*. Fazem-no exacerbando as diferenças naturais entre os Estados ocidentais e influenciando os resultados a favor do liberalismo em oposição à autoridade, isto é, do materialismo, do comércio livre e da usura em oposição ao socialismo ocidental, do internacionalismo em oposição à unidade ocidental. O dinheiro era a sua espada e o seu escudo. O ódio e a vingança eram os seus motivos.

> A tática desta guerra judaica foi a utilização do dinheiro. A sua dispersão, o seu materialismo e o seu cosmopolitismo completo impediram-no de participar na forma heróica de combate no terreno, pelo que se confinou à guerra do empréstimo ou da recusa de empréstimo, da corrupção, da obtenção de um poder legalmente vinculativo sobre indivíduos importantes... A história de Shylock mostra a dupla imagem do judeu - socialmente esmagado no Rialto, mas emergindo como um leão no tribunal.
>
> FRANCIS PARKER YOCKEY, *Imperium*.

No início do século XX, os ILLUMINATI preparam-se para lançar um ataque maciço contra o Ocidente. Não à luz do discurso aberto ou no campo de batalha, mas à sua maneira habitual: conspiratoriamente, a partir do submundo. A sua estratégia consistia em colocar os recursos, a riqueza e a mão de obra da América ao serviço das aspirações judaicas, incluindo a destruição das monarquias da Europa e a criação de um falso Estado khazariano/sionista na Palestina. Encontraram o seu Judas em Woodrow Wilson, reitor da Universidade de Princeton, um inocente com um ego enorme e uma fenda na armadura. Sem o saber, tornou-se um peão indispensável e involuntário no jogo do dinheiro internacional.

Paul Moritz Warburg, um judeu, foi enviado para os Estados Unidos em 1903 para promover a criação de um banco central dos Rothschild em preparação para a Primeira Guerra Mundial, que estava então em preparação. Warburg fez da Kuhn-Loeb Co, um grande banco de Wall Street, a sua base de operações. Depois de conhecer Wilson num seminário universitário, Warburg recomendou-o à cabala bancária internacional. Após uma investigação mais aprofundada, o rabino Steven Wise, Jacob Schiff, um judeu, Sam Untermyer, um judeu, e outros actores do poder Khazar concordaram que Wilson seria o bode expiatório para os ILLUMINATI na Casa Branca.

Pouco depois, a campanha presidencial democrática de Wilson foi anunciada, promovida e financiada pelos ILLUMINATI: Warburg, um judeu, e os seus irmãos, Felix e Max (chefe dos serviços secretos alemães e do banco M.M. Warburg, Hamburgo); Adolph Ochs, um judeu (editor do *New York Times*); Henry Morgenthau, um judeu (magnata dos bairros de lata negros do Harlem, Manhattan); Jacob Schiff, um judeu (presidente da Kuhn-Loeb Co.); Samuel Untermyer, judeu (poderoso advogado de negócios); e Eugene Meyer, judeu, (presidente da Associação da Indústria da Construção, Kuhn-Loeb Co.); Samuel Untermyer, judeu (poderoso advogado de negócios); e Eugene Meyer, judeu (banqueiro e proprietário do *Washington Post*, o jornal que o vosso senador lê enquanto toma o seu café matinal); e o agente dos Rothschild; e os banqueiros internacionalistas Lazard Frères; J&W Seligman; Speyer Brothers; e os Rothschild. Alguns goyim escolhidos a dedo, incluindo J.P. Morgan, o traficante de armas, participaram na operação.

Para dividir o voto republicano, os ILLUMINATI financiaram Teddy Roosevelt e o atual presidente Howard Taft na sua corrida à presidência. Após a vitória de Wilson nas eleições fraudulentas (1912), que ele atribuiu ao seu charme e engenho, Warburg e a sua cabala puseram em marcha o seu plano para assumir o controlo das finanças e do crédito americanos. Warburg apresentou o Coronel Edward Mandell House, um JUDEU, ao Presidente. House tornou-se o alter ego de Wilson, o seu confidente e mensageiro entre a Sala Oval e Wall Street. No seu romance *Philip Dru*, House deixa claro que a sua ideia de bom governo é a Usurocracia global. Os legisladores que não partilham os seus pontos de vista são impedidos de se encontrarem com o Presidente. Manipulando Wilson, subornando membros do Congresso e envolvendo-se na mais enganosa campanha de lobbying da história dos Estados Unidos, Warburg conseguiu o que queria. Durante o recesso de Natal (23 de dezembro de 1913), com grande parte da oposição ausente, o Congresso dos EUA promulgou a Lei da Reserva Federal VENDENDO O SISTEMA MONETÁRIO AMERICANO aos banqueiros internacionais e condenando a Cristandade à Primeira Guerra Mundial, à Segunda Guerra Mundial, à "Guerra Fria" e a todas as nossas guerras "sem vencedores".

> Esta legislação estabelece o mais gigantesco trust do planeta. Quando o Presidente assinar esta lei, o governo invisível do poder do dinheiro será legalizado... o pior crime legislativo da história está a ser perpetrado por esta lei bancária e monetária. Os líderes partidários agiram novamente e impediram o povo de obter os benefícios do seu próprio governo.
>
> CHARLES LINDBERGH, pai, Congresso dos EUA.

Pouco tempo depois, Sam Untermeyer, um JUDEU, ficou na posse das indiscretas cartas de amor de Wilson à Sra. Peck, sua amante e mulher de um amigo. O círculo íntimo referia-se ao Presidente como "o menino mau de Peck". Wilson fazia o que lhe mandavam fazer, quando lhe mandavam fazer, o que levou à nomeação de Louis Denmitz Brandies, judeu, sionista, para o Supremo Tribunal dos Estados Unidos e à entrada da América na Primeira Guerra Mundial.

> "O dinheiro é o pior tipo de contrabando", disse William Jennings Bryan, Secretário de Estado dos EUA. E os nossos empréstimos aos Aliados nos dois anos e meio que antecederam a nossa entrada na Primeira Guerra Mundial foram mais exatamente actos de agressão do que os nossos envios tardios de tropas em 1917, depois de a declaração de guerra de Wilson ter dado à farsa um ar de legalidade.

EUSTACE MULLINS, "The Secrets of the Federal Reserve".[4]

Todas as guerras têm uma origem económica.

BERNARD BARUCH, JUDEU,
perante a Comissão Nye, 9-13-37.

A constitucionalidade do FEDERAL RESERVE ACT nunca foi julgada, apesar de ser claramente inconstitucional.

ARTIGO I, SEC. 8, CLÁUSULA 5 CONSTITUIÇÃO DOS ESTADOS UNIDOS: O Congresso tem o poder de cunhar moeda, regular o seu valor e o das moedas estrangeiras e fixar os padrões de pesos e medidas.

Esta cláusula nunca foi alterada. Por conseguinte, é lógico colocar a seguinte questão: pode o Congresso delegar legalmente a sua autoridade constitucional?

SHECHTER POULTRY v. U.S.A. (29 US 495) (55 US 837.842 (1935):

2) O Congresso não pode abdicar ou transferir para outros as suas funções legislativas...

3) O Congresso não pode, constitucionalmente, delegar o seu poder legislativo a associações ou grupos comerciais ou industriais, a fim de os habilitar a aprovar leis...

4) O Congresso não pode delegar poderes legislativos no Presidente...

O Presidente do Supremo Tribunal afirmou: "A Constituição estabeleceu um governo nacional com poderes considerados adequados, como se provou serem, tanto em tempo de guerra como em tempo de paz, mas esses poderes do governo nacional são limitados pelo mandato constitucional. Aqueles que actuam no âmbito desses poderes não são livres de ultrapassar os limites impostos por considerarem que é necessário um poder maior ou diferente. Tais afirmações de autoridade extra-constitucional foram antecipadas e excluídas pelos termos explícitos da Décima Emenda: 'Os poderes não delegados aos Estados Unidos pela Constituição, nem por ela proibidos aos Estados, são reservados aos Estados e ao povo.

---

[4] Publicado por Omnia Veritas Ltd, www.omnia-veritas.com.

ALGONQUIN SNC, Inc. v. FEDERAL ENERGY ADMINISTRATION 518 Fed 2nd 1051 (1975): *Conclusão:* Nem o termo "segurança nacional" nem o termo "emergência" são um talismã cuja invocação taumatúrgica deve suspender ipso facto os controlos e equilíbrios normais de todos os ramos do governo... Se o nosso sistema quiser sobreviver, temos de responder aos problemas mais difíceis de uma forma consistente com os limites impostos ao Congresso, ao Presidente e aos tribunais pela nossa Constituição e pelas nossas leis. O CONGRESSO NÃO PODE ABDICAR OU TRANSFERIR PARA OUTROS AS SUAS FUNÇÕES LEGISLATIVAS ESSENCIAIS.

ART. I, SEC. 10, CLÁUSULA 1, CONSTITUIÇÃO DOS ESTADOS UNIDOS:
Nenhum Estado... fará das moedas de ouro e prata a moeda para o pagamento de dívidas...

O INTÉRPRETE DA CONSTITUIÇÃO AMERICANA:
Se uma lei for aprovada em contradição com a Constituição, é como se a lei não tivesse sido aprovada.

Se o Congresso não pode transferir as suas funções legislativas para outros, é lógico perguntar se o FED é uma agência do Congresso. A resposta é dada enfaticamente a seguir!

LEWIS v. U.S. (680 F2d 1239 - julho de 1982):

Os bancos da Reserva Federal, ao abrigo do Federal Government Tort Claims Act, NÃO são instrumentos do governo federal, mas sim organizações independentes, privadas e controladas a nível local.

O fator essencial para determinar se uma agência é uma agência federal é a existência de controlo do governo federal sobre a "execução física pormenorizada" e as operações "quotidianas" dessa entidade.

O Supremo Tribunal decidiu (acima) que o Congresso NÃO pode delegar as suas funções legislativas. O FED legisla?

Legislar - fazer ou promulgar leis.

Leis - regras de ação estabelecidas pelo costume ou estabelecidas e aplicadas por uma autoridade soberana.

Regular - Regulamentar, sujeitar à lei.

REGULAMENTO "Q" DO SISTEMA DA RESERVA FEDERAL: legisla na medida em que *fixa as taxas de juro máximas que podem ser pagas aos depositantes pelos bancos membros sobre os depósitos a prazo e à ordem.*

A Constituição dos EUA confere este poder apenas ao Congresso (ver supra). O Regulamento "Q" é também uma violação das leis antitrust dos EUA, que proíbem a *fixação* conspiratória *de* taxas, tarifas e comissões, sujeita a coimas e prisão. A menos que se seja um banqueiro internacional.

É de perguntar porque é que o Congresso não revoga a Lei da Reserva Federal. Tem o direito - e até o DEVER - de o fazer. Porque é que o poder judicial não decide que a lei é manifestamente inconstitucional? A resposta é óbvia. Sob uma forma democrática de governo, em vez da República concebida pelos nossos antepassados, os membros de segunda categoria do Congresso são eleitos pela multidão e pelos media. Os juízes federais, nomeados a título vitalício, são egoístas, venais, subservientes a grupos de interesse e a subornos. Adoram viver em Hollywood-on-the-Potomac, com os seus salários sumptuosos, regalias, brilho e glamour, e facilidade. Temem o poder do mercado de acções ILLUMINATI. Eles temem o FED, a ADL, o IRS e o que acontece aos patriotas. Temem o MARXISMO, o LIBERALISMO e a JUVENTUDE. Têm medo dos MEDIA. Adoram os seus empregos e não querem perdê-los. Onde mais podem os bajuladores e os cobardes ganhar tanto dinheiro e gozar de tanto prestígio? Os congressistas adoram, acima de tudo, gastar o seu dinheiro ("tax, tax, tax; spend, spend, spend; elect, elect, elect!", conselho de Harry Hopkins aos New Dealers de FDR). A FED, claro, fica irritada quando o Congresso não pede emprestado e não gasta. Por isso, a manobra do Congresso é lucrar com o esquema enquanto mantém os eleitores ignorantes em La-La-Land.

> Os mal-entendidos sobre o dinheiro foram e continuam a ser intencionais. Não resultam nem da natureza do dinheiro nem de qualquer estupidez por parte do público... a Usurocracia internacional tem como objetivo preservar a ignorância do público sobre o Sistema Usurocrático e o seu funcionamento...
> EZRA POUND (colocado nu numa gaiola por
> por judeus que o chamavam de louco).

Vejamos mais de perto o Sistema da Reserva Federal, sobre o qual os vossos representantes eleitos são demasiado ignorantes ou têm demasiado medo de fazer alguma coisa.

> Deixem-me emitir e controlar o dinheiro de uma nação e não me interessa quem faz as suas leis.
> ANSELM MEYER ROTHSCHILD.

Factos importantes sobre o Sistema da Reserva Federal (FED): O FED não é uma agência do governo dos Estados Unidos. Trata-se de uma sociedade anónima privada, inspirada no Banco de Inglaterra e noutros bancos centrais dos Rothschild. O FED, criado pelo Congresso, é controlado pelo sector privado; as suas notas têm curso legal mas são dívidas do governo dos EUA aos banqueiros. O papel comercial e os títulos do Estado são utilizados como reservas fraccionárias para criar crédito. O dinheiro na sua carteira representa a dívida pública que é reembolsada pelos seus impostos sobre o rendimento; também paga impostos sobre o rendimento dos juros que o dinheiro da dívida rende se for investido. Em suma:

1. O FED é uma empresa privada. A palavra "federal" é tão sem sentido como "Federal" Tire Company.
2. O FED actua independentemente dos poderes legislativo, executivo e judicial do governo dos EUA.
3. As contas da FED nunca foram objeto de uma auditoria independente. Recusa-se a ser auditada pelo governo dos EUA (GAO).
4. O FED NÃO é uma agência do governo dos EUA, embora tenha sido criado pelo Congresso e possa, teoricamente, ser abolido pelo Congresso. É proprietário de bens pessoais e imóveis. Os seus funcionários não recebem salários do governo dos EUA.
5. O Presidente dos Estados Unidos, com a aprovação do Senado, nomeia o Conselho de Governadores do FED. A maioria deles são representantes de Wall Street com ligações aos ILLUMINATI. Muitos deles são membros do CFR/TRILATERAL. Afinal de contas, o FED foi concebido por banqueiros para banqueiros.
6. Depois de deduzir os custos de funcionamento (?), o FED transfere o que considera ser excedente (?) para o Tesouro dos Estados Unidos.
7. Os bancos membros da FED (Chase-Manhattan, por exemplo) detêm biliões de dólares em títulos americanos (pelos quais não pagaram nada), como reservas para empréstimos sobre os quais recebem juros totais. Não pagam NENHUM lucro ao Tesouro dos EUA.

8.   Os bancos membros utilizam estas reservas fraccionárias para conceder empréstimos de 10 a 30 vezes o montante das reservas.

9.   Os proprietários das acções de classe A da FED nunca foram revelados. Suposições educadas indicam que os maiores acionistas são os seguintes: A Casa de Rothschild, judaica; o banco Lazar Frères de Paris, judeu; a família Schiff, Kuhn-Loeb Co, judaica (a filha loira do vice-presidente dos EUA, Al Gore, casou-se recentemente com um Schiff. Eles "vendem" mais do que o quarto de Lincoln nas angariações de fundos da Casa Branca); a família Lehmann, JUDAICA; os Rockefellers; Israel Seif, Londres, JUDAICA; o Banco de Inglaterra, JUDAICO, etc.

10.   O Comité Federal de Mercado Aberto (FOMC) é o órgão de decisão mais importante do sistema. Composto pelos sete membros do Conselho de Governadores, quatro presidentes dos bancos membros e o Presidente do FED Bank of New York, o FOMC compra e vende títulos do Estado e supervisiona as operações cambiais do sistema. O FOMC define a taxa de desconto aplicada aos bancos membros, que determina as taxas de juro que paga ao seu credor.

11.   Dado que as mudanças nas taxas de juro e na quantidade de dinheiro em circulação têm um impacto profundo na economia, os investidores fariam bem em ser informados antecipadamente (com fugas) das próximas mudanças na política da FED. As políticas antecipadas do FED são, portanto, um segredo bem guardado. Mas será que se mantém uma segurança absoluta? Acredita em contos de fadas? Ou será que os membros do Conselho de Governadores, que servem a bel-prazer dos ILLUMINATI, desempenham o papel de mensageiros de informações altamente sensíveis? Não é de admirar que o horizonte de todas as grandes cidades seja dominado por bancos. Desde que a ganância substituiu a honra, o dinheiro compra tudo - presidentes e primeiros-ministros, papas e prelados, membros do Congresso e juízes.

12.   O FED é apenas um dos muitos sistemas de bancos centrais ILLUMINATI que se enraizaram como gigantescas sanguessugas no fluxo da riqueza mundial.

13.   No momento em que escrevo, os Estados Unidos (nós, o povo) têm uma dívida de mais de seis triliões de dólares. Os homens endividados trabalham para outros homens.

> Henry Ford achava estúpido, e eu também, que os Estados Unidos tivessem de pagar juros sobre o empréstimo do seu próprio dinheiro. As pessoas que não revolvem uma pá de terra e não fornecem uma libra de material vão receber mais dinheiro dos Estados Unidos do que todos aqueles que fornecem todo o material e fazem todo o trabalho... porque é

que havemos de pagar juros aos corretores de dinheiro pelo uso do nosso próprio dinheiro!
THOMAS A. EDISON, sobre a contração de empréstimos pelo Congresso do FED.

É indiscutível que a nossa economia é moldada por banqueiros que emprestam dinheiro que não possuem, que nunca possuíram e que nunca possuirão, calculando que ninguém lhes pedirá esse dinheiro sob a forma de notas, moedas ou ouro...
CHRISTOPHER HOLLIS, "The Breakdown of Money".

Podemos agora ver que, embora o objetivo básico do dinheiro seja um meio de troca e armazenamento de valor, os ILLUMINATI distorceram este objetivo inicial. O dinheiro tornou-se um MONOPÓLIO privado, uma MERCADORIA e um meio de COERÇÃO. Graças à capacidade do FED de emitir o dinheiro da nossa nação sob a forma de DÍVIDA, de aumentar ou reduzir a quantidade de dinheiro em circulação (M-1) à vontade e de aumentar ou reduzir as taxas de juro à vontade, cria os chamados ciclos económicos (períodos de expansão e recessão) que permitem aos seus senhores, os ILLUMINATI, controlar a vitalidade dos Estados nacionais do mundo e, se necessário, puni-los por insubordinação (Alemanha, Rodésia (Zimbabué), Áustria, Iraque, Líbia e África do Sul, por exemplo).

O FED: ACTIVIDADE ILEGAL E TRAIÇÃO - O DINHEIRO DA AMÉRICA EMPRESTADO PARA EXISTIR

Quando o Congresso precisa de dinheiro, pede emprestado ao FED. Estes empréstimos têm de ser reembolsados - capital e juros - pelo contribuinte. No entanto, não é criado dinheiro sem dívida para pagar os juros, que têm de ser retirados da massa monetária (M-1), que é dinheiro com dívida! É como pagar os juros do seu cartão de crédito Visa com o seu Master Card. É o truque do Velho Testamento de roubar a Pedro para pagar a Paulo. O pagamento do capital e dos juros retira dinheiro de circulação, criando uma escassez de dinheiro. É preciso pedir mais dinheiro emprestado para pagar os juros, criando uma dívida adicional.

FRAUDE DO SISTEMA DE RESERVAS FEDERAIS

Contrair um empréstimo para pagar 6% de juros simples sobre a dívida inicial de $100.[5]

Ano Empréstimo	Principal	Dívida inicial no final do ano	Juros anuais devidos	Moeda em circulação (M-1)
1	$100.00	$100.00	$6.00	$100.00
2	"	$106.00	$6.36	"
3	"	$112.36	$6.74	"
4	"	$119.10	$7.15	"
5	"	$126.25	$7.57	"
50[6]	"	$1,737.75	$104.25	"

Sob o regime da FED, é matematicamente impossível para os cidadãos americanos reembolsar a enorme dívida contraída com o cartel bancário internacional. É certo que a FED paga ao Tesouro americano uma parte irrisória dos seus lucros anuais, mas isso não atenua em nada a fraude.

Os rendimentos dos títulos do Estado americano detidos pelos 12 bancos da FED ascenderam a 3.771.209.607 dólares em 1972. Este rendimento forneceu a maior parte da receita do sistema para o ano - $3,792,334,523... $3,231 milhões foram pagos ao Tesouro dos EUA no ano passado como "juros sobre notas da Reserva Federal".
CONSELHO DE ADMINISTRAÇÃO DO FED,
para o Senador Alan Cranston, 6-20-73.

Juros compostos: nada é mais representativo do espírito judaico do que os juros compostos. Albert Einstein, um judeu, disse que o inventor da fórmula era um génio. Charles Lindbergh, Senior, Thomas Edison e todos aqueles que odeiam a USURE dizem que "os juros compostos são satânicos". Por exemplo, se contrair um empréstimo hipotecário de 40 000 dólares a pagar durante 30 anos a uma taxa de juro de 15%. No final do período, terá pago ao banco 182 080,80 dólares em juros. O banco só tem de fazer um registo no livro de contabilidade. Se tiver de vender a sua casa antes do fim do prazo (os americanos mudam-se, em média, de 7 em 7 anos), verá que tem muito pouco capital próprio para investir nos pagamentos mensais da hipoteca. *São necessários 24 anos para reembolsar metade do capital!* A maior parte do seu dinheiro nos primeiros anos é gasto em juros (as deduções de juros permitidas são

---

[5] Em nenhum momento a dívida pode ser paga com dinheiro em circulação!

[6] Quando a dívida (no cenário acima) atinge o 50º ano, todo o dinheiro em circulação é insuficiente para pagar apenas os juros, quanto mais o capital.

insignificantes). Quando compra outra casa, tem de recomeçar a pagar novas prestações. Se tiveres azar e não conseguires manter os pagamentos em dia, o teu banqueiro amigo recupera a propriedade e vai-se embora com o teu depósito e tudo o que puder roubar.

Sistema de reservas fraccionárias - O comboio dos banqueiros

O Conselho de Governadores do Sistema da Reserva Federal (FBG) determina as reservas mínimas dos bancos membros, o que, por sua vez, determina a quantidade de moeda colocada em circulação. Suponhamos que um banco tem créditos de depósitos de reserva de $10.000. Se o rácio de reservas for de 15%, pode criar empréstimos num total de $56.666! Se o rácio de reserva for de 20%, pode criar empréstimos num total de $40.000 (lembrem-se do penhorista Amschel Mayer Bauer, JUDEU, Frankfurt, Alemanha).

Eis como funciona o voo:

1) Quando o Chase-Manhattan Bank de Rockefeller precisa de 5 milhões de dólares, basta registar um crédito de 5 milhões de dólares junto do Tesouro dos EUA.
2) O Tesouro entrega títulos do Estado ao banco por este montante. O banco paga-lhes com um cheque emitido a crédito com base nos novos títulos acabados de entregar pelo Tesouro!
3) Utilizando estes novos títulos (ou papel comercial), o Chase Manhattan encomenda a moeda à Reserva Federal de Nova Iorque, que, por sua vez, ordena ao Gabinete de Impressão e Gravação que imprima a nova moeda.
4) Uma vez concluída a transação - que não custou um cêntimo ao banco - o Chase-Manhattan pode adiantar aos seus clientes até 45 milhões de dólares (10% do rácio de reserva) em novos empréstimos às taxas de juro actuais. Todos estes novos empréstimos são criados a partir do nada!

> Os bancos - os bancos comerciais e a Reserva Federal - criam todo o dinheiro da nação, e a nação e o seu povo pagam juros sobre cada dólar desse dinheiro recém-criado. Isto significa que os bancos privados estão a exercer, de forma inconstitucional, imoral e ridícula, o poder de tributar o povo. Porque cada dólar recém-criado dilui, até certo ponto, o valor de todos os outros dólares já em circulação.
> JERRY VOORHIS, Congresso Americano, CA-D., 1946.

Ninguém tem o direito de ser credor, exceto aqueles que têm dinheiro para emprestar.
THOMAS JEFFERSON.

PATMAN: Sr. Eccles, como é que arranja o dinheiro para comprar estes dois mil milhões de títulos do Estado?

Nós criámo-lo.

Com base em quê?

ECCLES: O nosso direito de emitir dinheiro a crédito.

Audição da COMISSÃO DO BANCO E DA MONNÉIA DA CHAMBRE, 1941.

É o afluxo desta moeda fiduciária que faz com que o dinheiro arduamente ganho pelo cidadão americano perca o seu poder de compra. Isto é inflação. É usura. Foi assim que os TALMUDI KHAZARS degradaram a moeda americana.

Quando um banco concede um empréstimo, a única coisa que faz é aumentar a conta de depósito do mutuário no banco... O dinheiro não é retirado do depósito de outra pessoa; não foi previamente pago ao banco por outra pessoa. É dinheiro novo, criado pelo banco para uso do mutuário.
SEC'Y TREASURY ANDERSON, "U.S. News & WR", 8-3159.

Ao comprar títulos do governo, o sistema bancário como um todo cria dinheiro novo, ou seja, depósitos bancários. Quando os bancos compram mil milhões de dólares de títulos de dívida pública quando estes são oferecidos... creditam a conta de depósitos do Tesouro com mil milhões de dólares. Debitam a sua conta de títulos de dívida pública em mil milhões de dólares, ou seja, criam efetivamente, através de um lançamento contabilístico, mil milhões de dólares.
MARRINER ECCLES, Presidente do Conselho de Governadores, FED, 1935.

O governo deve criar, emitir e fazer circular toda a moeda e crédito necessários para satisfazer as despesas públicas e o poder de compra dos consumidores. O privilégio de criar e emitir moeda é a prerrogativa suprema do governo.
ABRAHAM LINCOLN.

Será ainda mais absurdo que uma nação recorra a um indivíduo (Rothschild) para manter o seu crédito e, com esse crédito, a sua existência como império e o seu conforto como povo?
          BENJAMIN DISRAELI, JUDEU,
          Primeiro-ministro da Grã-Bretanha.

O esquema das Nações Unidas: Henry Morgenthau, judeu, Secretário do Tesouro de FDR ("Alguns dos meus melhores amigos são comunistas") nomeou o seu protegido Harry Dexter White (Weiss), judeu, Subsecretário do Tesouro. White, mais tarde desmascarado como espião soviético, roubou placas do Tesouro dos EUA para as dar aos bolcheviques na União Soviética. Isto explica porque é que milhões de judeus que entraram ilegalmente nos EUA durante a Segunda Guerra Mundial chegaram com bolsos fundos e compraram propriedades e empresas americanas enquanto os americanos arianos travavam guerras genocidas na Europa. Durante o Acordo de Bretton Woods (1944), White esteve por detrás da criação do Banco Mundial e do Fundo Monetário Internacional, concebidos para "estabilizar a economia internacional". Todos os anos, os americanos pagam milhares de milhões de dólares a estas organizações ligadas à ONU (One World), que concedem empréstimos a juros baixos a governos estrangeiros para "fins de desenvolvimento". Na realidade, os empréstimos são concedidos para garantir que os Estados estrangeiros terão os fundos necessários para reembolsar os empréstimos previamente contraídos junto dos banqueiros internacionais. De facto, o governo dos EUA garante estes empréstimos estrangeiros concedidos pelos banqueiros internacionais em caso de incumprimento! Desta forma, os banqueiros beneficiam dos lucros resultantes dos seus empréstimos de alto risco, enquanto os Estados Unidos assumem as perdas. Durante muitos anos, Robert Strange McNamarra foi presidente do Banco Mundial. Recentemente (1997) pediu desculpa ao povo americano pelas suas mentiras e má gestão, enquanto Secretário da Defesa dos EUA, da "ação policial" no Vietname. O mentor de White, Henry Morgenthau Jr., um judeu, é mais conhecido pelo Plano Morgenthau para reduzir a Alemanha à fome. Quando lhe disseram que o seu plano resultaria na morte de milhões de alemães, declarou: "Que raio me interessa o povo alemão!"

EXTRACTO DOS ARQUIVOS DO CONGRESSO

LOUIS T. McFADDEN, Presidente do Comité Bancário e da Moeda da

Câmara:

(EN) Senhor Presidente, temos neste país uma das instituições mais corruptas que o mundo alguma vez conheceu. A Reserva Federal já roubou aos Estados Unidos dinheiro suficiente para pagar a dívida nacional... Senhor Presidente, é monstruoso que esta grande nação tenha o seu destino presidido por um sistema de traição que opera em segredo com piratas e usurpadores internacionais. A FED tem feito todos os esforços para esconder o seu poder. Mas a verdade é que o FED usurpou o governo dos Estados Unidos. Controla tudo aqui. Controla as relações externas. Faz e desfaz governos à vontade (10 de junho de 1932).

Senhor Presidente... existe uma situação no Tesouro dos Estados Unidos que, se o povo americano a conhecesse, faria com que perdesse toda a confiança no seu governo... uma situação que o Presidente Roosevelt não teria investigado. O Sr. Morgenthau trouxe consigo de Wall Street James Warburg, filho de Paul Warburg, chefe do Manhattan Bank (e principal arquiteto do sistema da Reserva Federal)... James Warburg é filho de um antigo sócio da Kuhn-Loeb Co, neto de outro sócio e sobrinho de um sócio atual. Não exerce qualquer cargo no nosso governo, mas [...] está presente todos os dias no Tesouro e tem aí alojamento privado. Por outras palavras, a Kuhn-Loeb Co. ocupa agora o Tesouro dos Estados Unidos (29 de maio de 1933).

(EN) Senhor Presidente, no pressuposto de que Henry Morgenthau, que é parente de Herbert Lehman, o governador judeu de Nova Iorque, e que é parente, por casamento ou de outra forma, dos Seligman da firma judaica internacional J&W Seligman, que foi publicamente demonstrado perante uma Comissão Selectiva do Senado ter oferecido um suborno a um governo estrangeiro, e aos Warburgs, cujas ligações através da Kuhn-Loeb Co, do Bank of Manhattan e de outras instituições estrangeiras e nacionais sob o seu controlo, drenaram milhares de milhões de dólares do Tesouro dos EUA; e aos Strausses, proprietários da R.H. Macy & Co, de Nova Iorque, que é um ponto de escoamento de mercadorias descarregadas neste país a expensas do governo... e que o Sr. Morgenthau está também ligado ou de alguma forma ligado à comunidade bancária judaica em Nova Iorque, Londres, Amesterdão e outros centros financeiros, e tem como assistente responsável pela gestão de fundos públicos Earl Bailie, membro da firma J&W Seligman. W Seligman, corruptores como os acima referidos - parece-me que a presença de Henry Morgenthau no Tesouro dos Estados Unidos e o pedido para lhe darem 200 milhões de dólares do dinheiro do povo para fins de jogo, é uma confirmação flagrante de outros discursos que fiz nesta sala (24 de junho de 1934).

Algumas pessoas pensam que os bancos da Reserva Federal são

instituições governamentais dos EUA. Não são instituições governamentais. São monopólios privados de crédito que exploram o povo dos Estados Unidos em benefício próprio e dos seus clientes estrangeiros, especuladores e vigaristas estrangeiros e nacionais, e agiotas ricos e predadores. Nesta sombria tripulação de piratas financeiros há aqueles que cortariam a garganta de um homem para tirar um dólar do seu bolso; há aqueles que enviam dinheiro para os Estados Unidos para comprar votos para controlar a nossa legislação; e há aqueles que mantêm uma propaganda internacional para nos enganar... o que lhes permitirá encobrir os seus delitos passados e dar início à sua gigantesca onda de crimes novamente... (10 de junho de 1932)

O congressista Louis T. McFadden é um verdadeiro herói americano. As suas investigações foram diretas ao coração dos ILLUMINATI que, na década de 1930, conspiravam contra a Alemanha e o sistema económico de troca de Hitler. McFadden recebeu pouca atenção da imprensa, apesar de ter sido sujeito a uma barragem de ameaças, telefonemas obscenos e de ter sido alvejado. Num banquete na capital do país, onde tinha sido convidado a falar sobre todas as implicações das suas investigações sobre o FED, teve subitamente espasmos e morreu instantaneamente, apesar de estar de boa saúde. Houve a habitual autópsia mal feita que se segue à morte de figuras do governo dos EUA.

O privilégio de criar e emitir dinheiro é... a prerrogativa suprema do governo.

ABRAHAM LINCOLN.

DOSSIER DO CONGRESSO COMISSÃO DE INQUÉRITO DA CÂMARA

As actas secretas dos bancos da Reserva Federal revelam comportamentos clandestinos e ilegais.
(Extractos de 24 de maio de 1977)

Deputado REUSS, JEIF, Presidente da Comissão Bancária e Financeira.

Tentámos tudo, desde a persuasão moral até às tentativas de uma auditoria completa do FED pelo General Accounting Office. Os nossos esforços - prejudicados pela *pretensão de independência do FED* - apenas produziram resultados esporádicos. Nunca conseguimos obter informações completas sobre as várias actividades do FED. (REUSS EXPLICA QUE, APÓS VÁRIOS ESFORÇOS, A SUA COMISSÃO CONSEGUIU OBTER ACTAS PARCIAIS DE VÁRIAS REUNIÕES DO FED RELATIVAS AOS ANOS 1972-75, NOTA DO EDITOR)

O que estas actas revelam sobre as operações do FED... é perturbador. Mesmo com 904 supressões (nas actas) feitas pela FED sobre "assuntos sensíveis", estas actas levantam as mais sérias questões sobre o uso do poder e do dinheiro.

A ata revela o seguinte:

1. Quando a legislação do Congresso que teria submetido o FED a escrutínio... foi considerada, o FED utilizou os conselhos de administração dos seus bancos de reserva numa campanha de lobbying contra a legislação (o FED contactou grandes empresas que dependem dos bancos para fazer negócios, instando os líderes empresariais a ameaçar retirar as suas contribuições políticas se os seus membros do Congresso apoiassem a legislação para investigar o FED) (EXTORTION).
2. A FED incentivou os bancos comerciais a concederem empréstimos a beneficiários privilegiados, negando que o estivesse a fazer (COERCITION).
3. A FED permitiu que um diretor do Conselhode Governadores votasse em questões em que a sua firma de advogados tinha um interesse pessoal. (COLUSÃO).
4. O FED concedeu empréstimos não subsidiados aos seus próprios empregados. (DESVIO DE FUNDOS).
5. A FED permitiu que os gestores votassem eles próprios (DETOURNEMENT).

Cada uma destas actividades constitui, por si só, uma fonte de preocupação. No seu conjunto, representam um padrão de decisões de responsabilização pública. *Demonstram um historial de manipulação nos bastidores para afastar investigações legítimas do Congresso.* (Fim do relatório)

O relatório acima referido levou à demissão do Presidente do Conselho de Governadores, Arthur Burns (Burnstein), um judeu, que foi discretamente expulso pelos ILLUMINATI e nomeado Embaixador na Alemanha! O Comité evitou revelar as ACTIVIDADES TRAITORIAIS levadas a cabo pelo FED durante os anos abrangidos pelo relatório (ver Capítulo 3: ILLUMINATI), enquanto o FED estava ocupado a financiar a indústria soviética durante a "Guerra Fria" e os nossos homens morriam no Vietname.

Não há dúvida de que a finança já escravizou mais de metade do mundo e que poucos indivíduos, empresas ou mesmo nações se podem dar ao luxo de desagradar ao poder do dinheiro.
PROF. FREDERICK SODDY, M.A., F.R.S., Oxford.

FICHEIRO DO CONGRESSO
Câmara dos Representantes

HENRY GONZALES, Presidente do Comité Bancário da Câmara.

Sr. Presidente, o Presidente, o Congresso e o povo estão reféns deste Conselho de Governadores em fuga... Sou membro do Comité Bancário há 20 anos... e nunca vimos um Presidente ou membro do Conselho da FED mostrar qualquer vontade de ser responsável pelos seus métodos, julgamentos, políticas e procedimentos.... à porta fechada... no chamado Comité do Mercado Livre (FOMC), que é, na realidade, um comité secreto que determina as políticas que podem fazer ou desfazer qualquer administração no poder... Mr. Volcker diz: "Estas políticas (as suas) levarão a um nível de vida mais baixo para alguns americanos." Que americanos? David Rockefeller? O Chase-Manhattan Bank foi fundamental para determinar a resolução aprovada por esta Câmara em relação à Polónia (a Polónia não podia pagar as suas dívidas aos bancos americanos)... e o Congresso responde imediatamente: cinco mil milhões de dólares para o *Fundo Monetário Internacional (FMI)* para que este possa facilitar os pagamentos ao Chase-Manhattan Bank... O Sr. Volcker não faz cortes nesta área... não é inflacionista. Mas ele está a dizer que coisas como empréstimos à habitação, empréstimos a agricultores americanos... ou a pequenas cidades americanas para drenagem... para senhas de alimentação... são inflacionários e têm de ser cortados. (2 de março de 1982).

Se a FED é, como afirmam os governadores, uma agência governamental e não um usurpador inconstitucional que actua ilegalmente, então, sempre que a FED cria dinheiro, como faz para criar riqueza, a dívida deveria ser cancelada e os títulos destruídos, como queimar uma hipoteca quando a casa é paga. Mas isso não acontece.
DEPUTADO. JERRY VOORHIS, CA-D, *"The Mysteries of the FED"*, 1981.

Os chefes dos bancos centrais do mundo não são, eles próprios, poderes substanciais nas finanças mundiais... são técnicos e agentes de homens poderosos e dominantes: os banqueiros de investimento que os elevaram ao poder e que podem, com a mesma facilidade, derrubá-los. O PODER está nas mãos dos banqueiros de investimento não incorporados nos

bastidores. Eles formaram um sistema de cooperação e dominação internacional que é mais privado e secreto do que o dos seus agentes nos Bancos Centrais.
CARROLL QUIGLEY, *"Tragédia e esperança"*.

Carroll Quigley, um defensor de um governo mundial único, era considerado um "insider". O seu livro pretendia ser um hino aos ILLUMINATI, mas ele falou demais. No início, o livro foi firmemente suprimido e retirado das prateleiras. Quigley, professor na Universidade de Georgetown, morreu pouco tempo depois. O Presidente Clinton, no seu discurso de aceitação, chamou a Quigley *"o meu mentor"*.

O Congresso pode aprovar leis que afectam a economia em geral após um longo e sério debate, mas o FED pode reunir-se numa curta sessão e anulá-las completamente.
DR. M. A. LARSON, *"O FED e o nosso dólar manipulado"*.

Só o governo federal pode pegar num pedaço de papel em perfeitas condições, aplicar-lhe tinta e torná-lo absolutamente inútil.
LUDWIG VON MISES.

Sabendo que os bancos comerciais, como o Chase-Manhattan, e os banqueiros internacionais, como a Kuhn-Loeb Co, são parte integrante do império bancário global dos judeus, vejamos uma investigação do Estado de Nova Iorque a certos bancos comerciais:

ASSEMBLEIA ESTADUAL DE NOVA YORK

WILLIAM H. HADDAD, Procurador-Geral do Estado de Nova Iorque.

Sr. Presidente, o objetivo deste relatório é expor as deliberações generalizadas de dois comités (bancários). Outras provas provêm do exame dos ficheiros... do Chase-Manhattan Bank, que voluntariamente nos permitiu examinar *certos documentos (do Banco)...* pouco antes de ele, e todos os bancos, terem simultaneamente deixado de cooperar com esta investigação.
Não há dúvida de que todos estes homens sabiam exatamente o que estava a acontecer na City... Os bancos estavam claramente sobreendividados em títulos da City e, dada a convicção unânime dos banqueiros de que a City acabaria por entrar em incumprimento, a pressão sobre estes bancos para se livrarem da sua dívida por qualquer meio necessário deve ter sido irresistível...

Os bancos foram socorridos de três formas: 1. venderam quantidades extraordinárias de títulos municipais das suas próprias carteiras. 2. Não substituíram os títulos municipais vencidos, invertendo a prática anterior. 3. venderam, *pela primeira vez*, títulos municipais novos e antigos a investidores não institucionais e não profissionais, *sem divulgarem o risco que previam*...

Concretamente, os bancos venderam títulos da cidade de Nova Iorque a pequenos investidores individuais, e fizeram-no sem revelar a sua informação privilegiada sobre a situação financeira da cidade (...). Numa situação clássica, um médico tinha vendido recentemente o seu apartamento... recorreu a um banco e não ao seu corretor para investir o dinheiro... venderam-lhe títulos que o banco estava em vias de vender... No entanto, o banco nunca lhe revelou este facto... De acordo com o banco, este era um intermediário neutro e imparcial que agia de acordo com os mais elevados princípios éticos.

Alguns bancos tiveram de vender as suas carteiras porque os seus maus investimentos em fundos de investimento imobiliário, companhias petrolíferas e países subdesenvolvidos os colocaram numa situação financeira precária. De acordo com a ata da segunda reunião realizada na Gracie Mansion (residência do Presidente da Câmara), o Sr. Horowitz da Solomon Bros salientou que "a cidade perdeu o mercado institucional... embora os bancos continuem a ajudar, os bancos fora da cidade deixaram de comprar obrigações da cidade". Nas actas do comité de planeamento do Chase-Manhattan encontra-se a declaração: "Continuamos a vender obrigações da cidade de Nova Iorque em todas as oportunidades. A estratégia previa a venda mesmo em caso de perdas. Obrigado pela vossa atenção. (Fim dos extractos do relatório Haddad)

Não ficará surpreendido ao saber que a Securities Exchange Commission (SEC) exonerou todas as partes envolvidas na promoção e venda das obrigações municipais sem valor da cidade de Nova Iorque. Não se trata de um caso isolado. Pelo contrário, é uma acusação à mentalidade dos banqueiros internacionais que colocam sempre o lucro monetário acima da ética.

Tob Shebbe Goyim Harog!

TALMUD: Sinédrio.

A árvore da liberdade alimenta-se do sangue dos tiranos; é o seu fertilizante natural.

THOMAS JEFFERSON.

As autoridades monetárias do Estado podem prover às necessidades do Povo e efetuar todos os trabalhos úteis ao Estado dentro dos limites

impostos pelas disponibilidades de matérias-primas e pela força cerebral e muscular do Povo, sem terem de pedir autorização ao Usurário.
EZRA POUND, "Impacto".

O pânico de 1907 foi causado pela contração deliberada da moeda e do crédito; os pânicos de 1920-21 e 1929-35 foram causados pela mesma causa idêntica. Não pode haver dúvidas quanto a isso; e os que estiveram por detrás disso chegaram ao ponto de revelar abertamente o plano e o objetivo ao país, colocando-o para sempre no registo público. Nunca poderá ser apagado.
ROBERT S. OWEN, senador dos EUA,
Registo do Congresso, 3-18-32.

Os factos demonstram que, em maio de 1920, um aumento drástico da taxa de redesconto (a taxa de juro que a FED cobra aos bancos) provocou deliberadamente um dos maiores declínios da atividade comercial e colapsos de preços da história. O resultado foi uma depressão desesperada da qual a América nunca recuperou, apesar do New Deal liberal de FDR, até à criação da Segunda Guerra Mundial e ao reinício das fábricas americanas. *Este foi o estratagema dos ILLUMINATI para preparar a América para a guerra contra a Alemanha, que tinha sido feliz e próspera desde que Hitler expulsara os agiotas judeus e os marxistas.*

Por todos estes meios, desgastaremos de tal forma os goyim que eles serão obrigados a oferecer-nos um poder internacional que nos permitirá, sem violência, absorver gradualmente todas as forças estatais do mundo e formar um super-governo.
OS PROTOCOLOS, Secção V.

ALGUMAS REALIZAÇÕES
DO SISTEMA DE RESERVAS FEDERAIS

	1913	1982
Dívida federal	1,2 mil milhões de euros	1,5 biliões[7]
Imposto sobre o rendimento das pessoas singulares	3,0 milhões de euros	200 mil milhões de euros
Valor em dólares	100 cêntimos	7 cêntimos
Propriedade do FED	insignificante	700 mil milhões de euros

---

[7] 1998 A dívida federal ultrapassa os 6 triliões de dólares!

Custo do pão	10 cêntimos	65 cêntimos
Custo por tonelada de carvão	14 dólares	35 dólares

Uma vez que o Congresso não delegou a sua autoridade legislativa sobre pesos e medidas padrão, atualmente: Uma tonelada = 2000 libras. Um pé = 12 polegadas. Para pagar uma dívida de um trilião de dólares ao ritmo de um dólar por segundo seriam necessários 31.682 anos (sem contar com os juros).

E os americanos "prósperos" que se reformaram com anuidades e pensões generosas? O sistema tem sido muito bom para eles, dizem vocês. Sim, essa é a sua recompensa por terem alinhado com o sistema, sem fazerem perguntas. *"Lamberam as botas"*. O que fizeram foi hipotecar os Estados Unidos da América em troca de um condomínio num campo de golfe. Os seus filhos, filhas e netos pagarão a fatura como ovelhas castanhas mestiças sob a ditadura globalista. Nunca se esqueçam: DÍVIDA É ESCRAVIDÃO! E, a menos que se seja banqueiro, paga-se com sangue, trabalho, lágrimas e suor.

> No final desta década, estaremos a viver sob o primeiro governo mundial único que alguma vez existiu na sociedade das nações.
> PAPA JOÃO PAULO II,
> "As chaves deste sangue", por Malachi Martin

CAPÍTULO 5

ESPIROQUETAS DA SÍFILIS JUDAICA

O desenvolvimento da sociedade não está sujeito às leis biológicas (natureza), mas às leis sociais superiores. As tentativas de difundir as leis do reino animal para a humanidade são uma tentativa de rebaixar os seres humanos ao nível dos animais.
INSTITUTO DA ACADEMIA DAS CIÊNCIAS, U.S.S.R.A.

A teoria marxista é o sistema de pensamento mais influente deste século.
ZBIGNIEW BRZEZINSKI, "Entre duas eras".

O ódio que esteve no cerne do marxismo está também presente na nova religião (freudismo). Em ambos os casos, trata-se do ódio do estrangeiro pelo seu ambiente totalmente alheio, que ele não pode modificar e que deve, portanto, destruir.
FRANCIS PARKER YOCKEY, *Imperium*.

Na linguagem... do mito, o vómito é o termo correlativo e inverso do coito; e a defecação é o termo correlativo e inverso da comunicação auditiva.
CLAUDE LÉVI-STRAUSS, Judeu, Freudiano.

Os apocalipses do Antigo Testamento do marxismo... o simbolismo antropomórfico de Freud adequavam-se perfeitamente a um povo religioso que procurava substituir uma fé moribunda e anacrónica. A chegada de Boas, que declarou que todas as raças eram iguais, foi uma dádiva de Deus.
WILMOT ROBERTSON, *The Dispossessed Majority*
(A Maioria Despossuída).[8]

O SÉCULO XX tem sido chamado o século mais sangrento. Foi também chamado a IDADE DAS MENTIRAS porque os JUDEUS KHAZARES conceberam um programa, apoiado por imensos recursos financeiros, através do qual tomaram o controlo dos MEIOS DE COMUNICAÇÃO DE MASSA da América (a *tecnologia que tornou*

---

[8] *The dispossessed majority,* de Wilmot Robertson, traduzido e publicado por Omnia Veritas Ltd, www.omnia-veritas.com.

possível estes sistemas notáveis - impressão, luz eléctrica, rádio, televisão, fotografia, filme, gravação, transístores, computadores, satélites, etc.).

A captura dos sistemas de comunicação dos Estados Unidos por uma nação estrangeira é um roubo cujas implicações são tão cruciais que chegam a ser alucinantes. O livre fluxo de ideias e de informação previsto pelos nossos Pais Fundadores, essencial para a nossa República, é primeiro filtrado através das mentes dos MÓDULOS MEDIÁTICOS TALMUDIANOS que promulgam apenas o que querem que tu e os teus filhos saibam. A Primeira Emenda da Constituição dos EUA foi revogada. A América está a morrer por falta de conhecimento dos FACTOS. Em vez disso, a propaganda dos meios de comunicação social, a desinformação e a imundície são o veneno mortal com que o Ocidente é alimentado diariamente: tudo para nosso "aplauso".

Assim, quando os charlatães MARX, FREUD e BOAS (todos judeus) emergiram dos guetos da Europa, era de esperar que fossem financiados pelos ILLUMINATI e entusiasticamente promovidos pelos media americanos como os salvadores da civilização ocidental! Quando, na realidade, eram os seus destruidores intencionais. Os seus objectivos aparentes escondiam as suas metas subterrâneas.

MARX atacou a ordem natural da humanidade - a regra do melhor. FREUD pretendia envenenar o espírito ariano. BOAS atacou o património genético dos brancos. A investigação produzida por estes charlatães satânicos para apoiar as suas hipóteses era totalmente subjectiva. Os factos são irrelevantes: os fins justificam os meios. É pouco provável que eles acreditassem de facto nas suas próprias teorias. [9]Numa das suas cartas mais conhecidas ao seu co-conspirador Engels, Marx descreve com precisão *Das Kapital* como "cheio de merda". Freud e Boas tinham certamente uma opinião semelhante sobre o seu próprio lixo taumatúrgico. No fundo, não passavam de KHAZARS empenhados numa batalha invejosa, cheia de inveja, ódio e vingança contra o Ocidente ariano. William G. Simpson, no seu livro "*Which Way Western Man*", descreve as suas ideologias TALMÚDICAS como "espiroquetas da sífilis judaica".

---

[9] *Cheio de merda* no original. Ndt.

MARXISMO

KARL MARX, JUDEU (1818-1883), nasceu na Alemanha, neto de um rabino; converteu-se ao protestantismo, casou com uma gentia da pequena nobreza; depois, sofrendo de alienação cultural, abandonou a mulher, a família e o cristianismo. A sua compulsão era destruir a sociedade ariana que o tinha rejeitado. A sua contribuição para o Movimento Revolucionário Mundial foi imensa.

A estratégia de Marx consistia em incutir o ÓDIO entre as classes onde ele não existia anteriormente. O tema subjacente à sua ideologia política é que *toda a história, toda a vida, é uma guerra de classes económica*. As duas classes em guerra são o proletariado (o trabalho), os bons da fita, e os capitalistas (a burguesia), os exploradores do proletariado. O capitalismo é mau. Por conseguinte, todos os vestígios do capitalismo devem ser eliminados: "A expropriação do expropriador" (o que é teu é meu); e "todos os animais infectados" serão destruídos (ou seja, Tob Shebbe Goyim Harog!). A "Ditadura do Proletariado" será estabelecida, promete Marx, acabando por dar lugar a uma sociedade sem Estado, sem classes, sem Deus, em que todos são iguais (embora os cristãos não sejam permitidos e o "antissemitismo" (ÓDIO) seja um crime!) Marx antecipou Franz Boas, um JUDEU, *na sua crença de que as realizações do homem são simplesmente um reflexo do seu ambiente*. Assim, as qualidades da inteligência humana, da personalidade, do comportamento, da vida emocional e espiritual são determinadas pela posição económica do homem. *O homem, garante-nos, é um animal moldado pela sede de dinheiro: a ideia de Estado e de nação (raça) é ridícula*. Só existem indivíduos, classes e grupos de interesses que se odeiam uns aos outros.

MARX formulou a sua ideologia anti-natureza tomando emprestadas, fora de contexto, ideias de dois filósofos arianos: o grande Georg W. Friedrich Hegel (1770-1831) e Ludwig A. Feuerbach (1804-1872), que é mais recordado pela sua influência em Marx e Sartre.

HEGEL acreditava que a salvação do homem viria da razão. Ele acreditava que a razão funcionava de acordo com o método dialético, no qual uma ideia (Tese) é confrontada com o seu oposto (Antítese), e os dois então metamorfoseiam-se num todo fundido (Síntese). Hegel viu este método em ação na lógica, na história do mundo, na gestão do Estado e no estabelecimento do zeitgeist. Hegel, um idealista que teria ridicularizado Marx, acreditava que a dialética *produzia uma evolução harmoniosa e contínua dentro do Estado-nação e entre os seus componentes*. FEUERBACH, materialista, dizia que o homem é o que come: matéria em movimento, nada mais. Este conceito aparece também nos voos de fantasia de Freud e Boas.

Marx afirma que não existe Deus e que o homem não é, portanto, responsável pelas suas acções perante um juiz divino. O homem não tem alma nem livre-arbítrio e, portanto, não tem valor individual significativo. É um animal em evolução cuja salvação depende da sua mente (razão). Marx acreditava que o destino do homem era determinado apenas pelo seu ambiente (*aparentemente, Marx nunca ouviu falar do seu inimigo declarado*, Gregor Johann Mendel (18221884), que deu o seu nome ao *Mendelismo*, o estudo de todas as coisas genéticas). Na natureza, tudo evolui porque tudo é determinado pelo seu contrário: a tese sintetiza-se com a antítese, transformando-se numa nova e diferente tese - este processo repete-se *ad infinitum*. Na sociedade, portanto, o conflito (materialismo dialético) é inevitável, essencial e contínuo até ao colapso de toda a estrutura (o Estado). Uma vez que este destino é inevitável e a mudança é um progresso, porquê esperar? Revolta. Agora. Destruir! Matar! Burguesia vs Proletariado = Revolução = diktat = GOVERNO MUNDIAL JUDAICO. Os ILLUMINATI patrocinam os Marxistas/Anarquistas.

> Há alturas em que a criação só pode ser alcançada através da destruição. O desejo de destruir é, portanto, um desejo de criar.
> MICHAEL BAKUNIN, marxista.

"Burguesia" é uma palavra de código judaica para goyim bem sucedido, especificamente brancos bem sucedidos da classe média. A burguesia, de acordo com Marx, possui tudo mas não tem direito a nada. O proletariado, por outro lado, não possui nada, mas tem direito a tudo. Este é também um conceito cristão: "Os últimos serão os primeiros". No entanto, Marx esqueceu-se de mencionar que a dialética insiste em que o proletariado também tem de ser substituído! As massas são demasiado ignorantes para questionar o Flautista de Hamelin, mas adoram a ideia de IGUALDADE imediata (ver de Tocqueville).

A vitória do proletariado abolirá todas as classes, exceto uma: "O diktat do proletariado". E o que é isso ou quem é isso? O Ditato são os judeus privilegiados que presidirão ao Estado proletário. O Estado será proprietário das quintas, das empresas, das indústrias, dos palácios, das mansões e das dachas expropriadas à burguesia imunda! O Ditador também será dono do Gulag, que estará cheio de proletários. Como George Orwell percetivelmente apontou no seu livro *Animal Farm:* Somos *todos iguais, mas alguns são mais iguais do que outros.*

O marxismo é tanto uma vitória do homem externo, ativo, sobre o homem interno, passivo, como uma vitória da razão sobre a crença... A América está a passar por uma revolução... (que) desmascara a sua obsolescência... No ano 2000, será aceite que Robespierre e Lenine foram reformadores gentis.
Z. BRZEZINSKI, "Entre dois mundos";
CFR/TRILATERAL, professor na Universidade de Georgetown, conselheiro do Presidente dos EUA Jimmy Carter.

Nós, judeus, os destruidores, continuaremos a ser os destruidores para sempre. Nada do que fizerem irá satisfazer as nossas necessidades e exigências. Nós destruiremos sempre porque precisamos de um mundo só nosso...
MAURICE SAMUELS, "You Gentiles" (1924).

F. P. Yockey, no seu livro *Imperium,* observa que o MARXISMO é gravemente defeituoso porque MARX, sendo judeu, não podia compreender as diferenças reais entre CAPITALISMO e SOCIALISMO, que emanavam da CULTURA-ORGANISMO OCIDENTAL. *O capitalismo e o socialismo são a forma como uma nação (família, povo, raça) sente, pensa e vive,* e são, em segundo lugar, CONCEITOS ECONÓMICOS. Um pertence ao passado, o outro, o SOCIALISMO OCIDENTAL, representa o futuro do Ocidente e o fim do JUDAÍSMO em solo ocidental.

A idade da razão gerou o CAPITALISMO no Ocidente, a IDEIA do individualismo puro: "Cada um por si". Liberdade perante a autoridade: "Não me pises os pés!" Ao mesmo tempo, paradoxalmente, entendeu-se que estes indivíduos corajosos tinham de atuar no interesse do Estado-nação. Para o Ocidente, o CAPITALISMO ECONÓMICO significava comércio livre, ausência de impostos sobre o rendimento, não interferência do Estado em questões monetárias, propriedade privada, etc. A USURA, por outro lado, foi relegada para a esfera exterior e banida.

Os capitalistas não viam qualquer problema em derrotar

economicamente grupos económicos adversários, dentro da lei. Era considerada uma "concorrência saudável". Os Estados europeus, encorajados pelos banqueiros, também competiam entre si. Muitas vezes, com resultados desastrosos. Durante a Primeira Guerra Mundial, tornou-se dolorosamente óbvio que a ideia de "individualismo exacerbado" era contrária à NAÇÃO ARIANA e aos seus Estados.

O SOCIALISMO OCIDENTAL, ao contrário do marxismo/comunismo e do capitalismo, não emana apenas da razão, mas do ÉTICO DO MUNDO OCIDENTAL, exprime os sentimentos instintivos e intuitivos da nação ariana. A sua ideia é o grito dos mosqueteiros: "Um por todos e todos por um! A união dos estados-nação brancos numa ÚNICA ORGANIZAÇÃO CULTURAL - o seu próprio território e o seu próprio estado para alojar, proteger e alimentar a nação - exclui a guerra de classes e as lutas de ódio de inspiração marxista entre as suas partes componentes. A ECONOMIA decorre da CULTURA. O DINHEIRO torna-se uma simples ferramenta, um meio de troca, uma reserva de valor - não uma arma ILLUMINATI.

> Para o socialismo, a posse de dinheiro não é o fator determinante da posição na sociedade, tal como não o é no exército. No socialismo, a posição social não depende do dinheiro, mas da autoridade (capacidade).
> FRANCIS PARKER YOCKEY, *Imperium*

Pensadores de renome mundial em todas as disciplinas concordam que o MARXISMO e a idade da razão conduziram a um ignominioso beco sem saída. Nenhuma pessoa inteligente levou MARX a sério. A sua ideia do Antigo Testamento de que o trabalho é mau - e a ideia do Novo Testamento de que os homens e as raças são igualmente dotados - opõe-se à própria natureza e alma do Ocidente. A cenoura oferecida aos "trabalhadores do mundo" era a IGUALDADE imediata em troca da sua obediência muda. Depois da "expropriação", eles "perderiam as suas correntes" e retirar-se-iam para "La-La Land", para serem servidos e sustentados para sempre pelos sobreviventes da odiada classe média! (como nos EUA, na Europa e na África do Sul de hoje).

Como propagandista - um sedutor de inocentes, sofistas, liberais e falhados natos - MARX foi soberbo. O seu lugar na história está assegurado.

Três milhões de russos desarmados da classe média (padres,

proprietários de terras, artistas, cientistas, agricultores, gestores, etc.) foram massacrados no impulso inicial da REVOLUÇÃO BOLCHEVIANA, e 31 milhões morreram em consequência do seu TERROR JUVENIL.

Marxistas, bolcheviques e comunistas denunciam os "porcos capitalistas". Enquanto nos bastidores - na batalha contínua para implementar os PROTOCOLOS DE SION - todas as guerras e revoluções são financiadas pelos BANQUEIROS JUDEUS.

> Hoje em dia, o neto de Jacob, John Schiff (Kuhn-Loeb Co.), um eminente membro da Sociedade de Nova Iorque, estima que o velho homem investiu cerca de 20 milhões de dólares no triunfo final do bolchevismo na Rússia.
>
> CHOLLY KNICKERBOCKER,
> "N.Y. Journal-American", 2 3-49.

FREUD

Atualmente, Sigmund Freud, um JUDEU (1856-1939), é conhecido apenas pela sua importância anti-cultural. E pelos graves danos que infligiu à psique ocidental antes de o seu engano ser revelado. Freud, tal como Marx, tentou colocar todos os homens em pé de igualdade, despojados de qualquer significado nobre ou espiritual. Os *dois judeus usaram simplesmente métodos diferentes para atingir um único objetivo, o objetivo dos ILLUMINATI: a destruição do Ocidente.*

Quando Freud era um jovem médico, um psicólogo vienense contou-lhe a história de uma paciente que, sob hipnose, tinha contado um acontecimento traumático da sua vida que continuava a deixá-la ansiosa. Quando ela saiu da hipnose, a sua ansiedade tinha sido completamente curada. Freud, tal como Saulo de Tarso, um judeu a caminho de Damasco, viu subitamente "possibilidades" e criou um negócio de "bater cabeças". Abandonou a hipnose e inventou a psicanálise. Método de consulta em que o paciente, relutante em revelar os seus problemas pessoais íntimos (resistência), transfere os seus laços afectivos para o analista.

A PSICOLOGIA é o estudo das neuroses, das psicoses, das perversões e do espírito normal. A PSICOANÁLISE é um tratamento. Mas de quê? Os sintomas podem ser diagnosticados, mas a causa subjacente, tal como o vento, não pode ser vista. As doenças do cérebro são fisiológicas e tangíveis. Mas as doenças da mente têm origem nos genes e na alma do homem, duas áreas sobre as quais Freud não sabia nada e se preocupava ainda menos. As "sessões de divã" psiquiátricas, tal como as sessões de rap e as leituras de chá, estão envoltas numa atmosfera de mistério e nomenclatura oculta. Na realidade, a análise não é mais do que o poder da sugestão. Toda a gente sabe que "a confissão faz bem à alma". E um placebo pode fazer milagres. Mas a "cura" freudiana baseia-se no princípio de que toda a gente é neurótica: ou pervertida ou invertida. Portanto, os arianos também são doentes! Tal como nós, JUDEUS.

> O problema fundamental é que a psicanálise é o produto da animosidade judaica contra a civilização ocidental. O desejo inconsciente dos judeus é desmascarar a respeitabilidade da sociedade europeia... que excluiu os judeus... desenterrando aberrações sexuais sórdidas e infantis.
> HOWARD SACHER, JUDEU. Um dos primeiros freudianos.

Desta forma, as revelações de pacientes crédulos e enganados aliviam os complexos de inferioridade dos analistas! Os JUDEUS (psicanalistas) são facilmente convertidos ao sistema JUDAICO.

> Como são incapazes de compreender ou participar na sociedade ocidental, não têm outra alternativa senão opor-se a ela.
> SIGMUND FREUD, JUDEU, "Resistência à psicanálise".

Outro problema é o facto de os psicanalistas judeus, que na sua maioria são mentalmente anormais, serem autorizados a determinar quem é "normal". Isto faz lembrar a história dos *cegos e do elefante*. Depois há o "problema do divã". Os processos de paternidade e de abuso sexual contra analistas, cuja prática consiste em aliviar as ansiedades sexuais de pacientes vulneráveis, são tão comuns como os assaltos em Los Angeles. É como contratar os pedófilos Woody Allen, JUDEU, e Roman Polanski, JUDEU, para tomar conta de crianças.

A loucura continua quando Freud volta a sua atenção para a alma ocidental. Descobre-a estritamente mecânica e totalmente previsível: *os impulsos espirituais são simplesmente impulsos sexuais*. Portanto, no cérebro TALMÚDICO de Freud, todos os homens são iguais porque são todos sexualmente neuróticos. E é ele que decide o que é neurótico! Para Karl Marx, a 9ª Sinfonia de Beethoven era a duplicidade da burguesia. Para Freud, ela exprime o desejo latente de Beethoven por

Schiller. É evidente que é preciso eliminar *o Homem Cultural*, inimigo dos JUDEUS, transformando-o num robô económico e em órgãos genitais animados!

> Há uma geração atrás, a principal teoria sobre a esquizofrenia era... (que era) causada por uma maternidade fria e distante, em si mesma o desejo inconsciente da mãe de que o seu filho nunca tivesse nascido... 20 anos depois, este artefacto da era freudiana (JUDAICA) está completamente desacreditado.
> U.S. NEWS & WORLD REPORT, 4-21-97.

O truque de Freud, de que a alma ariana é mecânica, permitiu-lhe inventar doenças da alma que só ele e os seus discípulos judeus podiam diagnosticar e curar: neurose, complexos (especialmente de culpa e inferioridade), repressão, perversão, fixação, inveja do pénis, etc. Parte da "cura" era a ANÁLISE DE SONHOS, que contém padrões recorrentes comuns. Estes padrões têm interpretações complicadas e esotéricas. Mas só os membros da *cabala* os compreendem e são os únicos que podem efetuar "curas" taumatúrgicas. O MUNDO DOS SONHOS reflecte a "ansiedade" da alma. Por exemplo, sonhar com a morte de um membro da família significa que odiavas um ou ambos os teus pais. Os freudianos inventaram outro "pecado original": *todas as crianças são sexualmente perversas*, portanto, como a Criança é o pai do Homem, todos são sexualmente perversos. TODA A GENTE É DOENTE!

O freudismo é cabalístico, englobando ocultismo, satanismo, falismo, necromancia, numerologia, etc., tudo derivado das superstições hebraicas, dos ensinamentos talmúdicos e do cérebro drogado de Freud.

Hollywood encontra material para comédias de costumes

Desde que Sigmund Freud declarou que todos os jovens rapazes queriam matar os seus pais e copular com as suas mães, os judeus têm travado uma guerra contra a família tradicional ariana... O último veneno... vem da Dra. Louise B. Silverstein e Carl P. Auerbach (judeus) no seu artigo "Desconstruindo o Pai Essencial". Eles escrevem:

> "Contrariamente à perspetiva neoconservadora, os nossos dados sobre casais paternais do mesmo sexo convenceram-nos de que nem a mãe nem

o pai são essenciais"... reconhecem que as crianças precisam de um adulto "responsável", mas que "um, nenhum, ou ambos... podem ser pai ou mãe" com igual eficácia. Além disso, negam que "o casamento heterossexual é o contexto social em que a paternidade responsável tem mais probabilidades de ocorrer". Silverstein e Auerbach inferem que o AMOR partilhado pelos pais naturais e os seus filhos não é maior do que o partilhado com os pais adoptivos - sejam eles homossexuais, heterossexuais ou da mesma raça. No seu mundo MARXISTA/LIBERAL/TALMUDIANO, todos os "cuidadores" são iguais. Por conseguinte, as famílias naturais não são igualmente importantes.

REVISÃO: THE AMERICAN PSYCHOLOGIST (1-6-99), jornal oficial da Associação Americana de Psicologia.

Com a queda do muro de Berlim (1990), o marxismo desmoronou-se... O freudismo também, apesar da sua influência persistente... desmoronou-se. Atualmente, a posição oficial é que a psicanálise não é realmente uma ciência, mas sim uma forma de arte... comparável aos arranjos florais ou ao macramé?

JOSEPH EPSTEIN, judeu, editor do *The American Scholar*.

BOASISME

FRANZ BOAS, JUDEU (1858-1942) nasceu na Alemanha. Tal como Marx e Freud, era um KHAZAR, que se distinguia pela sua repulsiva fealdade física. Não era antropólogo e o local onde obteve o seu doutoramento permanece incerto (Kiel, Alemanha?). Foi, no entanto, nomeado Professor de Antropologia na Universidade de Columbia em 1899, onde permaneceu durante 40 anos. Os seus patrocinadores foram, sem dúvida, os ILUMINADORES.

O objetivo de Boas era atacar o coração da raça ariana, o seu património genético. Para isso, criou a Escola Boas de ANTROPOLOGIA CULTURAL, que apresenta a doutrina de que não existem raças distintas; *pelo contrário,* professa que TODOS os homens têm o mesmo potencial: *as diferenças raciais são em grande parte o resultado de factores ambientais e não da hereditariedade.* Esta ideologia, ou pseudociência, é apoiada com entusiasmo pelos liberais, marxistas e judeus, enquanto é totalmente refutada pela ciência natural da antropologia física, aceite pelas maiores autoridades mundiais na matéria. Boas afirma que a raça é um mito porque as raças se misturaram ao longo dos séculos; que as misturas de mestiços são melhores do que os pais. Afirmam que todo o sangue humano é o mesmo, que todos os povos têm uma origem comum e que, portanto, as raças são aparentadas. Nenhuma raça se destaca por ser mais dotada ou melhor, mas porque beneficiou de um ambiente mais favorável e de uma melhor sorte. Porque as raças são iguais, o cruzamento não só é permitido como é desejável (para eliminar a maldita raça branca). Pertencemos à grande família dos homens, por isso todos os homens são iguais.

As Nações Unidas deram a sua aprovação incondicional à doutrina Boas:

> As provas científicas indicam que o leque de capacidades mentais de todos os grupos étnicos é praticamente o mesmo... Quanto à personalidade e ao carácter, podem ser considerados como não tendo raça... Se os membros de cada grupo étnico tiverem oportunidades culturais semelhantes para realizarem o seu potencial, o desempenho médio é praticamente o mesmo.
>
> Documentos da UNESCO, (Extrato) 1950.

Como aprendemos, ESPIRÓCITOS DA SINFILISIA JUDAICA (o Boasismo é um deles) são injetados em todas as sociedades que os ILLUMINATI estão empenhados em destruir. Mas deixem-me dizer aqui e agora que a Doutrina Boas - na sua totalidade - foi exposta como uma fraude! Voltaremos a este assunto com mais pormenor no Capítulo V, Mendelismo.

Os fundadores da escola Boas de antropologia são Ashley Montague (Israel Ehrenberg), Raymond Pearl, Melville Herskovitz, Herbert Seligman, Otto Klineberg, Gene Weltfish, Amran Sheinfeld, Isadore Chein, Ruth Benedict, Margaret Meade e Kenneth Clark. *Todos, exceto três (Meade, Benedict e o negro Clark), são judeus*. Boas foi citado pelo Congresso por 46 afiliações à Frente Comunista. As actividades subversivas de Montague, Weltfish, Benedict e Herskovitz são bem conhecidas da CIA, do FBI e dos comités de investigação do Congresso. Todos estes MARXISTAS/LIBERAIS/Judeus, que propagam a sífilis judaica, criaram cátedras de antropologia cultural nas mais prestigiadas universidades americanas.

> No decurso das suas falsas carreiras académicas, os Boasitas mentiram repetidamente, falsificaram investigações, prestaram falsos testemunhos, caluniaram e utilizaram todos os meios necessários para atingir o seu objetivo final. Conheci Franz Boas pessoalmente. Observei a sua influência

como fundador da ciência antropológica na América. Observei também o crescente grau de controlo exercido pela seita de Boas sobre estudantes e jovens professores, até que o medo de perder o emprego ou o estatuto se tornou comum... a menos que se mantenha a conformidade com o dogma da igualdade racial...

> DR. H. E. GARRETTT, Chr. Departamento de Psicologia, Columbia Univ.

O Professor JOHN R. BAKER, de Oxford, ("Science and the Planned State") cita o estudioso comunista e boémio Triofim Lysenko, U.S.S.R., que declarou que a ciência deve apoiar a teoria comunista; que os factos sobre os cromossomas e a hereditariedade devem ser suprimidos porque "*desde a sua conceção [a genética] conduz a ideias reaccionárias sobre a raça... e que a falsa base do mendelismo só pode ser defendida com mentiras*". Na União Soviética, os defensores da genética foram executados ou presos no Gulag (o antissemitismo foi considerado um crime). A distinção entre mendelismo (natureza) e marxismo (ideologia) é melhor expressa nas seguintes linhas:

> "A beleza é a verdade e a verdade é a beleza - é tudo o que sabes nesta terra e tudo o que precisas de saber."
> JOHN KEATS, "Ode sobre uma Urna Grega".

Durante a Segunda Guerra Mundial, o MARXISMO, o LIBERALISMO e o JUDAÍSMO equipararam o mendelismo ao nazismo, ao "racismo" e ao chamado "Holocausto". Em consequência, em todo o Ocidente, a Liga Anti-Difamação da B'nai B'rith (Filhos da Aliança) *proibiu qualquer* discussão sobre genética em fóruns públicos. No entanto, nos anos 80, os vastos benefícios que o mendelismo trouxe à humanidade foram descritos nas mais prestigiadas revistas científicas, em conferências, etc. *Este facto irrefutável atinge o coração do MARXISMO, do LIBERALISMO e do JUDAÍSMO e os seus esforços para miscigenar as raças e criar um governo mundial ILLUMINATI.* Previsivelmente, os meios de comunicação social, a Igreja Cristã, a JUVENTUDE e as universidades continuam a promulgar as falsas doutrinas do BOASISMO e a ignorar ou a depreciar o mendelismo.

> Os marxistas são partidários declarados; a sua "ciência" está subordinada ao seu empenhamento (ideológico). Este facto só pode prejudicar as suas análises e dados, impedir o livre exame e distorcer as suas conclusões.
> PROFESSOR A. JAMES GREGOR, *The Mankind Quarterly* (primavera de 62).

A proposição de BOAS de que a humanidade é composta por raças intercambiáveis igualmente dotadas de coragem, inteligência, carácter, capacidade, disciplina, ambição, moralidade, etc. teria levado os signatários da Constituição dos EUA a pegar nas suas armas. Além disso, os fundadores acreditavam na meritocracia, que NÃO é um sistema invertido: *os soldados dirigem o exército e os magnatas dos media dirigem o Congresso dos EUA*. Os fundadores esperavam que a América fosse sempre um bastião do Ocidente. Não um depósito de lixo racial. FRANZ BOAS, um judeu, mais do que qualquer outro indivíduo, destruiu a visão dos fundadores.

O BOASISMO procura a igualdade comunista - não a igualdade de oportunidades ou a igualdade de mérito, mas a igualdade de *resultados* - que exige a transferência de dinheiro dos bem sucedidos, que o ganharam, para os incapazes, indigentes e "desfavorecidos". Como estes últimos resistem à desapropriação, o governo recebe mais poderes reguladores e de policiamento. Os desfavorecidos - que constituem um bloco eleitoral significativo - gostam muito da ideia de receber o dinheiro dos seus impostos de políticos que estão dispostos a dar tudo (o seu) para obter um voto. De que outra forma é que degenerados como o senador norte-americano Ted Kennedy se mantêm em funções? Atualmente, nos Estados Unidos, 60% do orçamento nacional é gasto em proteção social. Os distribuidores desta imensa riqueza são negros de baixo QI (a "classe média em ascensão") empregados pelas autoridades locais, estatais e federais com salários normalmente reservados aos de QI elevado.

> A minha casa é uma casa em ruínas, e o judeu está agachado no parapeito da janela, o senhorio, nascido num estaminé de Antuérpia, inchado em Bruxelas, remendado e descascado em Londres...
> T.S. ELIOT, extrato de "Gerontion".

A declaração da UNESCO de 1950 que negava a raça como um fator (ver acima) foi denunciada pelos cientistas mais eminentes do mundo e pelos homens da rua que reconheciam a raça quando a viam. Em 1952, a UNESCO reverteu a sua declaração, reconhecendo finalmente que "as raças são 'reais' e não meros 'artefactos de classificação'". Mas, fiel à sua orientação marxista, a UNESCO esqueceu-se convenientemente do seu pedido de desculpas. A sua posição original (1950), tal como foi declarada, aparece agora em quase todas as obras de referência.

Uma desinformação (mentira) semelhante ocorreu no caso crucial e trágico do Supremo Tribunal dos EUA, *Brown v. The Board of Education*, de 1954, que decidiu contra a segregação dos negros. O caso foi apresentado por Thurgood Marshall, um cônsul negro da NAACP, apoiado pela equipa jurídica judaica da NAACP. O professor BOASIST Kenneth B. Clark, negro, foi a principal testemunha. Clark apresentou os resultados das suas experiências com bonecas brancas e negras e a reação das crianças negras a esses testes, "provando que a segregação inflige feridas aos negros". Quase levou os juízes às lágrimas. O problema é que a investigação tinha sido feita de forma incorrecta e as conclusões tinham sido padronizadas.

> Sou forçado a concluir que o Professor Clark induziu o tribunal em erro... Em suma, se os testes do Professor Clark revelam danos nas crianças negras, mostram que os danos são menores com a segregação e maiores com a congregação (integração)... Será que o Professor Clark sabia que os seus testes anteriores indicam que, segundo os seus próprios padrões, as crianças negras são menos prejudicadas pela segregação do que pela congregação? Das experiências do Professor Clark, do seu testemunho e, finalmente, do seu ensaio... a melhor conclusão que se pode tirar é que ele não sabia o que estava a fazer; e a pior, que sabia.
> DR. ERNEST VAN DEN HAAG, Professor de Filosofia Social, NYU,
> *Villanova Law Review* (VI, 1960).

> O problema que enfrentámos não foi a descoberta da verdade pelo historiador... não foi que estivéssemos a formular mentiras... estávamos a usar os factos... estávamos a passar por cima dos factos... estávamos a ignorar silenciosamente os factos e, acima de tudo, estávamos a interpretar os factos de uma forma... que nos permitia não ver estes tipos.
> DR. A. H. KELLY, um perito contratado pela NAACP, numa confissão feita à American Historical Assoc. em 1961, sobre o famoso caso da dessegregação.

Marshall chegou a ser membro do Supremo Tribunal dos EUA, onde os seus colegas consideraram os seus pareceres como os piores da história do Tribunal. Clarke continuou a utilizar o instrumento judaico até ao fim.

Os desastres sofridos pela América branca por causa dos negros, e os desastres que virão em resultado da decisão do Supremo Tribunal de misturar as raças, são quase incalculáveis.

CAPÍTULO 6

O EMBUSTE DO HOLOCAUSTO

Espiroquetas da sífilis JUDIA (continuação)

O Holocausto foi a ocasião para o assassínio de 6 milhões de judeus, incluindo 2 milhões de crianças. Negar o Holocausto é um segundo assassínio desses mesmos 6 milhões. Primeiro acabaram com as suas vidas, depois com as suas mortes. Uma pessoa que nega o Holocausto participa no crime do próprio Holocausto.
                DAVID MATAS, JUDEU, Conselheiro Sénior,
                "Liga para os Direitos Humanos, B'nai B'rith."

A política seguida pelo Terceiro Reich levou à morte de 6 milhões de judeus, 4 milhões dos quais foram mortos em instituições de extermínio.
                TRIBUNAL MILITAR INTERNACIONAL,
                Nuremberga, Alemanha.

A minha objeção ao Julgamento de Nuremberga era que, embora revestido da forma de justiça, era de facto um instrumento da política governamental previamente determinada em Teerão e Yalta... uma mancha na história americana que iremos lamentar durante muito tempo... que viola o princípio fundamental do direito americano de que um homem não pode ser julgado ao abrigo de uma lei ex post facto.
                SEN. ROBERT TAFT, "Profiles in Courage", de J. F. Kennedy.

No que diz respeito ao processo de Nuremberga... não gosto nada quando se reveste de uma falsa fachada de legalidade.
                HARLAN FISKE STONE, Juiz Presidente
                do Supremo Tribunal dos Estados Unidos.

Os depoimentos admitidos como prova foram obtidos de homens que tinham sido primeiro mantidos em isolamento (até) cinco meses... Os investigadores punham uma touca preta na cabeça do acusado, depois batiam-lhe na cara com soqueiras, davam-lhe pontapés e batiam-lhe com mangueiras de borracha... 137 dos 139 alemães tinham os testículos partidos de forma irreparável... (Outros métodos utilizados foram: fazer-se passar por padres para ouvir confissões e absolvições; tortura com fósforos enfiados debaixo das unhas; arrancar dentes e partir ossos; dar rações de fome; ameaçar deportar as famílias dos acusados para o lado soviético...).

Os investigadores "americanos" responsáveis (que mais tarde desempenharam o papel de procuradores nos julgamentos de Nuremberga) foram o tenente-coronel Burton Ellis (chefe da comissão de crimes de guerra) e os seus assistentes: capitão Raphael Shumacher, JUDEU; tenente Robert E. Byrne; tenente Wm. R. Perl, judeu; Sr. Morris Ellpowitz, judeu; Sr. Harry Thon; Sr. D. Kirschbaum, judeu; Col. A.H. Rosenfield, JUIF, consultor jurídico do tribunal.

E. L. VAN RHODEN,
Comissão do Exército Simpson, Dachau, 1948.

A atmosfera aqui é insalubre... Advogados, escriturários, intérpretes e investigadores foram contratados (judeus) - que só recentemente se tornaram americanos - cujos antecedentes estavam impregnados de ódio e preconceito europeus.

JUSTIÇA WENNERSTRUM,
Tribunal Militar de Nuremberga.

O judeu contra o goy pode violar, enganar e fazer perjúrio.
TALMUD: Babba Kama.

TOB SHEBBE GOYIM HAROG! (O melhor dos gentios deve ser morto!)
TALMUD: Sinédrio.

O "HOLOCAUSTO" deve ser colocado no seu contexto: o da história mundial, da Torah, do TALMUD e do Movimento Revolucionário Mundial (MRM) de Rothschild. É necessário compreender o ódio congénito dos JUDEUS KHAZARES contra os gentios, sendo o seu ódio mais raivoso reservado à nação ariana.

Os ILLUMINATI prepararam o terreno para a Primeira Guerra Mundial, com os seus lucros assegurados, quando um Congresso corrupto dos EUA promulgou a Lei da Reserva Federal (1913). Os assassinatos do Arquiduque Franz Ferdinand e da sua esposa por Gavrilo Princip, um maçon sérvio, precipitaram a guerra. A traição dos bolcheviques destruiu a capacidade da Rússia para continuar a guerra. As tropas alemãs foram então transferidas da Rússia para a Frente Ocidental. A guerra estava a ser ganha pela Alemanha quando Chaïm Weizmann, um JUDEU (mais tarde o primeiro presidente de Israel) fez um acordo com a Grã-Bretanha: *os JUDEUS levariam os EUA para a guerra se a Grã-Bretanha garantisse aos JUDEUS (KHAZARS) uma "pátria na Palestina"* (a Grã-Bretanha traiu os árabes com a Declaração Balfour, 1917). As mentiras judaicas sobre as "atrocidades" alemãs arrastaram a América para a guerra. Após o "armistício", a traição e a derrota da Alemanha, os termos do infame Tratado de Versalhes (o "Tratado Kosher") quase destruíram o povo alemão. Os BOLSHEVIKS entraram na luta, tentando estabelecer uma ditadura soviética na Alemanha, tal como tinham feito na Rússia. Mas o povo alemão expulsou-os. Depois, para espanto do mundo, o Chanceler Adolph Hitler, com a sua ênfase na genética e na homogeneidade da raça ariana, conduziu a Alemanha a uma espantosa recuperação espiritual e económica. No entanto, os judeus viam o nacionalismo, o orgulho racial e a família como ameaças ao seu estatuto de "escolhidos", ou seja, ao seu "direito" de se insinuarem junto do seu gado e de sugarem a sua riqueza sem serem detectados. O CONGRESSO JUDAICO MUNDIAL (organizado em Genebra, Suíça, pelo rabino "americano" Stephen Wise) declarou guerra à Alemanha (1933): manipulação do dinheiro, calúnia, difamação, assassínio, boicote aos produtos alemães, sabotagem, etc. As maldades dos judeus podem ser vistas no caso do rapto e assassinato de Lindbergh (ver: Isador Fisch, JUDEU); a tragédia do zepelim Hindenburg e outros crimes contra os arianos de origem alemã aqui e no estrangeiro, enquanto os ILLUMINATI se preparavam para a Segunda Guerra Mundial. Posteriormente, os alemães consideraram os judeus não só como intrusos estrangeiros, mas também como inimigos do Estado. A cisão cultural entre os arianos e os judeus beneficiou os sionistas nos seus esforços para incitar os judeus khazares a "regressar" à Palestina. *Assim, os sionistas colaboraram com o Terceiro Reich e outros governos europeus para eliminar os judeus da Europa, que em breve seria incinerada.*

O "pecado imperdoável" de Hitler não foi a sua política de colonização dos judeus - eles tinham sido expulsos de todos os Estados europeus numa altura ou noutra. A Segunda Guerra Mundial foi iniciada porque a POLÍTICA MONETÁRIA *Juden Frei* de Hitler contornou completamente o sistema bancário central de Rothschild. O novo Banco do Reich abandonou as reservas internacionais de ouro e emitiu a sua própria moeda sem juros (como Lincoln tinha feito), apoiada apenas pela capacidade produtiva do povo alemão. Em retaliação, os banqueiros internacionais recusaram-se a aceitar o marco alemão no mercado cambial. *A Alemanha limitou-se a trocar os seus produtos, ignorando os intermediários.* À vista do mundo, a Alemanha tinha desafiado os ILLUMINATI, tinha-se libertado de um abismo de dívidas e desespero, tinha-se libertado dos seus grilhões e tinha-se tornado o Estado mais próspero da Europa. Os judeus sabiam que o seu império bancário global estava sob ameaça. O General George Catlett Marshall, Secretário de Estado dos EUA, conta nas suas memórias que, em 1938 - três anos antes de Pearl Harbor - o "americano" Bernard Baruch, judeu e confidente de Wilson, Roosevelt, Eisenhower, Churchill e muitos outros actores poderosos, disse: *"Vamos apanhar esse tal Hitler! Não o vamos deixar escapar... vamos destruir o sistema de trocas da Alemanha!* Mas outros líderes mundiais prestaram a Hitler uma homenagem bem merecida:

> Uma mudança no sistema monetário alemão permitiu à Alemanha passar de uma depressão abismal para uma economia gloriosa... levando o líder britânico da Primeira Guerra Mundial, Lloyd George, a chamar a Hitler "o maior estadista vivo e o povo alemão o mais feliz do mundo".
> HUGOR FLACK, "A Grande Traição".

> Enquanto todas estas formidáveis transformações tinham lugar na Europa, o cabo Hitler travava a sua longa batalha para conquistar o coração do povo alemão. A história desta luta não pode ser lida sem admiração... Se o nosso país fosse derrotado, espero que encontrássemos um campeão tão indomável que nos desse coragem e nos devolvesse o nosso lugar entre as nações.
> WINSTON CHURCHILL, "Straight talk".
> por Francis Neilson.

> Mariner Eccles, da Reserva Federal dos Estados Unidos, e Montague Norman, um judeu, do Banco de Inglaterra, decidiram, o mais tardar em 1935, uma política conjunta destinada a pôr fim à experiência financeira de Hitler por todos os métodos, incluindo a guerra, se necessário. A tarefa de Norman consistia em colocar Hitler perante o dilema de ter de inverter a sua política financeira ou cometer um ato de agressão.
> A PALAVRA, mensário inglês, C. C. Vieth.

> A luta contra a Alemanha tem sido travada há meses... por todos os judeus do mundo... Nós vamos desencadear uma guerra espiritual e material do mundo inteiro contra a Alemanha. A ambição da Alemanha é tornar-se novamente uma grande nação... os nossos interesses judaicos, por outro lado, exigem a destruição completa da Alemanha. A nação alemã é colectiva e individualmente um perigo para nós JUDEUS.
> V. JABLONSKY, JUDEU, Representante do Congresso Sionista Francês,
> extrato do seu artigo em "Natcha Retch", 1932.

> Deixem-me recuar até 1913... Se eu estivesse aqui e vos dissesse que o arquiduque seria morto e que, de tudo o que se seguiria, surgiria a oportunidade, a possibilidade, a oportunidade de estabelecer um lar

nacional para os judeus na Palestina... teriam olhado para mim como um sonhador inútil. Já vos ocorreu como é notável que, neste banho de sangue global, tenha surgido esta oportunidade? Acham mesmo que foi um acidente?

LORD MELCHETTE, JUDEU,
Presidente da Federação Sionista Inglesa, 1928.

Como se recordará, Rothschild plantou o ESTADO BOLSHEVIK/COMUNISTA na Rússia (1917), totalmente dependente do seu sistema bancário central. A URSS era um punhal bolchevique no coração da Europa. A estratégia de Hitler consistia em derrotar a URSS, libertar o grande povo russo do domínio khazariano/judaico e criar um novo parceiro comercial euro-eslavo. Depois, ao deportar as raças estrangeiras, Hitler pretendia criar uma Europa unida com uma base populacional ariana.

Os alemães desprezavam e temiam o comunismo. Tinham assistido aos horrores da revolução bolchevique, durante a qual o substrato cultural da Rússia e da Europa de Leste tinha sido praticamente aniquilado. Os alemães ficaram também indignados com o massacre (1918) da família real russa: o czar, a czarina (uma princesa católica alemã), as suas quatro filhas pequenas e o filho de 12 anos. Todos tinham sido mortos a tiro por judeus, os seus corpos desmembrados, atirados para um poço e depois cobertos com cal (os restos mortais foram encontrados por volta de 1990).

Antes da Segunda Guerra Mundial, Hitler tinha-se afirmado como inimigo declarado do liberalismo, do marxismo e dos judeus - precisamente as três forças motrizes que tinham chegado ao poder com o New Deal de Franklin Roosevelt (Democratas).
WILMOT ROBERTSON, *The Dispossessed Majority*, 1976.

O primeiro triunfo espetacular dos democratas não cristãos da Europa de Leste foi o reconhecimento por Roosevelt, menos de 9 meses após a sua investidura, do governo soviético na Rússia... Em 16 de novembro de 1933 - à meia-noite! ... uma data que os nossos filhos recordarão durante muito tempo com tragédia. Foi nesta data que o Comissário soviético para os Negócios Estrangeiros, Maxim Litvinoff (Finkelstein), judeu, saqueador da Estónia e o primeiro agente soviético a socializar a Inglaterra, se sentou com o Presidente Roosevelt - depois de Dean Acheson (o "Red Dean") e Henry Morgenthau, judeu, terem feito o trabalho de propaganda e fechado o acordo que conduziu o povo americano e os seus outrora imensos recursos à calamidade social e económica....

PROF. JOHN O. BEATY, *The Iron Curtain Over America*, citado por
V. La Varre, American Legion Magazine, agosto de 1951. V. La Varre,
American Legion Magazine, agosto de 1951.

Alguns dos meus melhores amigos são comunistas.
FRANKLIN DELANO ROOSEVELT.

Já o disse antes, mas vou dizê-lo de novo e de novo. Os vossos rapazes não serão enviados para guerras no estrangeiro! (A América elegeu FDR três semanas depois).
FRANKLIN D. ROOSEVELT, 1940.

A história completa do apelo da Alemanha para negociações e da nossa recusa categórica e corte de relações diplomáticas não foi publicada em 1937 e 1938, quando a Alemanha fez o seu apelo, mas foi escondida do público até que a Comissão de Actividades Anti-Americanas da Câmara a descobriu depois da Segunda Guerra Mundial... e a tornou pública mais de dez anos depois de os factos terem sido tão criminosamente suprimidos.
DR. JOHN O. BEATY, Coronel dos serviços secretos.

A vitória do comunismo no mundo seria muito mais perigosa para os Estados Unidos do que a vitória do fascismo. Nunca houve o menor perigo de que o povo deste país abraçasse um dia o bundismo ou o nazismo... Mas o comunismo disfarça-se, muitas vezes com sucesso, sob a capa da democracia.
SEN. HOWARD TAFT, *Human Events*, 28 de março de 1951.

O chamado "problema judeu" apareceu pela primeira vez. Não é a raça, a religião, a ética, a nacionalidade ou a filiação política, mas algo que os engloba a todos e que separa o JUDEU do Ocidente: a cultura.
FRANCIS PARKER YOCKEY, *Imperium*.

Há provas irrefutáveis de que Hitler não queria uma guerra europeia. Ele tentou repetidamente persuadir a Grã-Bretanha a juntar-se à Alemanha para destruir o comunismo, a União Soviética e reunificar a Europa ariana. Mas são os ILLUMINATI - e não o povo britânico - que controlam a Grã-Bretanha. Na América, o embaixador polaco, o conde Jerzy Potacki, queixou-se de que a rádio, o cinema e a imprensa americanos eram "quase 100% controlados por judeus" e que estes "apelavam à guerra contra a Alemanha". Queriam exacerbar a disputa sobre o corredor polaco que Hitler estava a negociar com eles. Potacki identificou os "americanos" por detrás da campanha: Herbert Lehman, judeu e governador de Nova Iorque; Bernard Baruch, judeu e conselheiro do presidente; Henry Morgenthau, judeu e secretário do Tesouro; Felix Frankfurter, judeu e juiz do Supremo Tribunal dos EUA; e o rabino Steven Wise. Segundo Potacki, actuavam como defensores da democracia, mas estavam "ligados por laços inquebráveis ao judaísmo internacional".

Após a declaração de guerra à Alemanha (Segunda Guerra Mundial), instalou-se uma pausa sinistra. Os dois lados, assombrados pelos fantasmas da Primeira Guerra Mundial, aguardam, na esperança de que alguém, alguma coisa, evite um novo derramamento de sangue. Na frente, os "inimigos" confraternizam. David Irving (*Churchill's War*) documenta a frustração do Primeiro-Ministro com a "Guerra Falsa". Ele queria sangue e glória - e tinha promessas a cumprir. O seu conselheiro, o Professor Frederick Lindemann, um judeu "alemão", propôs que os britânicos lançassem bombardeamentos terroristas contra civis. Esta proposta foi considerada uma "prioridade pelo governo britânico". Hitler, que tinha protestado contra as campanhas aéreas dirigidas a alvos civis, viu-se forçado a retaliar.

> O primeiro-ministro Neville Chamberlain declarou que "a América e os judeus do mundo tinham forçado a Inglaterra a entrar na guerra".
> JAMES FORRESTAL, Secretário da Marinha dos EUA,
> *Os Diários de Forrestal.*

Inicialmente, a "Guerra de Churchill" correu mal para a Grã-Bretanha. Foi nessa altura que Chaïm Weizmann, judeu, sionista, o homem de topo dos ILLUMINATI, voltou a entrar em cena.

> Conseguimos arrastar os Estados Unidos para a Primeira Guerra Mundial e, se nos acompanharem na questão da Palestina e da força de combate judaica, podemos persuadir os judeus dos Estados Unidos a arrastá-los de novo para esta guerra.
> Carta de WEIZMANN a Churchill, Arquivos Weizmann, Tel-Aviv.

O sucesso dos judeus pode ser medido pelo número de cruzes que assinalam os mortos arianos nos cemitérios dos campos de batalha em todo o mundo.

Com este vislumbre, que nos é negado pelos media, da ordem de batalha dos ILLUMINATI, ou seja, o PODER DO DINHEIRO, as ESPIRACHETES do SINFILISMO JUDAICO e o entrelaçamento do

MARXISMO/LIBERALISMO/JUDAÍSMO, podemos agora compreender melhor o contexto do embuste do HOLOCAUSTO. INFÂMIA!

A definição de "HOLOCAUSTO" é a seguinte O extermínio de cerca de 6 milhões ou mais de judeus em resultado da política nazi.

Desde a Segunda Guerra Mundial, toneladas de provas relacionadas com o "HOLOCAUSTO" têm sido estudadas por investigadores de renome mundial. Não há NENHUMA prova que sustente o "HOLOCAUSTO" tal como foi definido:

NÃO EXISTIA UMA POLÍTICA DE ASSASSÍNIO EM MASSA DE JUDEUS. NÃO HOUVE ORDEM PARA ASSASSINATAR JUDEUS EM MASSA. NÃO HOUVE ORÇAMENTO PARA EXECUTAR TAL POLÍTICA. NÃO HOUVE MEIOS (caldeiras a gás, etc.) PARA EFECTUAR ASSASSINATOS EM MASSA.

Os historiadores revisionistas concluíram que um total de cerca de 300.000 judeus morreram de todas as causas durante a Segunda Guerra Mundial. *Não* houve *um* "holocausto" judeu. Mas houve um Holocausto alemão!

"As mentiras sobre o Holocausto foram inventadas pelas seguintes razões:

1) Fase inicial (por volta de 1930): Inventar atrocidades alemãs para preparar a América para a guerra. Criar a solidariedade judaica por detrás do sionismo. Ocultar as atrocidades cometidas pelos judeus bolcheviques na Rússia de Lenine.
2) Fase da Segunda Guerra Mundial (por volta de 1940): Inventar o "holocausto" para transformar a Alemanha na PARIA das nações; justificar a incineração da Alemanha; justificar ex post facto os julgamentos de Nuremberga. Enforcar, e portanto silenciar, os dirigentes alemães.
3) Fase pós-guerra (em curso): Encobrir as actividades dos ILLUMINATI... Encobrir as atrocidades e as razões dos JUDEUS/ALIENADOS da Primeira e Segunda Guerras Mundiais. Dar uma razão de ser aos judeus europeus "desaparecidos" (atualmente nos EUA). Para extorquir mais de 100 biliões de dólares em "reparações" à Alemanha. Desacreditar a CIVILIZAÇÃO OCIDENTAL perante o

mundo inteiro. Para paralisar a VONTADE do Ocidente de atuar no seu próprio interesse. Criar as Nações Unidas. Permitir que os JUDEUS dominem os Estados Unidos. Inculcar a culpa nas crianças do Ocidente, reduzindo assim a resistência às drogas, à imoralidade, à miscigenação, ao marxismo e a outras formas de SÍFILIS JUDAICA. Assimilar o amor à raça, à família, à nação, aos nazis, portanto: "odioso". Criar o Estado de Israel: genocídio dos palestinianos. Criar uma indústria artesanal da religião do "HOLOCAUSTO". Lançar as bases para a Terceira Guerra Mundial.

Inicialmente, a humanidade foi infetada pela SÍFILIS do "HOLOCAUSTO" durante os DIAS SAGRADOS JUDAICOS em outubro de 1942. O rabino Steven Wise, presidente do Congresso Judaico Mundial (WJC) e confidente dos presidentes americanos Wilson e Franklin D. Roosevelt, anunciou publicamente: A Alemanha iniciou um programa de extermínio dos judeus europeus... mas, por razões económicas, abandonou os gaseamentos em massa a favor da injeção de veneno por seringa! Milhões de Judeus mortos foram então transformados em barras de sabão!

Os Aliados (EUA, URSS, Grã-Bretanha e França), não apresentando NENHUMA prova de boa fé, emitiram uma declaração conjunta em dezembro de 1943, apoiando as mentiras ultrajantes contadas pelo Rabino Wise. Em privado, altos funcionários britânicos e americanos, como sabemos agora, tentaram, sem sucesso, anular a declaração que cheirava a propaganda das atrocidades da Primeira Guerra Mundial (incluindo a mentira do sabão) pelas quais os Aliados tinham pedido desculpa à Alemanha.

É preciso lembrar SEMPRE que foi o RABBI STEPHEN WISE, líder khazar da comunidade judaica americana e do CONGRESSO JUDAICO MUNDIAL, que criou o mito do Holocausto, com a ajuda dos líderes aliados (Churchill, Roosevelt e Eisenhower) com quem o judeu Bernard Baruch negociou, preparou e elevou à categoria de protagonista da guerra ILLUMINATI destinada a destruir o Ocidente.

> Desde tempos imemoriais... os judeus sabem melhor do que ninguém como explorar a mentira e a calúnia... que a GRANDE MENTIRA tem sempre uma certa força de credibilidade... não é a sua própria existência fundada numa grande mentira... que são uma comunidade religiosa e não uma raça... Schopenhauer chamou aos judeus "os grandes mestres da mentira".

ADOLPH HITLER, Chanceler da Alemanha, *Mein Kampf.*

Cerca de dois meses após a Declaração Conjunta, o Ministério da Informação britânico enviou (2-29-44) uma carta ultra-secreta à British Broadcasting Corp (BBC) e aos ministros seniores da Igreja Anglicana sobre a necessidade de desviar a atenção do público das atrocidades cometidas pelo Exército Vermelho através da simulação de crimes de guerra do Eixo.

Conhecemos os métodos empregues pelo ditador bolchevique na própria Rússia (U.S.S.R.)... a partir dos escritos e discursos do próprio Primeiro-Ministro nos últimos 20 anos. Sabemos como se comportou o Exército Vermelho na Polónia em 1920 e, mais recentemente, na Finlândia, na Estónia, na Letónia, na Galácia e na Bessarábia. Por conseguinte, temos de ter em conta como se comportará o Exército Vermelho quando invadir a Europa Central. Se não forem tomadas precauções, os inevitáveis horrores que daí advirão irão testar duramente a opinião pública desse país. Não podemos reformar os bolcheviques, mas podemos fazer o nosso melhor para os salvar - e a nós próprios ("Pérfida Albion!") - das consequências dos seus actos. As revelações do último quarto de século tornarão a negação pouco convincente. A única alternativa à negação é desviar a atenção do público de todo o assunto. A experiência tem demonstrado que a melhor distração é a propaganda atroz dirigida contra o inimigo... A vossa cooperação é, portanto, seriamente solicitada para desviar a atenção do público das acções do Exército Vermelho, apoiando sem reservas as várias acusações contra os alemães e os japoneses que foram e serão postas em circulação pelo Ministério.
ZUNDEL "JULGAMENTO DO HOLOCAUSTO",
Exposição da Defesa, Toronto (1-785).

Foi observado com exatidão que o coração da farsa do "HOLOCAUSTO" é o complexo de "campos de extermínio" AUSCHWITZ-BIRKENAU-MAJDANEK. Foi aqui que o maior número de judeus (4 milhões) foi assassinado: foi aqui que o aparelho assassino NAZI foi mais eficaz. Foi aqui que a Alemanha revelou a sua alma racial diabólica. "O testemunho de muitos sobreviventes de Auschwitz forneceu ao Tribunal de Nuremberga a justificação "moral" de que necessitava para declarar a Alemanha nazi culpada de "crimes contra a humanidade". Em Auschwitz, o mito do "Holocausto" tornou-se realidade e a Alemanha, a joia cultural do Ocidente, tornou-se um pária entre as nações do mundo.

No seu *julgamento em Nuremberga*, o Tribunal Militar Internacional citou longamente o depoimento de Rudolf Hoess em apoio da farsa do extermínio. No entanto, o Sargento Bernard Clarke, dos serviços secretos britânicos, descreveu como ele e cinco outros soldados torturaram brutalmente Hoess (4-5-46), o antigo comandante de Auschwitz, para obter a sua "confissão", na qual Hoess declarou: "Os judeus foram exterminados logo em 1941 em três campos: Treblinka, Belsec e Wolzek; e 2 a 3 milhões de JUDEUS pereceram em Auschwitz.

"É verdade que assinei uma declaração dizendo que matei dois milhões e meio de judeus. Podia muito bem ter dito cinco milhões de judeus. Há certos métodos para obter confissões, sejam elas verdadeiras ou falsas".
RUDOLF HOESS, NAZI, antes do seu enforcamento.

Sob tortura e sob a ameaça de ver a sua mulher e filhos deportados para a Sibéria, Hoess inventou o nome "Wolzek" para informar a posteridade (VOCÊ) de que as suas "confissões" eram falsas: o campo de extermínio "Wolzek" nunca existiu!

O Tribunal de Nuremberga também considerou essencial o testemunho de Rudolf Vrba, um judeu que esteve preso durante dois anos em Majdanek e Auschwitz, antes de fugir. O seu relatório ditado ao Conselho dos Judeus da Eslováquia, que corrobora o cenário do "HOLOCAUSTO", constituiu a base do relatório da Comissão dos Refugiados de Guerra (1944). O Professor Vrba, que escreveu uma autobiografia intitulada "I Cannot Forgive", ensina atualmente na Colúmbia Britânica (morreu em 2000). Os críticos do livro elogiaram Vrba pelo seu "respeito meticuloso e quase fanático pela exatidão". Mas durante o julgamento de ZUNDEL, Vrba confessou que tinha fabricado a sua tese sobre as "câmaras de gás". Nunca tinha visto uma câmara de gás. "Tirei a licentia poetarium", lamenta. Esta típica "testemunha ocular" judia foi acreditada em Nuremberga, quando calculou que, em 24 meses (abril de 1942-abril de 1944), 1.765.000 judeus foram "gaseados" só em Birkenau, incluindo 150.000 judeus de França! Atualmente, todos os historiadores (incluindo o especialista em Holocausto Serge Klarsfeld, um JUDEU, no seu "Mémorial de la déportation des JUDEUS de France") concordam que menos de 75.000 judeus "franceses" foram deportados para TODOS os campos alemães. Se Vrba não viu nenhuma câmara de gás, é porque NÃO havia câmaras de gás - em lado nenhum - como em breve se verá. No entanto, os Spielbergs continuam a mentir aos nossos filhos.

Em Nuremberga, o Procurador-Geral dos EUA, Robert Jackson (casado com uma judia), anunciou ao mundo que os alemães tinham utilizado um "dispositivo recentemente inventado" para "gasear" instantaneamente 20.000 judeus perto de Auschwitz "... de modo a que não restasse qualquer vestígio deles". The Washington Daily News. D.C. (2-2-45) cita "relatos de testemunhas oculares" de que os alemães em Auschwitz usaram um "tapete rolante elétrico no qual centenas de pessoas foram electrocutadas simultaneamente... antes de serem transportadas para os fornos. Eram queimadas quase instantaneamente, produzindo fertilizante para os campos de couves das redondezas". Mentiras verdadeiras. O sobrevivente judeu de Auschwitz, Arnold Friedman, que testemunhou a favor da Coroa (acusação) nos recentes julgamentos do canadiano Zundel, afirmou, sob juramento, que "chamas de três metros" e nuvens de fumo saíam das chaminés dos crematórios; que o fumo gorduroso e o fedor a carne humana queimada pairavam sobre o campo durante semanas; que era possível saber se os judeus polacos magros ou os judeus húngaros gordos eram gaseados pela cor do fumo! Quando a defesa apresentou as descrições das patentes de Topf & Sons, em Erfurt, relativas aos crematórios de Auschwitz, estas demonstraram - tal como acontece com TODOS os crematórios modernos - a impossibilidade de emitir fumo, chamas e um odor desagradável. Isto deita por terra as descrições de "testemunhas oculares" que aparecem em praticamente todas as histórias de terror do "HOLOCAUSTO".

Auschwitz foi submetido a uma intensa vigilância aérea durante toda a guerra, devido ao fabrico de borracha Buna, uma patente alemã, e outros materiais de guerra. FOTOGRAFIAS AÉREAS detalhadas do complexo de Auschwitz não revelam nenhuma fila de prisioneiros à espera de serem executados, nenhuma pilha de cadáveres, nenhuma pilha enorme de carvão, nenhuma chaminé a deitar chamas e fumo, e nenhum outro sinal do massacre descrito por "testemunhas oculares" judias e mentirosos congénitos como os TAMUDISTAS Elie Wiesel, Simon Wiesenthal, Steven Spielberg de Hollywood, etc.

IVAN LAGACE, diretor de um grande crematório em Calgary (Canadá), declarou sob juramento (julgamento de Zundel) que a história da cremação em Auschwitz era tecnicamente impossível. "É absurdo" e "para além das possibilidades" que 10.000 ou 20.000 cadáveres pudessem ter sido queimados diariamente em fossos abertos e crematórios em Auschwitz. O Professor Raul Hillberg, judeu, afirmou que, em Birkenau, 46 crematórios podiam incinerar 4.000 corpos por dia, o que é "ridículo". Lagace testemunhou que, em Birkenau, podiam ser cremados, no máximo, 184 corpos por dia. São necessárias cerca de 2 horas e meia para queimar um único corpo. Os crematórios não podem funcionar durante 24 horas seguidas.

Em 1988, FRED A. LEUCHTER realizou exames forenses no local de alegadas CÂMARAS DE GÁS nos "campos da morte" de Auschwitz-Birkenau Majdanek, na Polónia. Leuchter, engenheiro do estado de Massachusetts, é considerado o maior especialista americano em câmaras de gás. É consultor dos sistemas prisionais do Missouri e da Carolina do Sul. No julgamento de ZUNDEL, em testemunho juramentado, apoiado por vídeos filmados no local, e num relatório técnico, Leuchter demoliu o Holocausto ao provar que os locais não tinham sido usados e não podiam ter sido usados como câmaras de gás de execução: a sua construção era totalmente inadequada: não estavam devidamente selados ou ventilados, com canalizações primitivas e sem meios para introduzir eficazmente o gás. Se as chamadas "câmaras de gás" tivessem sido utilizadas, os fumos que se teriam libertado teriam matado os doentes alemães do hospital vizinho, os prisioneiros em trabalho e o pessoal do campo alemão. Análises laboratoriais independentes de amostras forenses colhidas por Leuchter nas paredes e no chão das "câmaras de gás" provaram que o pesticida ZYKLON-B (ácido cianídrico) não tinha sido utilizado - como relatado por testemunhas oculares - para gasear milhões de JUDEUS no complexo de Auschwitz. Leuchter salientou que os vestígios de cianeto (ácido prússico), introduzidos nas rochas, no betão e no metal, perdurariam durante milhares de anos.

DR. W.B. LINDSEY, químico investigador da DuPont Corp. durante 33 anos, testemunhou que, com base num exame aprofundado no local do complexo de Auschwitz:

> "Cheguei à conclusão de que ninguém foi deliberadamente ou intencionalmente morto com Zyklon-B desta forma. Considero-o absolutamente impossível de um ponto de vista técnico".

Um exame e um relatório forenses confidenciais, encomendados pelo Museu Estatal de Auschwitz (JUDEUS) e efectuados pelo Instituto de Investigação Forense de Cracóvia, confirmaram as conclusões de Leuchter, segundo as quais os vestígios de cianeto nos locais que se presume terem sido câmaras de gás eram mínimos ou mesmo inexistentes.

WALTER LUFTL, um engenheiro austríaco e antigo presidente da Associação Profissional Austríaca de Engenheiros, investigou o local do complexo de Auschwitz. Num relatório de 1992, afirmou que o alegado extermínio em massa de judeus nas "câmaras" de Auschwitz era "tecnicamente impossível".

> Em Auschwitz, mas provavelmente em geral, foram mortos mais judeus por "causas naturais" do que por causas "não naturais".
> DR. A. MAYER, JEWISH, Princeton U.
> *"Porque é que o céu não escureceu?"*

> O rabino-chefe britânico quer que o número de "6 milhões" seja revisto: "É importante saber quantas pessoas presumivelmente mortas ainda estão vivas. É muito mais importante unir as famílias do que viver com um número a que se chegou de forma arbitrária.
> DR. JONATHAN H. SACKS, JUDEU,
> *The Crescent Magazine*, 515-96

Durante 45 anos, após a Segunda Guerra Mundial, o monumento de Auschwitz dizia:

"QUATRO MILHÕES DE PESSOAS SOFRERAM E MORRERAM AQUI ÀS MÃOS DOS ASSASSINOS NAZIS ENTRE 1940 E 1945".

Em 1982, o Papa João Paulo II fez uma genuflexão perante o monumento e abençoou os "4 milhões de mortos". Envergonhado, não recebeu de Javé qualquer indicação de que, oito anos mais tarde, o Centro do Holocausto Yad Vashem, em Israel, e o Museu Estatal de Auschwitz iriam admitir: "O número de 4 milhões foi muito exagerado". O número de mortos inscrito no monumento foi retirado à pressa. Os judeus sugeriram que o número de 1,1 milhões de mortos era mais provável.

Apesar de uma redução de quase 3 milhões no número de judeus "assassinados", a cifra cabalística de 6 milhões permanece inviolável, a fim de manter intactos os pagamentos de indemnizações da Alemanha a Israel. Estranhamente, os judeus parecem exasperados ao saberem que os seus familiares NÃO foram gaseados, mas que estão vivos e de boa saúde, e que muitos deles trabalham nos media e no Departamento de Estado dos EUA.

Em 1995, a Rússia publicou os registos oficiais de Auschwitz (faltava um mês), que revelam um total de 74.000 mortos de todas as causas (incluindo o pessoal alemão que morreu lá).

Nada disto foi relatado pelos media marxistas/liberais/judaicos (ver capítulo 10, Parasitismo, EUA).

Talvez se lembrem do depoimento de Joseph G. Burg, uma testemunha de defesa judia no julgamento de Zundel. Burg, uma testemunha de defesa judia no julgamento de Zundel. Burg afirmou que os judeus sobreviventes do "HOLOCAUSTO" tinham inventado as histórias das câmaras de gás:

> Se estes judeus tivessem feito um juramento perante um rabino que usasse uma calota craniana, estas declarações falsas, estas declarações malsãs, teriam diminuído em 99,5%, porque o juramento superficial não era moralmente vinculativo para os judeus.
>
> J. G. BURG

> ... as minhas promessas (a um pagão) não serão vinculativas ... os meus votos não serão considerados como votos ... nem os meus juramentos como juramentos ... todos os votos que eu fizer no futuro serão nulos a partir deste dia de Expiação até ao dia seguinte.
>
> TALMUD: Juramento de Kol Nidre.

Elie Wiesel, judeu laureado com o Prémio Nobel da Paz e confidente do Presidente Clinton, testemunhou que, durante meses, depois de as tropas alemãs na Ucrânia terem abatido partidários judeus, "jorraram géiseres de sangue dos seus túmulos e a terra tremeu" ("Spielbergism").

Um tribunal alemão, ao decidir a favor da defesa num processo relativo à autenticidade do Diário de Anne Frank, concluiu que o diário tinha sido escrito por uma única pessoa - presumivelmente Anne Frank. Vários anos mais tarde, o Gabinete Federal Alemão de Combate ao Crime (BKA) certificou que grandes partes do diário tinham sido escritas com biros - uma caneta que só foi comercializada em 1950!

Este engano, juntamente com as discrepâncias e impossibilidades do próprio diário, revelam a mentira. Anne foi simplesmente explorada, como todas as crianças que são obrigadas a ler o Diário na escola. David Irving, um historiador britânico, descreve o diário como "material de investigação sem valor". De notar que Anne e o seu pai foram presos em Auschwitz. Com a aproximação das tropas soviéticas, Anne foi enviada para Bergen-Belsen, para sua própria segurança. Infelizmente, morreu lá de tifo. O seu pai judeu, Otto Frank, sobreviveu. Sem qualquer fonte de rendimento visível, morreu muitos anos mais tarde na Suíça - um homem rico.

A Autoridade Yad Vashem para a Memória do Holocausto admite que o sabão NÃO foi feito a partir de cadáveres de judeus. "Porquê dar-lhes algo para usarem contra a verdade?", pergunta o VIP Schmuel Krakpowski, um JUDEU.

A Comissão de Guerra dos Aliados estabeleceu desde logo que NÃO existiam câmaras de gás de execução em nenhum dos 13 campos de concentração na Alemanha e na Áustria. A Comissão assinou um documento oficial para este efeito, datado de 1 de outubro de 1948 (cópias oficiais disponíveis). Os chamados "CAMPOS DA MORTE" estavam convenientemente localizados por detrás da Cortina de Ferro. A investigação destes campos só foi oficialmente autorizada após o colapso da URSS, em 1990. Nessa altura, o "Holocausto" era considerado verdade pelas ovelhas goyim.

E todas as fotografias de cadáveres com que a televisão nos ameaça todos os dias?

Nos últimos meses da guerra, os Aliados assumiram o controlo dos céus. Auto-estradas, pontes, caminhos-de-ferro, centrais eléctricas, gado, agricultores nos seus campos foram visados. "Matem tudo o que se mexe" (o general da USAF Chuck Yaeger denunciou a ordem como uma atrocidade). Os transportes alemães são severamente restringidos. Os abastecimentos vitais não chegavam aos campos. À medida que a Frente Oriental recuava, os prisioneiros destas regiões, sobretudo as mulheres, preferiam ser transferidos para campos alemães a cair nas mãos dos soviéticos. Bergen-Belsen, por exemplo, concebido para albergar 3.000 pessoas, ficou sobrecarregado com *mais de 50.000 prisioneiros*. Os sistemas em TODOS os campos entraram em colapso. Quando os Aliados tomaram o controlo, foram recebidos por cenas de horror (repetidas inúmeras vezes no ecrã, no palco e na televisão): cadáveres doentes, moribundos e emaciados cobriam o chão. É trágico.

Mas não foram assassinados como fomos condicionados a acreditar. Estavam a morrer lentamente de fome, de falta de medicamentos e de doenças - o TYPHUS grassava em quase todos os campos. Para completar este cenário macabro, a 45ª Divisão do Exército dos Estados Unidos, que libertou Dachau, reuniu 560 guardas, *enfermeiros* e *médicos* alemães em uniforme e matou-os com metralhadoras.

O COMITÉ INTERNACIONAL DA CRUZ VERMELHA (CICV) e a Igreja Católica, cujos membros frequentavam todos os campos de concentração, não registaram quaisquer execuções em massa e não fizeram qualquer referência às câmaras de gás. Adolph Hitler, um católico, não foi excomungado! Churchill, Truman, Eisenhower, Marshall, De Gaulle e outros líderes aliados NÃO mencionam o "HOLOCAUSTO" nas suas memórias.

A recusa do Departamento de Estado dos EUA, em 1939, de permitir que os judeus a bordo do transatlântico *St. Louis* desembarcassem em águas territoriais dos EUA foi, como sabemos agora, uma cortina de fumo destinada a desviar a atenção da América da imigração em massa, *sub rosa*, de judeus para as nossas costas. A grande maioria dos americanos, como as pessoas em todo o lado, não queria os judeus da Europa. Mas os judeus da Europa queriam os Estados Unidos. Franklin D. Roosevelt, o traidor magro da Ivy League, gostava de dizer: "Alguns dos meus melhores amigos são comunistas". Ele tinha muitos. Antes, durante e depois da Segunda Guerra Mundial, os navios Liberty e os cargueiros americanos, depois de descarregarem tropas e abastecimentos em portos europeus, regressavam aos Estados Unidos cheios de KHAZARS "gaseados". Desembarcavam simplesmente, misturando-se nos becos, sem se submeterem a qualquer processo de naturalização. E não se tratava de gente pobre. Como já foi descrito, Harry Dexter White, um subsecretário do Tesouro judeu, roubou chapas de gravura do Tesouro dos EUA e entregou-as à União Soviética, que imprimiu milhões (biliões?) de dólares em papel-moeda americano. Este dinheiro acabou por ir parar aos bolsos dos novos judeus "americanos". Depois da guerra, White, desmascarado como agente soviético, devia comparecer perante uma comissão do Senado quando, convenientemente, morreu! O braço direito de FDR, Henry Morgenthau Jr., um judeu Secretário do Tesouro dos EUA, patrocinou o *Plano Morgenthau*, que envolvia a transplantação da indústria alemã para a União Soviética. Quando lhe disseram que isso levaria à fome em massa dos alemães, ele respondeu: "Quem é que se importa com os alemães?

"Quem é que se preocupa com o povo alemão?".

Frederick Lindemann (Lord Cherwell), um JUDEU, o cão de guarda sionista de Churchill, preocupava-se muito! Apenas três meses antes da rendição da Alemanha (5-5-45), sob as ordens de Lindemann, aviões britânicos e americanos atacaram DRESDE, Alemanha (2-13-45), uma cidade indefesa cheia de refugiados, que estava a celebrar a quarta-feira de cinzas cristã. Mais de 200.000 homens, mulheres e crianças foram incinerados nas tempestades de fogo geradas pelas bombas de concussão e de fósforo. Mais tarde, as fotos das vítimas, empilhadas como lenha, foram sobrepostas às fotos do "campo de extermínio" de Auschwitz (mais Spielbergismos). A maioria dos aviadores não sabia que a Saxónia era o local de nascimento dos seus antepassados anglo-saxónicos.

O "cão raivoso" Ilya Ehrenburg, judeu e ministro da propaganda soviético sob o comando de Estaline, encorajou a violação de mulheres alemãs, prometendo às tropas que "aquela bruxa loira alemã teria um dia em cheio". O seu objetivo era exterminar todo o povo alemão. "Os alemães não são seres humanos... Nada nos dá tanto prazer como os cadáveres alemães!" (*Pravda* 4-14-45).

> Soldados do Exército Vermelho! Matem os alemães! Matem todos os alemães! Matem-nos! Até à morte! Matem-nos!
> ILYA EHRENBURG, que recebeu a Ordem de Lenine e o Prémio Estaline. Deixou os seus documentos ao Museu do Holocausto Yad Vashem, em Israel.

> Os interesses da revolução exigem a aniquilação física da classe burguesa... Sem piedade, sem misericórdia, mataremos os nossos inimigos às dezenas de milhares... que se afoguem no seu próprio sangue. Para o sangue de Lenin, Uritzky, Ziniviev e Volodarsky, que haja correntes de sangue burguês - mais sangue! Tanto quanto possível!
> GRIGORY APFELBAUM (Zinoviev), JUDEU, polícia secreta soviética.

> Quanto mais tempo viver a podre sociedade burguesa, mais bárbaro se tornará o antissemitismo (anti-judaico) em todo o lado.
> LEON TROTSKY, JUDEU, Comandante Supremo do Exército Vermelho Soviético.

O General DWIGHT EISENHOWER (apelidado de "o judeu sueco"

pelos seus camaradas de West Point) foi promovido em detrimento de muitos oficiais mais qualificados por uma razão. Aparentemente, aceitou trocar a honra da América por 5 estrelas e glória. Após a guerra, aquando da inauguração de um parque em Nova Iorque em honra da família Bernard Baruch, o General Dwight D. Eisenhower (USA-Ret.) admitiu que a honra da América não era a mesma que a dos Estados Unidos:

> Como jovem e desconhecido major, dei o passo mais sensato da minha vida. Consultei o Sr. Baruch.
> (General Dwight D. Eisenhower, Exército dos EUA), citado por A.K. CHESTERTON, op. cit., *The New Unhappy Lords*.

[10]Bernard Baruch, membro da KEHILLA , fez fortuna a vender material de guerra ("Um passarinho disse-lhe"). As guerras eram a sua especialidade. Durante a Segunda Guerra Mundial, foi descrito como "a pessoa mais poderosa da América" (Congressional Record). Winston Churchill também tomou esta "sábia decisão". A hipoteca da propriedade de Winnie em Chartwell foi inexplicavelmente paga pelo comerciante de ouro judeu sul-africano Sir Henry Strakosch (confidente de Baruch) depois de Winnie ter passado um fim de semana na mansão de Bernie em Nova Iorque. Depois veio a Segunda Guerra Mundial (ver: *Churchill's War*, de David Irving).

EISENHOWER surpreendeu e enfureceu os generais aliados quando ordenou que as vitoriosas tropas americanas parassem no Elba, em conformidade com o seu acordo com Bernie Baruch e os seus senhores KEHILLA, permitindo assim que os judeus e os asiáticos, pela primeira vez na história, saqueassem e violassem o coração da Europa. Esta ação dividiu a Alemanha (o baluarte do Cristianismo), precipitou a Guerra Fria e levou ao assassínio de mais de 10 milhões de alemães étnicos após a rendição incondicional da Alemanha. A América entregou aos marxistas não só a antiga cidade de Berlim e os seus arquivos de valor inestimável, mas também a grande fábrica de produção de foguetes em Nordhausen, as grandes fábricas de ótica e instrumentos de precisão Zeiss em Jena e a primeira fábrica de aviões a jato em Kahla. Por todo o lado, a América cedeu aos marxistas milhares de aviões, tanques e caças a jato, fábricas de submarinos em

---

[10] Órgão de comando da comunidade judaica organizada.

Schnorchel, bem como centros de investigação, pessoal científico, patentes e outros tesouros (*Congressional Record*, 3-19-1951). Os cientistas alemães capturados, NÃO os soviéticos, venceram os Estados Unidos no espaço! Os judeus (Beria, Andropov) tinham assassinado todos os bons cientistas. Não havia tecnologia avançada. Os soviéticos eram incapazes de produzir motores para os seus próprios tanques, quanto mais para foguetões e motores a jato sofisticados (os EUA conceberam e construíram quase todos os motores dos tanques soviéticos, o que permitiu à URSS vencer a batalha fundamental de Kursk). O facto de se armar a URSS com tecnologia de ponta, de acordo com as instruções de Baruch/Roosevelt/Truman, conduziu à Guerra Fria - uma bênção para os banqueiros - colocando a carteira dos EUA contra a ameaça soviética.

Eisenhower, consciente das suas obrigações, ordenou traiçoeiramente às tropas americanas e britânicas que executassem a OPERAÇÃO KEELHAUL, levando milhões de anti-comunistas russos dos EUA e da Europa para a tortura e a morte na União Soviética. Os estatísticos oficiais soviéticos (10-11945) declaram que um total de 5 236 130 anticomunistas foram entregues por Ike e admitem que três milhões deles foram imediatamente assassinados DEPOIS DA GUERRA. As vítimas eram anticomunistas: soldados, prisioneiros de guerra e homens que tinham sido recrutados para o serviço americano, lutando corajosamente sob a nossa bandeira; e civis: velhos, mulheres e crianças que tinham tentado escapar aos BOLSHEVIKS. Todos se renderam voluntariamente às forças americanas, depois de lhes ter sido prometida a proteção dos artigos da Convenção de Genebra.

> Poucos crimes na história foram mais brutais e mais extensos do que este repatriamento forçado de anti-comunistas, pelo qual Dwight Eisenhower prometeu a honra dos Estados Unidos. Arrastar a honra e a reputação do nosso país para poças de traição sangrenta...
> ROBERT WELCH, *o político*,
> Presidente da Sociedade John Birch.

Os meios de comunicação social anunciaram que 40.000 oficiais do exército polaco e a elite civil tinham sido assassinados na FLORESTA DE KATYN. Os alemães, acusados deste crime, foram condenados em Nuremberga e presos ou enforcados. Mais tarde, ficou provado que o massacre de Katyn foi um crime bolchevique. O número de pessoas assassinadas foi reduzido para 14.300. As provas (como no caso da família do czar) apontam para assassínios rituais judaicos.

As vítimas dos processos de Nuremberga foram julgadas durante os dias santos judaicos e enforcadas no HAHANNA RABA (16 de outubro de 1946), o dia em que YAWEH pronuncia o julgamento final.

Enquanto o Tribunal de Nuremberga se preparava para condenar a Alemanha por "crimes contra a humanidade", aviões americanos lançaram bombas atómicas sobre as indefesas cidades japonesas de Hiroshima e Nagasaki, matando mais de 110.000 não combatentes. O mesmo número de pessoas morreu posteriormente de envenenamento por radiação.

O judeu contra o goy pode violar, enganar e fazer perjúrio.
TALMUD: Babha Kama.

Os israelitas e os judeus americanos estão totalmente de acordo em que a memória do Holocausto é uma arma indispensável... uma arma que deve ser utilizada sem tréguas contra o nosso inimigo comum... As organizações e os indivíduos judeus esforçam-se, portanto, por recordar continuamente este facto ao mundo. Na América, perpetuar a memória do Holocausto é atualmente um negócio de 110 milhões de dólares por ano, parte do qual é financiado pelo governo americano.
MOSHE LEDHEM, JUDEU, *A maldição de Balaão*.

Os britânicos (Banco de Inglaterra) propuseram parar a guerra (1939-40) se a Alemanha aceitasse o padrão-ouro e a usura internacional. A Alemanha ofereceu-se para parar a guerra se os britânicos lhe permitissem desenvolver o seu sistema de trocas e devolver parte das suas colónias e territórios.
C. C. VIETH, deputado britânico.

O súbito colapso da URSS (por volta de 1990) deu ao público acesso a ficheiros secretos, aos chamados "campos da morte" e a antigos agentes soviéticos. O prosseguimento da investigação permitiu atualizar as estatísticas sobre as mortes de judeus durante a Segunda Guerra Mundial:

O Centro Mundial de Documentação Judaica de Paris, incapaz de dizer toda a verdade, reviu no entanto os números em baixa: 1.485.292 JUDEUS morreram de todas as causas durante a Segunda Guerra Mundial. O Congresso Judaico Mundial e o Yad Vashem insistem que 6 milhões de judeus foram assassinados pelos alemães, apesar de admitirem que quase menos 3 milhões de judeus morreram em

Auschwitz do que afirmavam anteriormente! Mais de 4 milhões de judeus estão a exigir reparações. No entanto, nunca houve mais de 3 milhões de judeus sob o controlo alemão.

Die Tat, Zurique (1-19-95), baseando-se em estatísticas fornecidas pelo Comité Internacional da Cruz Vermelha, estima que entre 300.000 e 350.000 civis (nem todos judeus) morreram em consequência da perseguição política, religiosa e racial da Alemanha nazi.

Os historiadores revisionistas concluem que o número TOTAL de mortes de judeus por todas as causas durante a Segunda Guerra Mundial foi entre 250.000 e 300.000. A maior parte deles morreu de tifo (ver *The Patton Papers* (pp 353-4) sobre o tema da contaminação judaica).

Para colocar estes números em perspetiva, cerca de 700.000 civis morreram durante o cerco de Leninegrado e mais de 200.000 em Dresden ("metralhar tudo o que se mexe!"). Calcula-se que entre 10 e 15 milhões de alemães tenham morrido durante a Segunda Guerra Mundial.

POPULAÇÃO JUDAICA MUNDIAL Números publicados

- 1938 - 16.599.250 (*O Almanaque Mundial*)[11]
- 1948 - 15.600.000 a 18.700.000 (*New York Times*)

O Professor Arthur R. Butz, da Northwestern University em Evanston, Illinois, foi o primeiro a investigar e documentar profissionalmente a deslocação da população judaica europeia durante a Segunda Guerra Mundial e a demonstrar a impossibilidade do chamado "HOLOCAUSTO". No seu livro altamente aclamado, *The Hoax of the Twentieth Century* (1975), Butz conclui que cerca de um milhão de JUDEUS morreram de todas as causas durante a Segunda Guerra Mundial. Escreveu o seu livro dez anos antes dos julgamentos de Zundel, que, entre outras revelações, derrubaram o mito das câmaras de execução.

Os monumentos ao "HOLOCAUSTO"[12] erigidos pelos

---

[11] Ver também o Livro de Recordes do Guinness.

[12] Hitler antecipou a "grande mentira" dos judeus, capítulo X, *Mein Kampf*.

ILLUMINATI em todo o mundo para lançar um opróbrio permanente sobre a raça ariana são, pelo contrário, MONUMENTOS aos maiores MENTIROSOS DA HUMANIDADE: A RAÇA JUDAICA.

Ao longo da história, os judeus foram diagnosticados como mentirosos congénitos. Não é de estranhar que o seu livro sagrado preste falso testemunho, acusando os romanos de terem cometido o HOLOCAUSTO:

> O TALMUD... (afirma) que o número de judeus mortos pelos romanos após a queda da fortaleza (Bethar) (135 d.C.) foi de 4 biliões, "ou como alguns dizem" 40 milhões, enquanto o MIDRASH RABBAH menciona 800 milhões de JUDEUS martirizados. Para nos tranquilizarmos quanto à gravidade destes números, apresentamos os acontecimentos que necessariamente os acompanham: O sangue dos JUDEUS mortos chegava às narinas dos cavalos romanos, depois, como um maremoto, mergulhava no mar a uma distância de uma milha ou quatro milhas, levando consigo grandes blocos de pedra e manchando o mar a uma distância de quatro milhas. As crianças judias de Bétar, de acordo com a literatura TALMUDIQUE, não foram poupadas pelos romanos, que terão embrulhado cada uma delas num pergaminho e as terão queimado a todas, sendo o número destas crianças de 64 milhões ou pelo menos 150.000...
> ARTHUR R. BUTZ, Professor Assistente de Engenharia, Northwestern U.,
> *O embuste do século XX*.

93 PESSOAS ESCOLHEM
SUICÍDIO ANTES DA VERGONHA NAZI

> 93 raparigas e jovens judias, alunas do professor da escola Beth Jacob de Varsóvia, na Polónia, optaram pelo suicídio coletivo para escapar à prostituição forçada pelos soldados alemães, segundo uma carta do professor, tornada pública ontem pelo rabino Seth Jung, do Centro Judaico de Nova Iorque.
> ASSOCIATED PRESS, 8 de janeiro de 1943.

> Eu menti. Estou sempre a mentir. Ensinaram-me a mentir. Disseram-me que era a forma de ultrapassar a vida.
> MONICA LEWINSKI, JUDIA,
> colega de gabinete de Bill Clinton, 1998.

A história mostra-nos que os judeus são mentirosos compulsivos. É uma caraterística genética que todos os judeus partilham. Todos os judeus sabem que o "Holocausto" é uma mentira - porque se compreendem uns aos outros. Portanto, todos os judeus devem ser responsabilizados. Considere cuidadosamente o seguinte artigo de jornal contemporâneo:

UM DOCUMENTÁRIO NO CANAL PBS AFIRMA QUE UMA UNIDADE NEGRA DO EXÉRCITO AMERICANO LIBERTOU PRISIONEIROS JUDEUS DOS CAMPOS DE CONCENTRAÇÃO ALEMÃES. BELA HISTÓRIA, MAS NÃO É VERDADE, DIZEM OS SOLDADOS.

Foi um momento raro: Jessie Jackson rodeada de sobreviventes do Holocausto de cabelo branco. Era uma celebração negro-judaica de "The Liberators", o documentário da PBS sobre as unidades negras do exército americano que, segundo o filme, ajudaram a capturar Buchenwald e Dachau. Os patrocinadores da projeção, a TIME-WARNER e um grande número de nova-iorquinos ricos e influentes, apresentaram o filme como um instrumento importante para a reconstrução de uma aliança entre judeus e negros... E. G. McConnell, um dos primeiros membros do 761º Batalhão de Tanques (apresentado no filme) afirma... "É mentira - não estávamos nem perto desses campos quando foram libertados". Nina Rosenbloom, que co-produziu o filme, diz que não se pode confiar em McConnell. "Não se pode falar com ele porque ele está a fraquejar. Foi atingido na cabeça por estilhaços e sofreu graves danos cerebrais". McConnell, um mecânico reformado da Trans World Airlines, ri-se quando questionado sobre a sua declaração. "Se eu estava tão perturbado, porque é que me usaram no filme? É totalmente inexato", diz Charles Gates, o antigo capitão que comandou a Companhia C. "Os homens não podiam estar assim tão bem com eles próprios. "Os homens não podiam ter estado lá porque o campo ficava a 60 quilómetros do local onde estávamos no dia da libertação. Segundo ele, os tanques da 761ª foram atribuídos à 71ª Divisão de Infantaria, cuja rota de combate se situava a 100-160 quilómetros dos campos. Vários sobreviventes do Holocausto são citados no filme como tendo sido libertados pelos negros destas unidades. Rosenbloom denuncia com raiva os críticos do filme como revisionistas do Holocausto e racistas. "Estas pessoas têm a mesma mentalidade que aqueles que dizem que o Holocausto não aconteceu"... A campanha dos "libertadores", alimentada pelo sucesso das relações públicas, está a ganhar força. Serão distribuídas cópias do documentário a todas as escolas secundárias da cidade de Nova Iorque. O custo do projeto escolar é suportado pelo banqueiro de investimentos Felix Rohatyn... embora vários filantropos disputem a honra de comprar as cassetes para as escolas. O filme será utilizado para "examinar os efeitos do racismo nos soldados afro-americanos e nos judeus que estiveram nos campos de concentração... para explicar o papel dos soldados afro-americanos na libertação dos judeus dos campos de concentração nazis e para revelar o envolvimento dos judeus como 'soldados' no movimento dos direitos civis". Peggy Tishman, antiga presidente do Conselho de Relações

Comunitárias Judaicas, apoia o documentário. Diz ela: "O documentário é bom para o Holocausto. Porque é que alguém quereria explorar a ideia de que o filme é uma fraude? O que estamos a tentar fazer é tornar Nova Iorque um lugar melhor para si e para mim. A exatidão do filme não é a questão. "O que é importante é a forma como podemos trazer judeus e negros para o diálogo. Há muitas verdades que são muito necessárias. Esta", diz ela, "não é uma verdade necessária!"

JEFFREY GOLDBERG, Judeu, *The New Republic*.

O maior engano é o auto-engano. Iremos explorar esta vulnerabilidade judaica examinando a GENÉTICA. Pois é a NATUREZA que inevitavelmente destruirá o "povo escolhido" de YAHVÉ.

CAPÍTULO 7

MENDELISMO

Tudo é raça, não há outra verdade. Esta é a chave da história. E toda a raça que, de forma imprudente, permite que o seu sangue se misture, deve desaparecer.
BENJAMIN DISRAELI, JUDEU, Primeiro-Ministro de Inglaterra.

O liberalismo é uma doença cujo primeiro sintoma é a incapacidade de acreditar em conspirações.
FRIEDRICH WILHELM IV (1795-1861).

Conheci Franz Boas pessoalmente. Observei a sua influência como o fundador da ciência da antropologia na América. Observei também o crescente grau de controlo exercido pela seita de Boas sobre os estudantes e jovens professores, até que o medo de perder o emprego ou o estatuto se torna comum... a menos que se mantenha a conformidade com o dogma da igualdade racial...
DR. H. E. GARRETTT, Chr. Departamento de Psicologia, Columbia Univ.

Para estudar as diferenças raciais em seres humanos vivos, os antropólogos físicos baseiam-se cada vez mais na investigação de grupos sanguíneos, hemoglobina e outras caraterísticas bioquímicas... Foram descobertas diferenças raciais em seres humanos vivos que são tão importantes como as diferenças anatómicas mais conhecidas... não só as variações ósseas e dentárias que são óbvias no homem fóssil, e as variações superficiais no homem vivo... que nos permitem distinguir raças quase num relance, mas também diferenças mais subtis que só são visíveis na mesa de dissecação ou através da ocular de um microscópio. DR. C.S. COON, Presidente da Associação Americana de Físicos-Antropólogos. Assoc. de Físicos-Antropólogos. Antropólogos.

Qualquer que seja o valor sociológico da ficção jurídica de que "todos os homens nascem livres e iguais", não há dúvida de que... na sua aplicação biológica... esta afirmação é uma das mais espantosas falsidades jamais proferidas...
DR. EARNEST A. WOOTEN, Professor de Antropologia, Harvard Univ.

O património genético do homem determina o seu ambiente. O ovo vem antes da galinha. Alguém acredita que uma zona da cidade habitada por chineses se transformaria num bairro de lata onde reina a pobreza, o crime e a imoralidade?

PROFESSOR HENRY E. GARRETT.

Todo o campo igualitário dos antropólogos... é em grande parte judeu e quase inteiramente ligado à conspiração comunista para... destruir toda a nossa ordem social. A alta proporção de judeus no campo igualitário é altamente suspeita porque, em toda a história humana, nenhuma outra raça acreditou em sua superioridade tão fanaticamente quanto os judeus.

W. G. SIMPSON, *What a Way for Western Man* (1970).

GREGOR MENDEL (1822-1884) foi um monge agostiniano nascido em Brunn, na Áustria. A sua descoberta das primeiras leis da hereditariedade (1865) lançou as bases da ciência da genética. Demonstrou que o material hereditário transmitido de pais para filhos é particulado (relativo às partículas minúsculas da natureza) e consiste numa organização de *unidades vivas*. Estas unidades, atualmente designadas por genes, encontram-se em todas as formas de vida, desde os vírus aos seres humanos. Os genes, localizados no núcleo de todas as células, incluindo as células sexuais, transmitem um conjunto de genes de pais para filhos. *Ao interagirem uns com os outros, os genes determinam o desenvolvimento e o carácter específico de cada indivíduo.* O ambiente desempenha um papel no desenvolvimento de cada indivíduo, mas esse papel é mínimo. O velho ditado diz o seguinte: *Não se pode fazer uma bolsa de seda a partir de uma orelha de porco.*

Todo o GENOMA, o "manual de instruções biológicas" do corpo, é constituído por 50 000 a 130 000 genes dispostos ao longo de 46 cromossomas (incluindo dois cromossomas, x e y, que determinam o sexo) que são constituídos por 3 mil milhões de pares de nucleótidos, os blocos de construção do ADN (ácido desoxirribonucleico) que, em cada célula, transmite os padrões hereditários. À medida que os cientistas moleculares dividem os nucleótidos, aproximamo-nos do domínio da física nuclear e da mecânica quântica, em que as moléculas são divididas em quarks infinitesimais (milionésimos de milionésimo de polegada) - e em partículas de matéria ainda mais pequenas - que se metamorfoseiam em diferentes comprimentos de onda de energia eléctrica. Neste ponto, a ciência entra no domínio da metafísica onde (suponho) a matéria de que são feitos os genes troca energia com a Força Universal (provavelmente em proporção direta com a posição de cada um na escada evolutiva). Se isto for verdade, não será esta troca de energia a ALMA do homem?

GÉMEOS IDÊNTICOS. A explosão tecnológica tornou possíveis muitos factos novos. As técnicas de massa, por exemplo, que permitem estudos de grupo a nível genético, revelam os efeitos dos genes na interação racial. Atualmente, *os cientistas atribuem até noventa por cento (90%) das diferenças na nossa CAPACIDADE à hereditariedade.* Os estudos de um grande número de "gémeos idênticos" provam *o que os nossos antepassados arianos sabiam intuitivamente*: a natureza triunfa sobre a educação. Os gémeos idênticos começam a vida com disposições idênticas de genes no seu germoplasma. Quando criados separadamente - alimentados, alojados e educados *em ambientes completamente diferentes* - estudos exaustivos mostram que *os gémeos idênticos desenvolvem invariavelmente as mesmas doenças, partilham os mesmos interesses e têm, entre outras semelhanças, o mesmo nível de propriedades emocionais e mentais* que determinam o seu comportamento social, carácter e desenvolvimento. Estas qualidades não são praticamente afectadas pelo ambiente. Estes estudos, por si só, deram um golpe fatal nas ESPIROQUETAS DA SÍFILIS JUDAICA. Os genes fazem de nós o que somos. E tornam-nos desiguais: individual e racialmente.

MUTAÇÕES

Investigações exaustivas mostram que as mutações genéticas, a maioria das quais são fatais (mais de 90%), ocorrem, em certa medida, em todos os seres humanos. No entanto, certos grupos étnicos não só têm uma maior frequência de defeitos genéticos, como *também podem sofrer de mutações genéticas específicas da sua raça.* Por exemplo, a doença de Tay-Sachs e a anemia falciforme são doenças genéticas dos judeus e dos negros, respetivamente. Embora os liberais gostem de acreditar que todas as pessoas são criadas iguais, parece que algumas raças, pelo menos geneticamente, são "mais iguais do que outras".

4-F. Durante a Primeira Guerra Mundial, 30% dos homens americanos elegíveis foram declarados inaptos para o serviço militar por não preencherem os critérios físicos e mentais. Durante a Segunda Guerra Mundial, este número subiu para 40%, incluindo mais de um milhão de psiconeuróticos; por razões semelhantes, 300.000 soldados foram eliminados nas linhas de batalha. Durante a guerra da Coreia, esse número subiu para 52%, embora *os critérios tivessem de ser reduzidos! Talvez seja por isso que a estrela de David aparece tão raramente nas cruzes brancas que marcam os heróis americanos mortos.*

NASCIMENTOS

Nos Estados Unidos, 25 em cada 100 crianças nascem deformadas ao ponto de serem descritas como monstros, muitas vezes em resultado de *regressão*. Das setenta e cinco que sobrevivem, vinte e oito são fracassos sociais no espaço de quinze anos, em grande parte devido a doenças genéticas degenerativas. *Isto traduz-se numa taxa de insucesso reprodutivo de 53%! Os casos de doenças degenerativas estão a aumentar exponencialmente à medida que a tez da América escurece.*

SAÚDE MENTAL

Em 1960, quarenta e sete por cento (47%) de todas as camas de hospital americanas eram ocupadas por doentes mentais. Michael Gorman, diretor executivo do National Committee for Mental Health (Comité Nacional para a Saúde Mental), calculou que nada menos do que 10% da população total passaria algum tempo em hospitais psiquiátricos. Descreveu esta situação como "uma epidemia que está a varrer o país". Igualmente preocupante é o problema do atraso mental (uma mente que não se desenvolve): O adulto idiota tem a inteligência de uma criança de 2 a 4 anos; o imbecil, de 3 a 7 anos; o idiota, de 7 a 12 anos. Um nível de inteligência acima destes grupos são os "normais chatos", que podem ocupar cargos públicos e votar. A hereditariedade da debilidade mental é amplamente reconhecida. Pior ainda, estes *degenerados reproduzem-se no seio do grupo, produzindo três vezes mais casais inteligentes do que casais inteligentes.* É revelador o facto de a proporção de débeis mentais nos EUA, em 1960, ser trinta (30) vezes mais elevada per capita do que na Alemanha (aparentemente, as tropas de elite das Waffen-SS de Hitler, antes de serem enforcadas, procriaram crianças Alfa). Presumivelmente, as estatísticas americanas mostram que o problema se agravou. É sabido que os nossos asilos de loucos estão a transbordar. Os liberais vêem este facto como um problema de "discriminação".

Os cretinos de aspeto grotesco e comportamento grotesco são

libertados no seu ambiente original, onde vagueiam pela vizinhança como duendes no Halloween.

Os ILLUMINATI têm procurado suprimir toda a informação sobre genética, mas a "cortina de ferro" abriu-se em quase todos os níveis de comunicação. Os meios de comunicação judeus já não conseguem esconder os FACTOS devastadores. A igualdade é uma mentira marxista, liberal e judaica. Os genes, e não os programas sociais e ambientais, determinam a qualidade da vida humana: fisiológica, psicológica, comportamental, intelectual e culturalmente. Acima de tudo, os genes estão ligados à essência espiritual do homem de uma forma que podemos percecionar mas não ver, sentir mas não tocar. As contribuições do ambiente são incidentais e insignificantes em comparação.

A vossa república será tão pilhada e devastada pelos bárbaros no século XX como o Império Romano o foi no século V, só que os hunos e os vândalos terão sido gerados no vosso próprio país pelas vossas próprias instituições.
LORD MACAULAY, dirigindo-se aos Estados Unidos há 150 anos.

A verdade da sua convicção (de Brandeis, juiz do Supremo Tribunal, JUDEU) de que a filosofia individualista (da América) já não podia fornecer uma base adequada para lidar com os problemas da vida económica moderna é agora geralmente reconhecida... ele prevê uma ordem cooperativa... Brandeis acredita que a Constituição americana deve ser interpretada de forma liberal.
ENCICLOPÉDIA JUDAICA UNIVERSAL (Vol. II).

Os cientistas devem confrontar-se regularmente com estas diferenças raciais ou étnicas e lidar com elas honestamente, a fim de descobrir as suas origens e implicações. Negar que alguns grupos são geneticamente diferentes de outros é ingénuo... Quantos judeus Ashkenazi existem na Liga Nacional de Basquetebol?
R. D. BURKE, Judeu, Professor de Epidemiologia, Einstein College, NY. Citado por Robin M. Henig, *Washington Post.*

Garland Allen (professor de biologia) está preocupado com a possibilidade de um novo movimento eugénico que ecoe a onda de restrições à imigração e de esterilização forçada que varreu a Europa e a América nas décadas de 1920 e 1930, culminando nos horrores do Terceiro Reich.
CANDICE O'CONNOR Universidade de Washington, St. Louis, Mo.

HITLER tinha razão em avaliar a importância final da genética. Através da eugenia aplicada (melhorando o património genético ariano), ele pretendia criar uma super-raça ariana. A religião do "HOLOCAUSTO" foi inventada pelos ILLUMINATI por muitas razões, uma das quais era dissuadir a nação branca de seguir o Darwinismo Social de Hitler e aplicar a antropologia física, a genética e a eugenia.

Vinde a nós, filhos do Ocidente! Não aspirem mais a sonhos de coragem, conquista e glória. Os vossos antigos heróis e heroínas não passavam de genitais em movimento. Não há alma. E a vida? A vida é só dinheiro, luxúria e fraternidade. Vinde a nós, filhos de ouro do Ocidente!
MARXISMO/LIBERALISMO/JUDAÍSMO.

A humanidade não deve apenas continuar, mas elevar-se! O HOMEM SUPERIOR que tenho no coração... não é o homem: Nem o vizinho, nem o mais pobre, nem o mais infeliz, nem o melhor... O que eu amo no homem é que ele está tanto no abismo como no fundo do abismo, que ele procura criar para além de si próprio e que, para esse fim, está pronto a sucumbir... As raças purificadas tornam-se sempre mais fortes e mais belas... Os fracos e os fracassados perecerão: este é o primeiro princípio da humanidade.
FRIEDRICH NIETZSCHE.

Cada célula, cada organismo, cada raça deve excretar os seus resíduos ou morrer!
WILLIAM GAYLEY SIMPSON, *Que caminho para o homem ocidental?*

E.A. HOOTEN, professor de antropologia em Harvard, que associa a criminalidade a factores genéticos, declara: "O 'stock criminoso' do país *deve ser eliminado*. A única forma de travar a proliferação do crime é *"criar uma raça melhor"*.

Enquanto ASHLEY MONTAGU (também conhecido por Israel Ehrenberg), um judeu boémio, declara: *"Não há uma única prova de que alguém herde uma tendência para cometer actos criminosos"*. Isto apesar das montanhas de provas que ligam os defeitos genéticos ao crime. A verdade é que o crime aumentou nos Estados Unidos precisamente porque a escola Boas de antropologia estabeleceu as diretrizes para a criminologia nos Estados Unidos.

Se o que eu receio for verdade... os nossos programas de bem-estar, nobremente intencionados, podem encorajar... a evolução para trás através da reprodução desproporcionada dos geneticamente desfavorecidos.

> WILLIAM SHOCKLEY, Prémio Nobel,
> Stanford Univ. na *Scientific American* (janeiro de 1971).

Um cão que sabe contar até dez é um cão notável, não um grande matemático.
> Avô, de "Down on the Farm".

A natureza ensina que todo o progresso passa pelo aperfeiçoamento físico da raça. Os homens não são inteligências desencarnadas e desnacionalizadas que actuam sem relação com os seus antepassados ou com a sua posteridade. Toda a evolução natural se processou através de certas raças: enquanto mantiveram intacta a sua virilidade, as realizações humanas permaneceram cumulativas. Mas assim que a pureza do sangue e a capacidade reprodutiva saudável de um povo foram prejudicadas, quer por condições insalubres, quer por miscigenação, a raça deteriorou-se e a qualidade do indivíduo declinou com ela.
> PROF. ARTHUR BRYANT, "Vitória Inacabada".

Os judeus ficam perfeitamente satisfeitos, se isso beneficiar a sua tribo, em enviar jovens arianos para morrerem em guerras sem esperança por todo o mundo. Mas os judeus enlouquecem assim que se sugere que a esterilização de pessoas geneticamente incapazes irá beneficiar a humanidade. De repente, toda a vida humana - mesmo os imbecis que ainda não foram concebidos - torna-se sacrossanta. A *última coisa que os judeus querem é uma nação ariana forte e saudável.* A posição católica sobre a eugenia forçada está atolada na mesma arrogância do seu confronto com Galileu. Afinal de contas, foi o SOL de Deus que ganhou essa batalha, não os Cardeais!

> No famoso caso *Buck v. Bell, Supremo Tribunal dos Estados Unidos, 1927,* o Tribunal confirmou a lei do Estado da Virgínia que autorizava a esterilização obrigatória dos "débeis mentais". Oliver Wendell Holmes Jr. afirmou que as leis de esterilização faziam parte dos poderes de polícia do Estado e que "três gerações de idiotas são suficientes".
> W.G. SIMPSON, *Que caminho para o homem ocidental?*

Seguiram-se os países escandinavos em 1929, 1934 e 1935. Desde o início do século até ao início da década de 1960, os Estados Unidos da América tiveram o seu próprio movimento eugénico, patrocinado por numerosos educadores, cientistas e juízes de alto nível do Supremo Tribunal que apelavam à esterilização de hispânicos e negros com defeitos genéticos.

As leis de prevenção da transmissão de doenças hereditárias foram promulgadas pelos nazis (julho de 1933), prevendo a esterilização de pessoas que sofriam de debilidade mental congénita, certas doenças mentais como a esquizofrenia e a depressão maníaca, epilepsia hereditária, cegueira, surdez-mutismo e malformações graves. O abate de animais inaptos tem sido praticado por nações vigorosas ao longo da história. Todos os agricultores e criadores compreendem a importância de um bom maneio. Para conseguir um jardim vigoroso e produtivo, é preciso começar com sementes saudáveis, depois preparar o solo, eliminar as plantas defeituosas e todas as ervas daninhas. "As ervas daninhas *estão nos olhos de quem vê*", protestam os igualitários. Isso é verdade. Cada raça tem sentimentos instintivos sobre o que é belo, produtivo, importante. A nossa rosa pode ser a vossa erva daninha. *O chá de um homem é o veneno de outro.* É óbvio que diferentes raças não podem existir harmoniosamente e de forma produtiva sob o mesmo governo. *A civilização ocidental - a civilização branca - se quiser sobreviver, tem de eliminar as ervas daninhas do seu jardim. Tal como tem de eliminar da sua mente os ESPIRÓCITOS DA SÍFILIS JUDAICA.* Um primeiro passo necessário é a esterilização dos inaptos - colocando um chip contracetivo sob a pele do recetor. Isto deve ser seguido imediatamente pela remigração da população não-branca dos Estados Unidos.

GENÉTICA E RAÇA

Como antropólogo social, aceito naturalmente e até insisto que existem grandes diferenças, tanto mentais como psicológicas, que separam as diferentes raças da humanidade. De facto, estaria inclinado a sugerir que, quaisquer que sejam as diferenças físicas entre raças como a europeia e a negra, as diferenças mentais e psicológicas são ainda maiores.
L.S.B. LEAKY, *Progresso e evolução humana em África.*

Desde o início dos anos 30, quase ninguém, fora da Alemanha e dos seus aliados, se atreveu a sugerir que uma raça pudesse ser superior a outra, com receio de dar a impressão de que o autor apoiava ou aprovava a causa nazi. Aqueles que acreditavam na igualdade de todas as raças eram livres de escrever o que quisessem, sem receio de serem contrariados. Aproveitaram bem esta oportunidade nas décadas seguintes.
DR. JOHN R. BAKER, biólogo, Oxford,
membro da Royal Society.

Se todas as raças têm uma origem comum, como é que certos povos,

como os tasmanianos e muitos aborígenes australianos, ainda viviam no século XIX de uma forma comparável à dos europeus há mais de 100 000 anos?
CARLTON S. COON, Professor de Antropologia, Harvard.

Apesar dos relatos brilhantes dos feitos africanos nos últimos 5000 anos, a história da África Negra é culturalmente virgem. A sul do deserto do Sara, até à chegada de outras raças, NÃO existia qualquer civilização letrada. (Sem língua escrita, sem números, sem calendário, sem sistema de medidas). Os negros africanos não tinham inventado o arado ou a roda, nem tinham domesticado qualquer animal ou cultura).
PROFESSOR HENRY GARRETT,
Diretor do Departamento de Psicologia, Columbia U.

As raças humanas são diferenciadas da mesma forma que as espécies animais claramente definidas.
SIR ARTHUR KEITH, M.D., Reitor,
Universidade de Edimburgo.

W. G. Simpson ("Which Way Western Man") salienta que o principal objetivo de qualquer nação NÃO é produzir um rebanho servil de ovelhas lobotomizadas, *mas sim produzir o maior número possível de homens superiores.* Homens de grande instinto e intuição, de intelecto poderoso capaz de análise e criatividade, de grande coragem e nobre propósito, homens de saúde e energia abundantes, de personalidade imponente e espírito magnânimo, que se consideram a si próprios com *o "amor e desprezo"* de Nietzsche. Estes são os homens que preferem "morrer na sela do que na fogueira". São Titãs, meio-Deus meio-Homem - são a ponte entre o animal e o super-homem que há-de vir. Só compreendendo e aplicando as leis da natureza é que uma grande nação pode continuar a produzir homens e mulheres superiores e salvar-se da extinção.

GREGOR MENDEL, estudando a reprodução de ervilhas no jardim do seu mosteiro, *descobriu os blocos de construção de todos os seres vivos*, justificando (em grande parte) *a teoria da evolução de* Darwin. A partir daí, o decreto suicida de Jeová de que o homem deveria *"dominar"* a natureza foi relegado para o terreno da fantasia. A humanidade está sujeita às leis da natureza. A tarefa do homem é aprender as leis da natureza e obedecê-las; ao fazê-lo, o homem tornar-se-á cada vez mais perfeito. *O presente de Mendel para a humanidade é a ciência que torna possível a criação de seres vivos mais perfeitos!* O PRESENTE DE DEUS PARA A HUMANIDADE É MENDEL!

Como aprendemos, os APARELHOS DO ÓDIO JUDAICO caíram sobre o MENDELISMO, enterrando a verdade durante 100 anos. No final, a natureza triunfou sobre a ideologia, como sempre fará, destruindo Marx, Freud e Boas no processo. É agora um FACTO INCONTESTÁVEL: o ambiente NÃO cria nenhuma capacidade inata, mas apenas pode decidir se uma capacidade inata deve ser desenvolvida ou não. A CAPACIDADE É HERDADA!!! *ACORDEM PARA A ERA MENDELIANA!*

Se analisarmos todas as experiências genéticas em que a hereditariedade foi constante e o ambiente variável, não é exagero dizer que os resultados são insignificantes.
DR. EDWARD M. EAST, Professor de Genética, Harvard U.

Nunca tente ensinar um porco a cantar; isso estraga o seu dia e irrita o porco.
Avô, de "Down on the Farm".

A EUGÉNICA é a ciência que aplica as leis da genética ao melhoramento das raças. O homem é capaz de transmitir caraterísticas genéticas favoráveis às gerações seguintes, ao mesmo tempo que elimina muitas qualidades desfavoráveis. O homem pode obter resultados ainda mais extraordinários do que os que obteve na criação de cereais, frutas, legumes, flores, gado, cavalos e animais domésticos. Não deixes que isto te choque. O homem É, em parte, um animal. Vejamos então algumas das práticas de reprodução da humanidade.

A consanguinidade é praticada desde o início da história da humanidade. Implica o acasalamento de parentes próximos: pais e irmãos, irmãos e primos em primeiro grau. Ao contrário do que se afirma de forma distorcida, o único mal da consanguinidade vem da herança defeituosa recebida: defeitos que persistiram na linhagem durante muitas gerações, mas que foram escondidos por traços mais dominantes. Para que a consanguinidade seja bem sucedida, os traços defeituosos devem ser impedidos de se reproduzirem.

Em vez de ser condenada, a consanguinidade deve ser elogiada. Após uma consanguinidade contínua e a eliminação dos indesejáveis, um efetivo consanguíneo foi purificado e libertado de anomalias, monstruosidades e fraquezas graves...
EDWARD M. EAST, Ph.D., LL.D.,
Professor de Genética em Harvard.

A consanguinidade só é desastrosa se os ingredientes para a catástrofe já estiverem presentes no efetivo... a consanguinidade estreita de um efetivo saudável, se combinada com a eliminação inteligente dos fracos e anormais, pode ser praticada durante muitas gerações sem quaisquer consequências indesejáveis.

A. A. F. CREW, M.D., D.Sc, Ph.D., F.R.S.E., U. Edinburgh.

A Índia antiga prosperava com a consanguinidade. Quando o sistema de castas foi abandonado, a Índia entrou em declínio abrupto. Os espartanos, considerados a melhor raça em termos físicos, praticavam a consanguinidade, tal como os seus notáveis primos áticos, os atenienses, que, de uma população de 45 000 homens nascidos livres (c. 530-430 a.C.), produziram catorze dos homens mais ilustres da história. Na Pérsia, as esposas de eleição eram primas por parte do pai. Os egípcios e os incas casavam pais e filhas, filhos e mães, irmãos e irmãs, sendo esta última considerada a melhor de todas as uniões matrimoniais. Durante a maior dinastia do Egito (a 18ª), houve sete casamentos entre irmãos e irmãs. Os hebreus não eram apenas endogâmicos, casavam-se frequentemente no seio da *família direta*. Por exemplo, Abraão casou com Sara, a sua meia-irmã; Jacob casou com Raquel e Lia, ambas primas em primeiro grau. Lot casou com as suas duas filhas (ou terá sido o contrário?). O Dicionário da Bíblia de Hasting afirma que os JUDEUS têm três vezes mais probabilidades do que outras raças de casar com primos. Os JUDEUS também produzem uma elevada taxa de defeitos porque a LEI TALMUDI encoraja as pessoas geneticamente incapazes a reproduzirem-se; esta política fatal contaminou seriamente o património genético judaico.

A consanguinidade é a forma mais rápida de trazer à superfície os defeitos latentes para que possam ser identificados e eliminados. É também o melhor método para obter uniformidade e as qualidades desejadas.

A consanguinidade canaliza e isola a saúde e outras qualidades desejáveis, tal como canaliza e isola a má saúde e outras qualidades indesejáveis. Estabiliza o germoplasma, tornando os factores hereditários calculáveis. Torna assim a aparência um guia do equipamento hereditário do indivíduo... actua como um purificador de uma estirpe ou de uma família.

A. M. LUDOVICI, "A procura da qualidade humana".

A EXOGAMIA é o acasalamento de indivíduos não aparentados ou distantemente aparentados, mas que pertencem ao mesmo património genético racial. A consanguinidade é um meio de alargar e enriquecer as combinações de traços hereditários que a consanguinidade subsequente pode ser chamada a isolar, estabilizar e fazer sobressair na descendência. O resultado é o que se designa por heterose ou VIGOR HÍBRIDO, devido à combinação das qualidades dos progenitores. As deficiências de um progenitor podem ser anuladas pelas excelências do outro. Ou as qualidades de um progenitor podem ser reforçadas pelas qualidades do outro. Os três factores mais importantes no que diz respeito aos HÍBRIDOS, tal como mencionado anteriormente, são os seguintes:

1) Para obter um vigor híbrido, os dois progenitores devem ser não aparentados e de raça pura. As qualidades dos progenitores devem ser compensatórias e complementares.

2) O vigor híbrido, quando ocorre, é específico do primeiro cruzamento. Os cruzamentos subsequentes de híbridos resultam numa perda aguda de vigor. Em suma, os híbridos utilizados para a reprodução são inúteis: nem sequer conseguem transmitir o seu próprio tamanho e vigor.

3) É possível obter um vigor híbrido tão bom ou melhor do que os descritos acima através do cruzamento de linhagens familiares diferentes, mas distintas, dentro da mesma raça ou património genético. Este é, de facto, um tipo de consanguinidade que está generalizado na América, onde as antigas tribos arianas (alemães, celtas, eslavos, etc.) se casaram entre si, criando um património genético não europeu. Esta grande herança genética branca (de onde vieram os fundadores e construtores da América) está a ser destruída pelos nossos antigos INIMIGOS.

Lembre-se (exceto no caso da autofecundação ou da clonagem) que a endogamia resulta do estreitamento das linhas de qualidades hereditárias e a exogamia resulta do alargamento da rede hereditária.

A miscigenação, o exemplo mais extremo de superprodução, ocorre quando casais de grupos genéticos completamente diferentes se acasalam, como japoneses e negros, ou arianos e judeus.

As doenças genéticas que resultam frequentemente da sobreprodução extrema e dos cruzamentos estão bem documentadas e incluem doenças fisiológicas, instintivas e psicológicas. Os distúrbios mais óbvios são as aberrações físicas. Os factores hereditários são transmitidos aos descendentes de forma independente. Por exemplo, uma criança pode receber pele pálida de um progenitor e manter cabelo lanoso e traços negros do outro; ou a descendência pode receber órgãos internos demasiado pequenos ou demasiado grandes para o resto do corpo; ou receber braços e pernas que estão em desacordo com o tronco, tornando difícil o funcionamento do corpo como uma unidade sintetizada. No mínimo, a saúde e a eficiência são prejudicadas e a simetria perde-se. A mistura de personagens intelectualmente superiores com personagens mentalmente inferiores degrada o património genético superior. Mas o problema é ainda mais grave:

A reversão dentro da espécie é por vezes o resultado de cruzamentos extremos. Os descendentes regressam a um estádio muito anterior na escada evolutiva. Estes degenerados, muitas vezes monstros, representam a evolução ao contrário e nunca são vistos nos programas de televisão MARXISTAS/Liberais/Judaicos.

As diferentes raças levaram milhões de anos a evoluir: algumas raças evoluíram mais lentamente ou começaram mais tarde do que outras. *O cruzamento com raças menos avançadas faz com que a raça superior perca centenas de milhares de anos de evolução e impõe anomalias fisiológicas e psicológicas que, nesta fase da investigação clínica, parecem catastróficas.*

O facto de existirem diferenças hereditárias no tamanho de órgãos e partes assume um significado profundo se nos lembrarmos que implica a consequência inevitável de que os cruzamentos raciais e outros podem levar a graves desajustes... entre os dentes e os maxilares, entre o tamanho do corpo e o tamanho de um ou mais órgãos importantes, desarmonia entre os vários componentes da cadeia endócrina... a desarmonia manifesta-se normalmente por um parto difícil causado por uma desproporção nos... tamanhos do trato materno...
A.A.E. CREW, Universidade de Edimburgo.

As famílias verdadeiramente saudáveis e eficientes são demasiado preciosas para serem misturadas com as doentes e mórbidas; devem, portanto, na medida do possível, casar-se entre si, tal como as menos desejáveis.
Dr. FRITZ LENZ, citado por A.M. Ludovici.

A consanguinidade é a forma mais segura de criar famílias que, no seu conjunto, são de grande valor para a comunidade.
Dr. E.M. EAST e Dr. D. F. JONES, "Consanguinidade e sobrepopulação".

Os cruzamentos de raças ocorreram ao longo da história. As doenças também ocorreram ao longo da história. A frequência dos cruzamentos e das doenças não determina o seu carácter desejável. *A história mostra que os invejosos e os menos dotados ou querem destruir aqueles que nunca conseguirão imitar, ou perder a sua identidade ao cruzarem-se com uma raça superior, o que em ambos os casos constitui uma forma de genocídio. Para os menos bem sucedidos, a miscigenação é o desejo de apanhar e segurar uma borboleta dourada tentadoramente bela. Mas quando a agarram, descobrem que as belas cores se esfregam nos seus dedos. O filho bastardo de uma mulher sueca com cabelo dourado e membros compridos nunca é tão belo ou tão apto como a mãe. A glória desvanece-se - para sempre.*

Os bebés são indivíduos... desde o momento em que nascem. De facto, muitas das suas caraterísticas individuais são definidas muito antes do nascimento... Cada criança nasce com uma natureza que colore e estrutura as suas experiências... Tem traços e tendências constitucionais largamente inatos que determinam como, o quê e, até certo ponto, quando irá aprender. Estes traços são simultaneamente raciais e familiares... As diferenças raciais são reconhecíveis logo a partir do quarto mês de vida do feto... Existem diferenças individuais genuínas que prefiguram já a diversidade que caracteriza a família humana.
PROF. ARNOLD GESELL, Universidade de Yale, Pediatria.

... tinha-se chegado a reconhecer firmemente que o fator racial nas transfusões de sangue era de tal importância prática que o Dr. John Scudder, que tinha tido uma carreira muito distinta como cirurgião, especialista em sangue, professor de medicina e diretor de bancos de sangue em várias partes do mundo, e como consultor em questões de bancos de sangue para o nosso governo e vários governos estrangeiros, ao estabelecer as regras para a seleção de dadores de sangue... especificou que estes deviam ser "da mesma raça que o doente" e, de preferência, "do mesmo grupo étnico que o doente".
WILLIAM G. SIMPSON, "What Way for Western Man".

No que diz respeito aos grupos sanguíneos, hemoglobinas e outras caraterísticas bioquímicas, verificou-se que as diferenças raciais são tão importantes como as variações anatómicas mais conhecidas e visíveis. Como são invisíveis a olho nu, são muito menos controversas do que estas

últimas num mundo cada vez mais consciente da existência da raça. Pelo menos para mim, é encorajador saber que a bioquímica continua a dividir-nos em subespécies que há muito reconhecemos com base noutros critérios.
DR. CARLTON S. COON, Professor de Antropologia, Harvard Univ.

No seu aclamado livro "A Origem das Raças", o Dr. Carlton Coon cita os quatro factores mais importantes na formação das raças: Recombinação Mutação Seleção - Isolamento. A recombinação é uma troca inexplicável de genes de cromossomas homólogos, formando uma combinação independente de genes na descendência que não é aparente nos pais.

Uma MUTAÇÃO é uma mudança inexplicável na composição química de um gene que faz com que ele produza um efeito diferente daquele produzido pelo gene do qual ele é derivado. Por outras palavras, é uma alteração química nos genes que produz um gene completamente novo, não herdado, que entra no pool genético racial. 90% das mutações são desnecessárias ou prejudiciais para o organismo; são eliminadas por *SELECÇÃO NATURAL* (a Mãe Natureza é atenciosa, nunca bondosa). Outras mutações prejudiciais, no entanto, podem perpetuar-se e produzir distúrbios orgânicos, como a doença de Tay-Sachs, a anemia falciforme, bócio, fendas palatinas, desfigurações e muitas outras aflições fisiológicas e psicológicas que, aliás, podem ser praticamente eliminadas pela aplicação da eugenia. Para além disso, e este é o ponto importante, *a MUTAÇÃO é "o elemento principal da evolução" das espécies! "Sem a mutação, a evolução nunca poderia ter tido lugar.* Um gene mutante ricamente dotado teve de aparecer antes que uma população pudesse evoluir para uma raça. Este gene especial é introduzido no pool genético racial e um ORGANISMO CULTURAL ESPIRITUAL é criado, dando a esta raça o domínio sobre as populações concorrentes.

O ISOLAMENTO do património genético protege o ORGANISMO CULTURAL da contaminação por forças extra-raciais. O ISOLAMENTO, seja ele geográfico ou sócio-cultural, é o meio pelo qual uma determinada unidade populacional ou grupo genético é submetido às forças selectivas diferenciais do seu próprio ambiente climático e cultural. As variações e diferenças genéticas que podem ocorrer dentro de um grupo populacional são preservadas e tornam-se caraterísticas do grupo (ou seja, elementos de um "tipo de raça"), limitando o acasalamento aos membros do grupo. A continuação do isolamento e da consanguinidade... perpetua e estabiliza assim as diferenças entre grupos.
DONALD A. SWAN, "The Mankind Quarterly" (Vol. IV, No. 4).

O isolamento tem sido o principal fator, ou pelo menos um fator essencial, na diferenciação das raças.
DR. R. R. GATES, Professor Emérito de Botânica, Universidade de Londres.

A *menos que uma população reprodutora esteja confinada (isolada)*, a seleção natural pode ser incapaz de eliminar genes antigos e desfavoráveis do seu conjunto.
DR. CARLTON S. COON, Professor de Antropologia, Harvard Univ.

Como vêem, as provas são irrefutáveis. Todos os antropólogos, geneticistas e historiadores credíveis concordam: *as raças são geneticamente únicas: fisiologicamente, psicologicamente, intelectualmente, comportamentalmente e intuitivamente. Os genes determinam a raça. A raça determina a capacidade. A capacidade determina a cultura. A cultura determina o ambiente.* Como resultado, as culturas são desiguais. *Os genes são intrínsecos à FORÇA DE VIDA, são entidades vivas, evolutivas e raciais dadas por Deus!*

ADOLPH HITLER foi o primeiro grande líder político a compreender e a subscrever os princípios do MENDELISMO: os genes únicos que produziram a cultura ocidental.

A cultura ocidental foi produzida por genes arianos. Portanto, os genes arianos são genes únicos. (A:B)::(B:C) = (C:A).

Seguindo este silogismo, que se baseia nas leis da natureza, Adolph Hitler concluiu que a *principal função do Estado ariano (Reich) era proteger e alimentar a nação ariana (o património genético branco). Hitler tencionava lançar o seu programa político/eugénico na Alemanha, reunindo gradualmente a família ariana sob um único Estado; um conceito que os JUDEUS consideravam "antissemita" (uma ameaça ao parasitismo) e nacionalista (uma ameaça à Nova Ordem Mundial PLUTOCRÁTICA). MARXISTAS, LIBERAIS e JUDEUS (apoiados pela Igreja Católica) recusam-se a promulgar o mendelismo e demonizam aqueles que o fazem (a fé e a religião são sempre opostas ao instinto e ao conhecimento).*

50 anos após a América ter incinerado o Terceiro Reich, a comunidade científica branca, ajudada pela INTERNET, libertou o GÉNIO da garrafa (tendo perdido o controlo do gene através dos MEDIA, os JUDEUS procuram agora freneticamente controlar a sua

utilização). Hoje, o MENDELISMO melhora a vida de todos no planeta. Assim, as empresas farmacêuticas, os laboratórios de investigação universitários, os patologistas, os eugenistas, os chefes de Estado (que procuram melhorar as suas populações), etc., compram ativamente genes brancos no mercado. No sector privado, as estudantes arianas, por exemplo, são assediadas com ofertas para os seus ovários em troca de bolsas de estudo e outros benefícios (sabe como é a mancha de Hollywood do útero ariano). Os islandeses, cuja herança viking é notável pelo seu património genético não poluído, comercializam os seus genes e ovos em todo o mundo. Vender genes e óvulos arianos será em breve o maior negócio da Islândia (quantos pais inférteis estão a tentar comprar óvulos judeus ou porto-riquenhos?)

O aspeto satânico da comercialização da vida (TEST TUBING) é o cruzamento *in vitro* de genes brancos: priva a criança branca que nunca nascerá da sua herança natural, ao mesmo tempo que aflige a descendência bastarda com uma perda de identidade racial, uma personalidade dividida e uma alma torturada.

A SELECÇÃO NATURAL (a lei de Deus) começa com o processo de acasalamento, no qual um casal compatível se casa e produz filhos que eles estimam *e criam, e que glorificam a sua família*. Este processo de *pool intra-genético* elimina qualidades genéticas indesejáveis enquanto perpetua qualidades desejáveis, que são produzidas por recombinação ou mutação de genes.

> A fé deve ser minada, os próprios princípios de Deus e da alma devem ser extirpados das mentes dos gentios, e substituídos por cálculos matemáticos e desejos materiais.
> PROTOCOLO número quatro.

Na era moderna, a cultura ocidental (cultura ariana), que deu as contribuições mais significativas para a humanidade, está agora ameaçada por uma patologia cultural sob a forma de crescimento parasitário alienígena dentro do próprio Estado-nação. Se os parasitas não forem eliminados, o Ocidente morrerá. Esta não é uma observação melodramática, mas a lição da história.

Durante a última década, a taxa de fertilidade total (TFR) da Europa baixou 21%, de níveis já incrivelmente baixos, para 1,45 filhos por mulher (são necessários 2,1 filhos por mulher para que uma população se mantenha estável ao longo do tempo). Nos Estados Unidos, a taxa de fertilidade diminuiu em cada um dos últimos seis anos, para um valor estimado de 1,98.

A população mundial atual é de 5,8 mil milhões de pessoas. De acordo com as projecções mínimas das Nações Unidas, a população mundial atingirá 9,4 mil milhões em 2050, um aumento de 62%. E prevê que atingirá 10,7 mil milhões logo após o ano 2200, um aumento de 84%.
NAÇÕES UNIDAS "Perspectivas da População Mundial Revisões de 1996".

Comité da UNESCO elabora orientações para a investigação genética.... que declara que o material genético de cada ser humano é "o património comum da humanidade".

... A declaração afirma que a investigação genética humana tem um grande potencial, mas que deve ser regulamentada de forma a proteger a saúde pública e a evitar quaisquer práticas que sejam "contrárias à dignidade humana e aos direitos humanos".
REUTERS PRESS AGENCY, Paris, *Washington Times*.

Todo o processo de naturalização tem sido tão diluído nos últimos anos que faz da cidadania uma farsa... Na pressa de garantir mais eleitores democratas... os funcionários da Casa Branca exerceram uma pressão sem precedentes sobre o Serviço de Imigração e Naturalização para que processasse os pedidos de cidadania. Como resultado, em 1996, mais de um milhão de novos cidadãos foram empossados, um número recorde, mas cerca de 180.000 deles nunca foram submetidos a uma verificação de antecedentes do FBI, conforme exigido por lei... não existem normas uniformes para testar (qualificar) os candidatos.
LINDA CHAVEZ, *Washington Times*, 3-16-97.

O que é que se passa com o negro americano? O seu passado é um estigma, a sua cor é um estigma, e a sua visão do futuro é a esperança de apagar esse estigma, tornando a cor irrelevante, fazendo-a desaparecer como um facto de consciência... Partilho essa esperança, mas não vejo como poderá alguma vez ser concretizada, a não ser que a cor desapareça realmente: e isso significa não integração, mas assimilação, ou seja, deixar sair a brutal palavra *miscigenação*. *Penso que a fusão total das duas raças é a solução mais desejável para todos os interessados*... na minha opinião, o problema do negro neste país não pode ser resolvido de outra forma.
NORMAN PODHORETZ, JUDEU, chefe de redação da revista Commentary. Está também associado à *Heritage Foundation*, uma organização conservadora, e a sua mulher, Midge Dichter, judia, é

membro da direção desta organização.

O desenvolvimento da sociedade não está sujeito a leis biológicas, mas a leis sociais superiores. As tentativas de difundir as leis do reino animal para a humanidade são uma tentativa de rebaixar os seres humanos ao nível dos animais.
INSTITUTO DE GENÉTICA DA ACADEMIA DAS CIÊNCIAS, U.S.S.R.A.

Love Across Color Lines a Biography: ... Maria Diedrich argumenta que Frederick Douglass, longe de se ter libertado da consciência da cor, estava "dividido entre duas raças, torturado pela sua dupla consciência de ser uma e outra". Vê nele um "desejo último de se identificar com a brancura do seu pai". O amor de Douglass pelas mulheres brancas permitiu-lhe "reivindicar como seu o território de onde o seu pai-mestre o tinha exilado... (território) que ele só conseguia percecionar como branco". Salientando que Otillie Assing (a amante de Douglass) era meio-judia... (ela) estendeu a mão a Douglass... "como uma mulher branca com todos os privilégios da brancura, mas com a sabedoria de uma mestiça". (Assing suicidou-se).
MARIA DIEDRICH, "Love Across Color Lines" (da crítica de imprensa do *Washington Post*, 6-25-99).

O Papa João Paulo II sucumbiu à tirania dos cientistas evolucionistas que afirmam que somos parentes dos macacos... Numa declaração, o Papa disse que "os novos conhecimentos permitem-nos reconhecer que a teoria da evolução é mais do que uma mera hipótese".
CAL THOMAS, colunista, *Washington Times*.

A evolução é um FACTO. Por outro lado... Se o homem veio dos macacos, porque é que os macacos ainda vivem nas árvores e não usam calças?
Avô, "Down on the Farm".

Para reduzir as agonias disgénicas, tanto para os geneticamente desfavorecidos como para os contribuintes sobrecarregados (recomendo)... esterilização voluntária... através de bónus... talvez 1000 dólares por cada ponto abaixo de 100 de QI.
PROF. WILLIAM SHOCKLEY, Prémio Nobel, Stanford U.

CAPÍTULO 8

O NEGRO

Não se trata absolutamente de qualquer diferença genética: o potencial de inteligência está distribuído entre as crianças negras nas mesmas proporções e de acordo com o mesmo padrão que entre os islandeses, chineses ou qualquer outro grupo.
SENADOR DOS EUA DANIEL P. MOYNIHAN, Democrata/Católico.

A inteligência abstrata é a *condição sine qua non* para a existência de uma sociedade civilizada. Cinquenta anos de investigação nos Estados Unidos revelaram diferenças médias regulares, persistentes e estatisticamente significativas entre negros e brancos.
DR. HENRY GARRETT, Diretor do Departamento de Psicologia, Columbia U.

Atualmente, os testes psicológicos e genéticos põem em dúvida a desigualdade mental entre a raça branca e a raça negra... o nível de inteligência dos negros é muito inferior ao dos brancos.
EDWARD M. EAST, Professor de Genética, Harvard U.

... o tamanho do cérebro em relação ao tamanho ou peso do corpo é de importância crucial para colocar cada espécie ou subespécie no seu devido lugar nas tabelas de genes avançados ou menos avançados... o cérebro médio do negro difere em peso, sendo cerca de 100 gramas menos do que a média do caucasóide... é completamente impossível afirmar que os cérebros são iguais quando encontramos uma diferença distinta deste género.
ROBERT GAYRE, M.A., D.Phil., D.Sc, Ed. *"The Mankind Quarterly"*.

1. O QI dos negros americanos é, em média, 15 a 20 pontos inferior ao dos brancos americanos.
2. A sobreposição do QI mediano entre brancos e negros varia entre 10 e 25% (a igualdade exigiria uma sobreposição de 50%).
3. Cerca de seis vezes mais negros do que brancos têm um QI inferior a 70 (grupo dos fracos de espírito).
4. As pessoas brancas têm cerca de seis vezes mais probabilidades de se enquadrarem na categoria de "crianças sobredotadas".
5. Os negros ficam ainda mais atrasados nos testes de natureza abstrata:

raciocínio, dedução, compreensão, etc.

6.As diferenças entre negros e brancos aumentam com a idade, sendo a diferença de desempenho mais acentuada no ensino secundário e na universidade.

7.Foram encontradas diferenças significativas a favor dos brancos, mesmo quando os factores económicos foram incluídos na equação.

As estatísticas acima foram retiradas de *"The Testing of Negro Intelligence"*, (Social Science Press), da Professora Audrey M. Shuey, Departamento de Psicologia do Randolph-Macon College. O teste inclui 382 comparações, para as quais foram utilizados 81 testes diferentes, abrangendo uma grande amostra de centenas de milhares de pessoas. Os testes foram concebidos para medir o tipo de capacidade mental necessária para ter êxito numa civilização moderna, urbana e altamente alfabetizada.

Os testes foram elogiados por Garrett, Gayre, Josey, Baker, Woodsworth e outros cientistas de renome. No entanto, *seis editoras universitárias recusaram-se a publicá-los, arriscando-se a perder os seus subsídios governamentais.*

O relatório COLEMAN (1966) foi financiado pelo governo federal no valor de um milhão de dólares. Estudou 600.000 crianças do jardim de infância ao 12º ano em 4.000 escolas demograficamente representativas em todas as regiões do país. *Cerca de 15% das crianças negras estavam ao nível ou acima da média dos brancos; 85% estavam abaixo da média dos brancos. Por ordem de raça, os brancos estavam em primeiro lugar, os orientais em segundo, os nativos americanos (os mais pobres de todos) em terceiro, os mexicanos em segundo, os porto-riquenhos em terceiro e os negros em quarto.* O relatório Coleman foi enterrado pelos liberais, marxistas e judeus.

Durante a Guerra Civil Americana, vários milhares de negros fugiram para o Canadá através do "Underground Railroad". Desde então, os seus descendentes têm vivido no Canadá "sem discriminação". No entanto, os resultados dos seus testes mentais são os mesmos que os dos negros americanos "oprimidos".

O tamanho do cérebro humano está ligado à capacidade de pensar, planear, comunicar e comportar-se em grupo, como líder, seguidor ou ambos... Nos indivíduos vivos e nas populações, existem diferenças no tamanho regular dos lóbulos e na superfície do córtex; o tamanho da

superfície varia de acordo com a complexidade e a profundidade das dobras nas superfícies interna e externa dos hemisférios. Quanto maior é o cérebro, maior é a superfície cortical, tanto em proporção como em valor absoluto.
DR. CARLTON COON, Professor de Antropologia em Harvard.

O córtex cerebral humano é o órgão específico da civilização... A visão, os objectivos e os ideais pelos quais nos esforçamos como indivíduos e como nações são funções desta massa cinzenta cortical.
PROF. C. JUDSON HERRICK, Universidade do Texas.

F. W. Vint, Medical Research Laboratory, Quénia, África, publicou relatórios (1934) sobre "o exame do córtex cerebral de 100 cérebros de adultos indígenas representativos (excluindo amostras de prisões ou hospitais psiquiátricos) que foram comparados com cérebros europeus". Verificou que "a camada supragranular do córtex dos negros era cerca de 14% mais fina do que a dos brancos".

Toda a zona frontal anterior de um ou de ambos os lados pode ser removida sem perda de consciência. Durante a amputação, o indivíduo pode continuar a falar, sem se aperceber de que foi privado da área que mais distingue o seu cérebro do de um chimpanzé. Após a amputação, haverá um defeito, mas *ele próprio pode não se aperceber disso*. Esse defeito dirá respeito à sua capacidade de planear e de tomar iniciativas... embora possa ser capaz de responder às perguntas dos outros com a mesma precisão de antes.
DR. WILDER PENFIELD, Professor de Neurologia e Neurocirurgia, Universidade McGill, "o melhor neurocirurgião do mundo".

Albert Schweitzer abandonou uma carreira de teólogo, autor, organista e autoridade mundialmente famosa sobre Bach na Alemanha para se doutorar em medicina. Em seguida, fundou um hospital em Lamberne, África. Aí, devido ao seu cristianismo e humanismo, dedicou 40 anos da sua vida ao tratamento da população negra. O Dr. Schweitzer, idolatrado pelos "liberais", foi galardoado com o Prémio Nobel. No seu discurso de agradecimento, declarou: *"O negro é nosso irmão, mas é o nosso irmão mais novo... e com as crianças, nada se pode fazer sem o uso da autoridade...". A combinação de simpatia e autoridade é o grande segredo de uma relação bem sucedida com os negros"*. Na sequência desta declaração, o Dr. Schweitzer caiu na desgraça liberal, tal como Solzhenitsyn quando chamou animais aos bolcheviques.

Nenhum médico negro formado no Ocidente se ofereceu para ajudar o

Dr. Schweitzer, e a sua experiência convenceu-o de tal forma da ausência de padrões mentais e de carácter no negro puro... que nunca achou por bem formar negros para responsabilidades mais elevadas no seu hospital africano.
H. B. ISHERWOOOD, "À beira da floresta virgem".

Se classificarmos a humanidade por cor, veremos que a única raça primária que não deu qualquer contributo criativo para nenhuma das nossas civilizações é a raça negra.
DR. ARNOLD TOYNBEE, "O Estudo da História".

É necessário encontrar uma solução para estes problemas, mas esta nunca será alcançada através da falsificação dos factos da história hereditária e racial.
ROBERT GAYRE, editor. "Mankind Quarterly".

As raças humanas são diferenciadas da mesma forma que as espécies animais claramente definidas.
SIR ARTHUR KEITH.

O aluno negro médio (QI 80,7) não consegue ir além de um programa de sétimo ano que cumpra as normas nacionais; para metade do grupo negro, o quinto ano é o máximo... apenas um (1%) por cento (QI 110 e superior) dos negros está intelectualmente equipado para fazer um trabalho universitário aceitável. Trinta (30%) dos brancos estão equipados para o efeito.
DR. HENRY E. GARRETT. Diretor do Departamento de
de Psicologia, Columbia U.

A diferença de espessura das camadas supra-granulares do córtex dos cérebros brancos e negros é a diferença entre a civilização e a selvajaria.
DR. WESLEY CRITZ GEORGE,
Chefe do Departamento de Anatomia, U. N. Carolina.

As camadas supragranulares dos cães têm metade da espessura das dos macacos, e as dos macacos são três vezes mais finas do que as dos homens brancos. As camadas supragranulares dos negros são 14% mais finas do que as dos homens brancos.
CARLTON PUTNAM, LLD, Princeton, "Raça e realidade".

Os negros são mais inteligentes na proporção direta da quantidade de genes brancos que transportam (as provas sugerem que o QI médio das populações negras aumenta em cerca de um (1) ponto de QI por cada 1% de genes caucasianos).

DR. WILLIAM SHOCKLEY, Prémio Nobel, Stanford U.

Curt Stern, professor de genética na Universidade da Califórnia, afirma que *"o negro americano médio retira 3/4 dos seus genes da sua herança africana e 1/4 dos seus genes brancos"*. Os genes brancos aumentam o QI dos negros; pelo contrário, os genes negros emburrecem as raças intelectualmente superiores. *A expressão "quase branco"* é um oximoro, porque não existe uma raça quase branca. Ou se é branco ou não se é.

Como antropólogo social, aceito naturalmente e até insisto que existem grandes diferenças, tanto mentais como psicológicas, que separam as diferentes raças da humanidade. De facto, estaria inclinado a sugerir que, quaisquer que sejam as diferenças físicas entre raças como a europeia e a negra, as diferenças mentais e psicológicas são ainda maiores.
L. S. B. LEAKY, "Progresso e evolução do homem em África".

Fiquei comovido com a mensagem de humanidade inscrita nas suas paredes. O desfiladeiro de Olduvai ensina-nos que, quaisquer que sejam as diferenças aparentes entre os seres humanos, em última análise, viemos do mesmo sítio. Partilhamos uma casa ancestral comum. E, no fim de contas, seja qual for o nosso género, a cor da nossa pele ou o Deus em que acreditamos, sejam quais forem os vastos oceanos ou as extensões de terra que nos separam, fazemos todos parte da mesma família humana.
HILLARY RODHAM CLINTON, Washington Times (4-3-97).

Não é nas nossas estrelas, caro Brutus, que somos lacaios, mas em nós próprios.
WILLIAM SHAKESPEARE, "Julius Caesar".

Cada vez mais sul-africanos brancos estão a fugir do país, principalmente por causa da criminalidade violenta, afirmou o governo esta semana... Um estudo recente sobre a criminalidade realizado por um grupo bancário sul-africano concluiu que, num dia normal, 52 pessoas são mortas, 470 ficam gravemente feridas em assaltos, mais de 100 mulheres são violadas, 270 carros são desviados... e 590 casas são assaltadas.
WASHINGTON TIMES (17-10-96), Serviços de Informação de Joanesburgo.

Não consigo pensar numa calamidade maior do que a assimilação do negro na nossa vida social e política como um igual.
ABRAHAM LINCOLN.

Não há nada mais terrível do que uma classe de escravos bárbara que

aprendeu a considerar a sua existência como uma injustiça e que se prepara agora para se vingar, não só de si própria, mas de todas as gerações futuras. Perante tais tempestades ameaçadoras, quem ousaria apelar com confiança às nossas religiões pálidas e esgotadas?
FRIEDRICH NIETZSCHE, "O Nascimento da Tragédia".

As Américas eram povoadas exclusivamente por ameríndios até que os conquistadores espanhóis e os exploradores portugueses introduziram escravos negros que misturaram os seus genes africanos com os dos índios. Em 1619, cerca de vinte escravos negros chegaram a Jamestown, na Virgínia, juntamente com colonos britânicos e servos contratados. Desde o início, cada uma das treze colónias americanas reconheceu a escravatura. Para efeitos de recenseamento, os negros eram contados como 3/5 de um homem, enquanto os nativos americanos não o eram. Jefferson, que possuía mais de 200 escravos, declarou na *Declaração de Independência* que *"todos os homens são criados iguais"*. O que ele obviamente queria dizer era *"iguais perante a lei"*: nem os negros nem a democracia são mencionados na Constituição. Com o advento da *Revolução Industrial*, as fábricas têxteis britânicas ofereceram um mercado em expansão aos produtores de algodão americanos. Para satisfazer a procura crescente, eram necessários mais trabalhadores agrícolas. Os nórdicos recusaram esses empregos. Não estavam física ou mentalmente preparados para trabalhar ao sol quente do Sul, como era o caso dos negros. Além disso, eram fáceis de encontrar. Os chefes tribais africanos eram os fornecedores. A sua tática consistia em incendiar as aldeias vizinhas e depois reunir os negros fugitivos, como os rancheiros reúnem o gado assustado. Os cativos - homens, mulheres e crianças - eram depois acorrentados e vendidos a traficantes de escravos árabes, judeus e brancos. A principal unidade de troca dos negros enviados para a América era o rum barato. Os chefes tribais eram tão viciados no "cálice vermelho" que vendiam regularmente membros da sua família e tribo para o obter. O maior número de navios à vela (15) utilizados para transportar escravos pertencia aos judeus.

A escravatura, como é óbvio, apareceu em quase todas as sociedades humanas desde o início da história. A África negra não é exceção. Atualmente, de facto, os negros praticam um comércio de escravos florescente no Sudão, na Somalilândia, etc.

A escravatura era uma parte importante da vida social e económica africana.

JOHN HOPE FRANKLIN, NEGRO,
"Da escravatura à liberdade.

Nos Estados Unidos, os proprietários das plantações do Sul pagavam muito caro pelos negros. *Como mercadorias valiosas, os escravos eram tratados pelos seus proprietários desde o nascimento até à morte.* Na grande maioria dos casos, os escravos eram tratados com humanidade e, muitas vezes, com afeto. No entanto, os negros traziam consigo os seus genes selvagens de África. Por este motivo, era necessário incutir e manter a higiene, a disciplina e a ordem; neste sentido, a vida dos negros era regulamentada. As escolas das plantações e os estudos bíblicos estavam à sua disposição. Tinham de ser ensinados a trabalhar, a utilizar ferramentas, a jardinar e a fazer as tarefas domésticas. Apesar disso, *as condições de vida eram muito melhores nas plantações do que na África negra e a esperança de vida individual era maior.* A guerra, aparentemente travada para *"libertar os escravos", foi na* realidade *travada* para expandir o império bancário dos Rothschild. Agora livre, o homem negro, que estava 200 000 anos atrasado na escada evolutiva, viu-se subitamente à deriva no mundo branco do século XIX. Todos os homens inteligentes e conscientes, brancos e negros, sabiam (e sabem) que o negro tinha de ser enviado de volta para África, a sua terra natal, e aí colonizado com o apoio financeiro do governo dos Estados Unidos. Quatro grandes forças contornaram a colonização:

1) O assassinato de Lincoln.
2) A nação estava sobrecarregada com dívidas de guerra.
3) Os negros eram uma fonte de mão de obra barata e já não deviam ser tratados "do berço ao túmulo".
4) Os ILLUMINATI planeavam usar os negros como uma "quinta coluna" para destruir a cultura ocidental/cristã.

> Nada é mais certo escrito no Livro do Destino do que o facto de estes povos terem de ser livres; não é menos certo que duas raças igualmente livres não podem viver sob o mesmo governo.
> (A frase inscrita no Jefferson Memorial, Washington, D.C., pára fraudulentamente no ponto e vírgula).
> THOMAS JEFFERSON.

> Insisti na colonização dos negros e continuarei a fazê-lo. A minha Proclamação de Emancipação estava ligada a este plano. Não há lugar para duas raças distintas de homens brancos na América (brancos e judeus), muito menos para duas raças distintas de brancos e negros... Dentro de

vinte anos podemos colonizar pacificamente o negro... em condições que lhe permitirão atingir a plena medida da virilidade. Ele nunca será capaz de fazer isso aqui. Nunca conseguiremos alcançar a união ideal com que sonharam os nossos pais, com milhões de pessoas de uma raça estrangeira e inferior entre nós, cuja assimilação não é desejável nem possível.
ABRAHAM LINCOLN,
Obras Coleccionadas de Lincoln.

Temos entre nós uma diferença maior do que a que existe entre quase todas as outras raças... Se aceitarmos isto, há pelo menos uma razão para nos separarmos.
ABRAHAM LINCOLN, Sandburg,
"Abraham Lincoln, Os Anos de Guerra

As relações sociais envolvem sempre sexo.
E. A. HOOTEN, Professor de Antropologia, Harvard U.

Fi-lo (a violação) de forma consciente, deliberada, voluntária, metódica... Tive o prazer de desafiar e espezinhar a lei do homem branco, o seu sistema de valores, para profanar as suas mulheres.
ELDRIDGE CLEAVER, "Soul On Ice".

O resultado inevitável da mistura de raças... é uma redução maciça na proporção de descendentes inteligentes.
NATHANIAL WEYL, judia, educadora e escritora.

Algumas raças são claramente superiores a outras. Uma melhor adaptação às condições de existência deu-lhes espírito, vitalidade, estatura e estabilidade relativa... É, portanto, da maior importância não obscurecer esta superioridade através de casamentos com raças inferiores, e assim desfazer o progresso feito por uma evolução dolorosa e uma peneiração prolongada de almas. A razão protesta tanto quanto o instinto contra qualquer fusão, por exemplo, entre brancos e negros... A grandeza (branca) desaparece sempre que o contacto leva a (tal) fusão.
GEO. SANTAYANA,
Filósofo americano, "A Vida da Razão".

Se o negro não for eliminado dos Estados Unidos, a América do futuro será mestiça, como os povos do Egito (hoje), da Índia e de certos países da América Latina... quando duas raças entram em contacto, uma expulsa a outra... ou ajusta as suas diferenças por um processo de reprodução inter-racial... o carácter da raça superior tenderá a apagar-se nos mestiços.
ERNEST SEVIER COX, "White America".

O Dr. Carlton Coon... afirma que, enquanto as raças branca e amarela evoluíam penosamente, o negro africano "permaneceu imóvel durante meio milhão de anos"... Para ser mais preciso, o cérebro do negro é mais pequeno e mais leve, menos complicado, menos desenvolvido... O primitivismo do seu cérebro revela-se na rapidez com que se desenvolve após o nascimento, para depois cessar abruptamente o seu desenvolvimento, deixando-o como um "europeu lobotomizado".
WILLIAM G. SIMPSON, *"What Way for Western Man"*.

Os australianos, primitivos segundo os seus critérios morfológicos, não passaram da fase de recolha de alimentos por sua própria iniciativa, tal como não o fizeram os bosquímanos ou os sanids, protótipos clássicos da pedomorfose. Uma conclusão paralela surge se examinarmos os resultados dos testes de cognição e de realização efectuados em diversas raças que vivem em condições de vida civilizada. Os mongolóides e os europóides são os que têm melhor desempenho em ambos os tipos de testes, seguidos (de longe) pelos indianóides, e os negróides ainda pior. De acordo com estes resultados, as raças em que a civilização nasceu e progrediu são os mongolóides e os euróides... A capacidade craniana está, evidentemente, diretamente ligada ao problema étnico, uma vez que estabelece um limite para o tamanho do cérebro nos diferentes taxa; mas todas as diferenças morfológicas são igualmente relevantes...
DR. JOHN R. BAKER, biólogo, Oxford, membro da Royal Society, extrato do seu aclamado (mas suprimido) livro, "RACE".

Seria absurdo afirmar a superioridade de todos os europeus em relação a todos os negros com base nas realizações no domínio intelectual; há que admitir, no entanto, que as contribuições dos negros para o mundo da educação têm sido, em geral, decepcionantes, apesar de todas as melhorias introduzidas nos meios de ensino. Os negros americanos são mais conhecidos pelo seu apelo de massas nos assuntos públicos e no entretenimento popular do que pelas suas grandes realizações em domínios como a filosofia, a matemática, a ciência ou a tecnologia.
DR. JOHN R. BAKER, biólogo, Oxford.

O HISTORIADOR DE WELLESLEY CHAMA O AFROCENTRISMO DE MITO: Nem Cleópatra nem Sócrates eram negros. Os gregos antigos não roubaram a sua filosofia aos sacerdotes egípcios e Aristóteles não saqueou a biblioteca de Alexandria. As raízes da civilização ocidental não remontam a África. No entanto, estas são algumas das afirmações do movimento afrocêntrico que prospera em muitos campus universitários.
MARY LEFKOWITZ, JUDIA,
Professora de Grego Clássico, Wellesley,
Excerto do *Washington Times*, 1996.

... o ideal só é alcançado quando uma determinada região é habitada exclusivamente por um povo de uma só etnia que compete apenas nas escolas e faculdades, com o resultado de que surge uma elite que assume a liderança do povo... os povos negros são vítimas de uma filosofia política disfarçada de desejo de promover o seu bem-estar, que irá distorcer o seu desenvolvimento natural, privá-los do seu respeito próprio e da satisfação com as suas próprias realizações e modos de vida, e causar-lhes danos incalculáveis...
    ROBERT GAYRE, "The Mankind Quarterly" VI 4-1966.

Mais de 70% (1996) das crianças negras nascem fora do matrimónio. A sua taxa de ilegitimidade per capita é mais de cinco (5) vezes superior à dos brancos. Os negros cometem 15 vezes mais homicídios do que os brancos, 19 vezes mais roubos, 10 vezes mais violações e agressões. *Registaram-se 629.000 agressões raciais (1985), 90% das quais foram cometidas por negros contra brancos.* De acordo com o FBI, estes números variam de ano para ano, mas representam uma tendência ascendente em todos os Estados Unidos. *O crime mais preocupante é o número crescente de mulheres brancas violadas por homens negros (na África subsariana, a violação é considerada um comportamento normal).*

Fi-lo (a violação) de forma consciente, deliberada, voluntária, metódica... Tive o prazer de desafiar e espezinhar a lei do homem branco, o seu sistema de valores, para profanar as suas mulheres.
    ELDRIDGE CLEAVER, "Soul On Ice".

Se, por hipótese, todos os NEGROS e JUDEUS desaparecessem amanhã dos Estados Unidos, assistiríamos a um renascimento imediato e glorioso da América prevista pelos nossos Pais Fundadores. Por outro lado, se a raça branca desaparecesse, *"a terra dos livres e dos corajosos"* não sobreviveria um único dia!

Os negros têm muito para oferecer. Mas ele nunca poderá realizar o seu potencial, a sua virilidade, ou alcançar a felicidade vivendo numa sociedade branca. Não é um parasita por opção. Tem uma dignidade que um judeu nunca poderá ter. *O negro americano deveria ter sido encorajado e ajudado a desenvolver um Estado-nação próprio em África, a sua pátria ancestral. Em vez disso, foi manipulado pelos judeus: usado nas suas lojas de roupa, usado para alugar os seus bairros de lata, usado como queixoso em casos de direitos civis para destruir os enclaves brancos que os judeus não tinham coragem de atacar, e usado para brincar aos anarquistas nas ruas para ajudar a promover as aspirações ILLUMINATI.* Só Louis Farrakhan parece compreender o que W. E. B. Du Bois imaginou e Martin Luther King destruiu.

Os resultados dos testes de QI *não são de modo algum os únicos determinantes da viabilidade e do valor de uma raça, por muito importantes que sejam para a cultura ocidental.* O bom senso, a perceção extrassensorial, a coragem, a lealdade, a perseverança e a *alma* - essa essência mística indefinível que confere a cada raça o seu carácter distintivo - todas estas qualidades e outras mais, que o homem negro possui em grande medida, podem ser transformadas no seu próprio Estado-nação. *A alma racial só pode cumprir o seu destino no seu próprio território, entre o seu próprio povo, onde estabelece a sua própria cultura e a sua própria relação com o universo.* Nem todas as raças têm de voar até à Lua. Poucos homens são titãs. Todos os homens são menos que Deus. No entanto, para que a graciosa palmeira e a sequoia gigante cumpram o seu destino no grande desígnio da natureza, *cada uma deve crescer no seu próprio ambiente!*

Os FACTOS são irrefutáveis: a integração com as raças negras não só destruirá a raça branca - uma TRAGÉDIA genocida - como privará a humanidade do seu maior benfeitor, a civilização ocidental. Quando a raça branca for lobotomizada, quem cuidará das populações doentes e famintas do mundo? Certamente que não serão os judeus, cuja prática é depenar ovelhas e não alimentá-las. O objetivo dos ILLUMINATI é cumprir os *Protocolos dos Anciãos de Sião*, e não o lamentável sonho de IGUALDADE de Martin Luther King.

> Estamos a exterminar a burguesia (ariana) como classe.
> VLADMIR LÉNINE, judeu, comunista,
> ditador supremo, U.S.S.R.

Nathaniel Weyl, JEW, *("The Mankind Quarterly"*, XI,# 3, Jan. 1971), usando cálculos fornecidos pelo eminente geneticista britânico Sir Julian Huxley, concluiu o seguinte:

> Se, nos Estados Unidos, os negros (QI médio 80-85) se cruzarem aleatoriamente com os brancos (QI médio 100), a próxima geração de americanos terá um QI médio de 98,46. Que pequeno preço a pagar pela IGUALDADE! No entanto, esta queda de 1,5% na inteligência média conduziria a uma queda de 50% no número de pessoas com um QI superior a 160! Em suma, reduziria para metade a produção de pessoas com os

poderes intelectuais necessários para a liderança e o esforço criativo nas sociedades avançadas. A isto acresce o enorme efeito negativo causado pela passagem da reprodução assistida para a reprodução aleatória em termos de inteligência.

Resta saber se o homem negro que vive na América tem ou não a VONTADE de exigir o seu próprio Estado-nação único em África ou de permanecer para sempre escravo do LIBERALISMO/MARXISMO/JUDAÍSMO.

A única condição necessária para centralizar o poder numa comunidade democrática é professar a igualdade.
ALEXIS de TOCQUEVILLE.

Sentia-me muito atraído pelas raparigas holandesas. Queria desesperadamente fazer amor com elas... para exercer uma forma de superioridade sobre a raça branca. É sempre esse o objetivo, não é? Os homens de pele castanha têm de dominar os brancos!
PRESIDENTE SUKARNO, Indonésia.

... Queremos poemas como punhos a bater em pretos ou poemas a esfaquear as barrigas viscosas dos senhorios judeus...
... incendiar e matar brancos. Vejam como o porta-voz liberal dos judeus aperta a garganta e vomita para a eternidade....
Escrevei-lhe um poema. Desnuda-o para todo o mundo ver! Mais um mau poema que faz estalar punhos de aço na boca de um joalheiro...
LEROI JONES, Negro, "Arte Negra".

Do fedorento Oeste cujo tempo passou,
Fedorento e cambaleante no seu estrume,
Para África, China, as costas da Índia,
Onde o Quénia e os Himalaias se erguem
Onde correm o Nilo e o Yangtze:
Vira todos os rostos lânguidos do homem.
Vem connosco, América negra:
A escória da Europa engordou aqui e afogou um sonho,
Fez dos pântanos fétidos um refúgio:
Escravizaram os negros e mataram os vermelhos E armaram os ricos para saquear os mortos;
Adoravam as prostitutas de Hollywood, onde outrora esteve a Virgem Maria, e lincharam Cristo.
Acorda, acorda, ó mundo adormecido. Honrai o sol;
Adorar as estrelas, os grandes sóis que governam a noite
Onde o preto é brilhante

E todo o trabalho altruísta é correto
E a ganância é um pecado.
E África continua. Pan-África!
W.E.B. Du BOIS, Mulâtre, *"Ghana Calls"*.

Sabes o que é realmente o sonho americano? 10 milhões de negros a nadar para África com um judeu debaixo de cada braço.
STANLEY KUBRICK, JUDEU, "Vanity Fair" (7-1-99).

Os homens brancos fazem qualquer coisa. Fá-lo-iam de madrugada, se pudessem chegar a essa altura.
Avô, de *"Down on the Farm"*.

As raparigas negras estão a ficar mais claras. As raparigas negras usam saltos altos.
ANÓNIMO.

Se casares, casa com a luz!
HARLEM CREDO.

CAPÍTULO 9

FORÇA ARIANA

As línguas indo-europeias (arianas) estiveram outrora associadas a um único tipo racial, embora composto, e esse tipo racial era um tipo nórdico ancestral.
CARLTON COON, professor de antropologia em Harvard, retirado do seu monumental sucesso *"Origem das Raças"*.

A única coisa boa para uma nação é aquela que vem do seu próprio património, sem se inspirar noutro. Porque o que é benéfico para um povo numa determinada fase da história pode revelar-se venenoso para outro. Todas as tentativas de introduzir uma novidade estrangeira num povo que não precisa dela no fundo do seu coração são tolas, e todos os projectos de intenção revolucionária são vãos, porque estão sem Deus, que se mantém afastado de tais erros.
GOETHE, *"Conversations with Eckermann"*, 4 de janeiro de 1824.

A prosperidade material encoraja a preservação, o mimo e a reprodução de elementos inferiores que parasitam as civilizações ricas. Podemos podar os nossos próprios ramos podres ou submetermo-nos ao corte e desbaste impiedosos de genes conquistadores mais vigorosos.
DR. ERNEST A. HOOTEN, Professor de Antropologia em Harvard.

Concordo consigo que existe uma aristocracia natural entre os homens. Os fundamentos naturais desta aristocracia são a virtude e o talento... Considero a aristocracia natural como o dom mais precioso da natureza para a instrução, confiança e governo da sociedade...
Não podemos dizer que esta forma de governo é a melhor maneira de eleger simplesmente estes aristocratas naturais para o cargo de governo?
THOMAS JEFFERSON, carta para Adams, 28 de outubro de 1813.

A aristocracia não tem nada a ver com a plutocracia. Os melhores NÃO são os ricos... os melhores podem antes ser encontrados entre os mais pobres... o que deve contar é o carácter e a capacidade.
W. GAYLEY SIMPSON, "Que caminho para o homem ocidental?"

OSWALD SPENGLER (1880-1936) sairá do esquecimento a que foi relegado pelos MARXISTAS/LIBERALISTAS/ JUDEUS, para se tornar o filósofo do século XXI. Spengler demonstrou que a história da civilização mundial NÃO progrediu de forma linear, começando na Mesopotâmia num período longínquo após um dilúvio bíblico, produzindo depois uma sequência de acontecimentos historicamente relacionados (omitindo a história do Extremo Oriente), enquanto *"melhorava dia a dia e em todos os sentidos"* até a humanidade chegar à atual *civilização ocidental "moderna"*, produto de todas as civilizações que a precederam. Pelo contrário, Spengler (*embora não versado em Mendelismo*) prova que *todas as civilizações que surgiram na paisagem mundial emergiram de uma ALTA CULTURA:* a EXPRESSÃO ÚNICA DE UM POVO INSPIRADO:

> Cada cultura tem as suas próprias possibilidades de expressão... Não há uma escultura, uma pintura, uma matemática, uma física, mas várias, cada uma na sua essência mais profunda diferente das outras, cada uma limitada no tempo e autónoma, tal como cada espécie de planta tem as suas flores ou frutos particulares, o seu tipo especial de crescimento e declínio (SPENGLER).

Porque as culturas são orgânicas, partilham o mesmo GÉNUS; consequentemente, cada Alta Cultura, por mais distante que esteja das outras no calendário da história, experimenta *"fenómenos contemporâneos"* análogos que ocorrem nas mesmas posições relativas durante os ciclos de vida das Culturas e, *portanto, "têm um significado correspondente"*. Spengler mostra, por exemplo, que o *"Caminho"* como símbolo principal da alma egípcia, a *"Planície"* representando a visão do mundo russa, a cultura árabe *"mágica" e a* ideia *"faustiana"* do Ocidente *são inevitavelmente análogos em carácter, mas únicos em expressão*. Outras caraterísticas culturais análogas são: atitudes raciais, religiosidade, técnicas, morfologia, patologia e ciclos de vida: gestação, nascimento, juventude, maturidade, velhice e morte. Por conseguinte, embora as ALTAS CULTURAS pertençam ao mesmo género, CADA UMA é a EXPRESSÃO ÚNICA de um povo inspirado. *Cada membro desse povo, homem, mulher e criança, é uma célula na morfologia do ORGANISMO DA ALTA CULTURA. A alma do organismo de alta cultura é a alma colectiva do povo. Em suma, uma alta cultura é um organismo espiritualmente dotado com a sua própria expressão única: "A sua autobiografia histórica é o ZIETGEIST"* (YOCKEY).

As ALTAS CULTURAS criam Ideias, religiões, Espírito, autoridade, imperativos, exércitos, guerras, heróis, mitos, lendas, música, arte, poemas, literatura, formas arquitectónicas, leis, filosofias, ciências, técnicas e Estados. Embora certas formas de conhecimento e técnicas possam ser transferidas no tempo e no espaço de uma cultura para outra, cada Alta Cultura persegue instintiva e implacavelmente a sua própria IDEIA ESPIRITUAL única: *esta compulsão interior do organismo é o seu DESTINO.*

A CULTURA OCIDENTAL exprime a IDEIA de *progresso ilimitado!* Spengler define a alma do Ocidente como *"a alma faustiana cujo símbolo principal é o espaço puro e ilimitado".* A procura do infinito. Enquanto muitos cientistas acreditam que o universo nunca será totalmente compreendido racionalmente, o destino do homem ariano reside nesta tentativa. Mas porquê? Sir Edmund Hillary, olhando para o Monte Evereste, respondeu: *"Porque está lá".* O antigo símbolo que representa o *imperativo ocidental* pode ser visto nas formas góticas das grandes catedrais da Europa, cujas torres se elevam para o céu (Sigmund Freud, um judeu, *acreditava que as torres das catedrais representavam o culto do pénis esculpido na pedra).* Norman Mailer, um escritor judeu, descreveu *a exploração espacial ocidental como sem sentido e imoral).*

O desenvolvimento contínuo e a custódia da cultura ocidental estão nas mãos de um grupo relativamente pequeno de pessoas extraordinárias. Podem vir das circunstâncias mais humildes ou das mais prestigiadas, mas uma combinação fortuita de genes parentais *dotou-os do carácter, das capacidades e das qualidades espirituais intensas* que os distinguem dos seus pares e de outras raças. *Eles são para a nação o que o fermento é para a cerveja.*

Dentro deste fino *estrato cultural* estão os criadores, apreciadores e guardiões das muitas formas de expressão da nação. São também os "precursores e descobridores" de Nietzsche, os mártires, os guerreiros da raça, os protectores da IDEIA ocidental. Assim, Yockey observa que o organismo da alta cultura compreende quatro estratos: 1) a ideia (a alma); 2) o estrato portador de cultura que transmite a ideia (o cérebro). 3) Os receptores da ideia que a compreendem, a apreciam e a põem em prática (CORPO). 4) Os que não conseguem atingir a cultura, *"a besta de muitas cabeças"* (Shakespeare).

> A vida do indivíduo só é importante para si próprio: é uma questão de saber se quer escapar à história ou dar a vida por ela. A história não tem nada a ver com a vida humana.
> OSWALD SPENGLER.

O ESTADO é um termo político. Yockey chama-lhe *"a nação em acção"*. É uma estrutura criada pelo organismo cultural para conter, nutrir e proteger o povo e o seu território. Muda de forma à medida que a cultura se desenvolve. Uma metáfora adequada para o Estado é a do *"navio"* ou *"embarcação do Estado"*. Quando o Estado deixa de funcionar ou de proteger o povo que o criou, tem de ser mudado ou substituído!

> Os homens estão cansados, até à repugnância, da economia do dinheiro. Esperam a salvação de um lugar ou de outro, de uma coisa real de honra e de cavalheirismo, de nobreza interior, de altruísmo e de dever.
> OSWALD SPENGLER.

As CIVILIZAÇÕES, que sacrificam a qualidade de vida à indulgência, desenvolvem-se a partir das Altas Culturas e gradualmente engolfam-nas, arrastando-as para o seu declínio. A posteridade tem apenas uma memória curta. *Aos conquistadores e criadores segue-se uma descendência sem objectivos. Estes são rapidamente despossuídos pelos PARASITAS COSMOPOLITAS, que temem as Altas Culturas (raça, família, nação) e cobiçam, em vez disso, as Democracias abertas e poliglotas, nas quais são menos visíveis. O DINHEIRO* substitui a lealdade, o dever e a hierarquia; *a USURA* produz a escravatura; a lei substitui o sucesso; os intermediários substituem os produtores. O heroísmo cede o lugar à aquisição de bens; o oportunismo substitui a honra; a traição prospera nas altas esferas. *Os distorcedores da cultura* controlam a educação e a imprensa; o patriotismo passa a chamar-se "racismo"; os "Spielbergismos" tornam-se "história"; o hedonismo, a bestialidade, a promiscuidade e o *judaísmo* substituem a utilidade, o cavalheirismo e a ética. A família, o povo e o Estado foram substituídos pelo *EGALITARIANISMO/ UNIVERSALISMO/CATÓLICO. Explodem as guerras raciais. O MECANISMO destrói o património genético. A CULTURA/ORGANISMO MORREM.*

> É estranho que os nossos sangues, com as suas cores, pesos e calores diferentes, ao serem misturados, se fundam até ao ponto de não se poderem distinguir e, no entanto, se distingam por diferenças tão fortes.
> SHAKESPEARE, "Tudo está bem quando acaba bem".

As POPULAÇÕES *são racialmente diversas, misturadas, fragmentadas, desarticuladas, orientadas para a fricção, contraproducentes, sem rumo na paisagem.* As populações são frequentemente restos mistos de grandes culturas que declinaram e morreram. Outras populações, por ignorância, talvez por razões religiosas, propagaram durante séculos defeitos genéticos que as tornam incapazes de grandeza. Outras ainda, acéfalas desde o início, mal evoluíram na escada evolutiva.

As pessoas não contribuem para a cultura mundial. *Os ILLUMINATI vêem-nas como unidades de consumo.* (ver *Sem pedir desculpa*, Barry Goldwater, JUDEU).

Um POVO *é uma família, uma tribo, um clã, uma nação, oriundos do mesmo PÓLO GENÉTICO* e, por isso, dotados de instintos semelhantes, incluindo: o amor à família, à raça, à nação, ao país; a agressividade, a sobrevivência, a necessidade de exclusividade territorial; o sentido de discriminação e o *sentido de objetivo elevado*. Um povo também partilha: apreciação estética, aparência física, *esprit de corps*, padrões intelectuais e comportamentais, bem como semelhanças psicológicas, fisiológicas e ESPIRITUAIS. *Só um povo pode criar uma CULTURA ELEVADA.* A CULTURA OCIDENTAL é a CULTURA ARIANA, e *é por isso que o PÓLO DO GENE BRANCO é o nosso bem mais precioso*. Os genes brancos fazem de nós o que somos e determinam o nosso destino. *Aqueles que procuram destruir o património genético branco, por qualquer meio, estão a cometer genocídio e devem ser tratados como assassinos. São os nossos INIMIGOS mais perigosos.*

A raça é uma grande divisão da espécie humana cujas caraterísticas distintivas são mais evidentes no plano físico, mas também se manifestam no desenvolvimento intelectual e emocional, no comportamento, no temperamento, no carácter e na ALMA. Estas caraterísticas raciais, como sabemos, transmitem-se basicamente inalteradas, exceto por mutações, através de sucessivas gerações que se reproduzem há éons de tempo. Apesar da negação dos propagadores da SÍFILIS JUDAICA, não há dúvida alguma sobre a *existência de raças distintas*. Elas são "*a matéria-prima que contribui para a evolução humana*".

Quando as raças se cruzam, os seus descendentes tendem a sofrer de defeitos fisiológicos bem conhecidos, bem como de deficiências e conflitos psicológicos, como a esquizofrenia, a depressão maníaca, a instabilidade, a desorientação e a falta de um carácter firme e definido. *Têm almas divididas.* Quando se olha para um atlas mundial, as regiões onde a mestiçagem foi mais extrema são precisamente aquelas onde as populações são notoriamente miseráveis, pouco fiáveis, irresponsáveis e pobres. Trazem pouco ou nenhum valor à humanidade, por exemplo: Índia e Egito modernos, Cuba, Havai, México, Hispaniola, Suriname, Brasil, África, etc. Ao passo que os *países mais duradouros e criativos são aqueles cujas populações apresentam pouca ou nenhuma mistura racial, como a Europa, a China e o Japão*. Não há família humana, não há igualdade entre os homens. *Existem apenas as leis da natureza, que desprezam as posturas teóricas marxistas/liberais/judaicas/cristãs.*

Repetimos: *uma Alta Cultura (Organismo Espiritual) é única na sua Visão do Mundo: totalmente distinta das populações que a rodeiam ou dos extraterrestres que temporariamente infestam o seu território*. O HOMEM DE ALTA CULTURA representa, portanto, a mais alta forma de Vida! *Enquanto que o homem sem cultura é um criptograma bípede.*

A obra-prima de Oswald Spengler *"O Declínio do Ocidente" ("Der Untergang Abendlandes")* examina oito grandes culturas que dominaram a história do nosso planeta. Uma delas, a cultura ocidental, ainda é dominante, *mas sofre de graves problemas patológicos e está em pleno declínio*. Sete outras altas culturas apareceram na paisagem da história mundial, floresceram brilhantemente como *novae* no sistema solar, depois declinaram e morreram. Estas são as seguintes culturas: Babilónica, Egípcia, Indiana, Chinesa, Árabe (Magiar), Clássica, Mexicana (Azteca, Inca, Maia). *Todas elas, exceto a mexicana, morreram por dentro, vítimas de PATOLOGIA CULTURAL: desgaste, parasitismo e mestiçagem.*

Permitam-me que reitere rapidamente que falámos anteriormente sobre o cruzamento de raças - a ideia de que o "vigor híbrido" resulta do acasalamento aleatório de diferentes estirpes raciais é *ridícula!* Para obter qualquer vigor híbrido, os progenitores devem ser não aparentados, *de raça pura*, com pedigrees que demonstrem superioridade racial, e as qualidades dos progenitores devem complementar-se mutuamente. Sem pais de raça pura, a descendência cruzada tem pouco ou nenhum mérito. Por conseguinte, embora a primeira geração de híbridos (F1) possa ou não resultar num aumento do vigor, o *cruzamento contínuo de híbridos resultará numa diminuição substancial do vigor nas gerações seguintes e apagará as qualidades excepcionais das raças puras originais. O cruzamento de brancos com negros, por exemplo, eliminará os louros de olhos azuis, os ruivos e os* castanhos de pele clara, bem como a inteligência superior que a sua lourice representa. A miscigenação também destrói a raça negra, privando-a da sua alma, do seu destino, da sua cultura e do seu território.

> Penso que a fusão total (cruzamento) das duas raças é a alternativa mais desejável para todos os interessados.
> NORMAN PODHORETZ, JUDEU,
> editor-chefe da revista "Commentary".

> A coisa mais terrível do mundo é a ignorância em ação.
> GOETHE.

> A importância de limitar a mistura deriva do princípio mendeliano de que um único cruzamento pode desfazer o trabalho de cem gerações de consanguinidade fiel.
> C. D. DARLINGTON,
> Professor de Botânica, Universidade de Oxford

> Um povo que não se orgulha dos feitos nobres dos seus antepassados distantes nunca realizará nada que mereça ser recordado pelos seus descendentes nobres.
> THOMAS B. MACAULEY.

> Um povo loiro e maravilhoso está a nascer no norte. À medida que transbordam, enviam onda após onda para o mundo do sul. Cada migração torna-se uma conquista, cada conquista uma fonte de carácter e civilização.
> WALTER RATHENAU, JUDEU,
> Industrial alemão, cerca de 1925.

Rathenau poderia ter acrescentado que, *depois*, os parasitas estrangeiros engoliram os Estados arianos num mar de lama humana.

A história destes criativos guerreiros louros, que hoje conhecemos como suecos, dinamarqueses, nórdicos, celtas e alemães, torna-se a história das muitas civilizações que fundaram (egípcia, indiana, persa, grega, romana, ocidental, russa, etc.). Os antigos falavam de uma raça de conquistadores de cabelos dourados, oriundos da lendária terra da Atlântida, que estabeleceram civilizações em Roma e na Grécia. Os deuses e deusas de Homero, de olhos azuis e pele clara, que governavam a partir do Monte Olimpo, eram imagens desses homens do Norte. Alguns arqueólogos acreditam que a Atlântida fez parte da Península Ibérica, perto de Gibraltar. Outros afirmam que a Atlântida era uma península que se projetava no mar perto da atual Wilhelmshaven, Helgoland, na Alemanha, que desapareceu num terramoto no Mar Frísio. Os *atlantes* foram provavelmente os precursores dos godos, cujos chefes dominavam a *ilha de Goth*, situada no Mar Báltico entre Estocolmo e Koenigsberg. Os antropólogos estão a reunir provas credíveis de que muitas tribos arianas pré-históricas migraram para fora do norte da Europa muito antes de 2000 a.C., estabelecendo colónias tão a leste como os Urais, e mesmo em partes da China e do Japão.

Escavações arqueológicas e dados históricos confirmam que um fluxo constante de povos nórdicos deixou o Norte da Europa entre 2000 a.C. e 1000 d.C. Estas tribos arianas aparecem com nomes diferentes, mas emanam de uma única herança genética branca. Os kassitas apoderaram-se do que restava do Império Babilónico por volta de 1700 a.C. Cerca de um século mais tarde, os bárbaros nórdicos, chamados "hicsos" pelos egípcios, apoderaram-se de uma civilização egípcia vacilante, revigoraram-na e governaram-na. Os arianos conquistaram a Índia, estabelecendo um sistema de castas (endogamia) para proteger o património genético dos brancos; em seguida, conquistaram a Pérsia (Irão). Os aqueus (alemães) e mais tarde os dórios (celtas) conquistaram a Grécia e lançaram as sementes da civilização clássica. Os Rus e os Vikings navegaram o Dnieper, o Volga e as vias navegáveis da Europa Oriental, abrindo rotas comerciais para o Mar de Azof, o Mar Negro, o Mar Cáspio e o Mediterrâneo, e para tão longe quanto as suas graciosas embarcações os podiam levar. Em suma, sabemos que esta raça proto-ariana (nórdica) estabeleceu algumas das maiores civilizações do mundo: ariana-indiana, kassita, hitita, persa, micénica, grega, romana, celta, teutónica, eslava, ocidental e asteca/maia/inca.

> As línguas indo-europeias (arianas) estiveram outrora associadas a um único tipo racial, embora composto, e esse tipo racial era um tipo nórdico ancestral.
> CARLTON COON, Professor de Antropologia em Harvard.

> Embora (os arianos) estejam espalhados por dois continentes, atribuímos-lhes uma ancestralidade e uma origem comuns...
> C. D. DARLINGTON, Professor de Botânica, Oxford.

> Os arianos aparecem por todo o lado como os promotores do verdadeiro progresso e, na Europa, a sua expansão marca o momento em que a pré-história (europeia) começa a divergir da de África ou do Pacífico.

V. GORDON CHILDE, "o maior pré-historiador do mundo".
(Encl. Britannica).

No final das grandes migrações, tribos arianas góticas (ostrogodos, visigodos), temidas pela sua coragem e ferocidade, saquearam e devastaram toda a Europa, sob nomes que nos são mais familiares: francos, anglos, saxões, celtas, vândalos, lombardos, borgonheses, belgas, jutos, vikings, dinamarqueses, rus, alemães, teutões, normandos, etc. Depois, instalando-se no estrato superior de cada sociedade que conquistaram, forneceram os seus líderes, exércitos e leis. *O que distinguia esta raça branca das populações simples era a sua VONTADE de cumprir o seu DESTINO MANIFESTO*. Foi esta FORÇA ARYENNE, manifesta em todos os aspectos do pensamento e da ação, que levou os Vikings, em navios minúsculos, por exemplo, a enfrentar o feroz Atlântico até às costas americanas e mais além. Compare-se esta raça com os negros, que nunca produziram um conquistador, um explorador, um alfabeto, nem sequer inventaram a roda; ou os ISRAELIANOS, que estiveram perdidos durante 40 anos numa região do tamanho de Rhode Island. Perguntem a qualquer general se ele prefere comandar um exército de turíngios ou um exército de judeus.

Júlio César, nas profundezas da Gália (França), conquistou os indígenas celtas (gauleses). No entanto, as tribos setentrionais a norte e a leste do Reno, que nunca conquistou, foram consideradas por César como celtas *"originais"*. A palavra latina para original, ou seminal, é *"germane"*. Foi, portanto, César quem primeiro deu este nome aos germanos. Os celtas, que são nórdicos, invadiram depois a Irlanda, o País de Gales, a Escócia e a maior parte do mundo numa ou noutra altura. Os *"irlandeses negros"* (o antigo Presidente Nixon poderia ser um deles) são descendentes de marinheiros espanhóis que deram à costa na Irlanda quando a Armada foi derrotada por Sir Francis Drake. O Presidente John F. Kennedy, um celta, causou grande ressentimento em círculos poderosos antes da queda do Muro de Berlim, construído por judeus, quando anunciou: "Ich bin ein Berliner" (Eu sou um berlinense): falava em nome de todos os arianos.

Os anglos germânicos atravessaram o Canal da Mancha e deram à ilha o nome de *"Angleland"*, mais tarde corrompido para *"Inglaterra"*. Os jutos (alemães) e os celtas causaram-lhes problemas, pelo que pediram ajuda aos saxões alemães. Os saxões gostaram tanto de

Inglaterra que ficaram. Como todos sabem, em 1066, Guilherme, o Conquistador, conduziu as suas tropas normandas (norueguesas) e teutónicas à vitória sobre os saxões na Batalha de Hastings. Ainda hoje, os ingleses são conhecidos como anglo-saxónicos (WASPS: *White, Anglo-Saxon Protestants*).

A atual família real britânica descende da casa germânica *de Saxe-Coburgo-Gotha*. Durante a Primeira Guerra Mundial, sentiu-se obrigada a mudar o seu nome para Casa de Windsor *("Uneasy lies the head that wears a crown")*.

A língua inglesa é de origem germânica. As línguas germânicas incluem: Escandinavo (sueco, nórdico, dinamarquês), islandês, neerlandês, alemão, inglês e frísio (o antigo prussiano e o gótico desapareceram). A França recebeu o seu nome dos francos, uma tribo germânica. *A "franqueza"* era a *condição sine qua non* da sinceridade, da honestidade, da integridade e do carácter, razão pela qual o *franco* se tornou a unidade monetária francesa. Carlos Magno, um franco da dinastia carolíngia e imperador do Sacro Império Romano-Germânico, tinha a sua corte em Aachen, os nomes alemão e francês para a mesma cidade. O Sacro Império Romano-Germânico (cerca de 950 d.C.) reunia romanos, cristãos e alemães, de Barcelona a Hamburgo, de Reims a Roma.

Segundo Bede, Palladius introduziu o catolicismo na Irlanda por volta de 430 d.C.. Os irlandeses espalharam depois o mito por toda a Europa. Quando os saxões foram finalmente convertidos ao cristianismo pelas armas francas (800 d.C.), esta conversão, segundo os saxões, transformou a Europa num *quase-povo, "uma raça"* de cristãos (na mesma altura, por volta de 700, os khazares asiáticos converteram-se ao talmudismo). *Por volta de 1050, todos os cristãos se consideravam uma família racial.* Com o tempo, o cristianismo adquiriu um significado territorial. Consequentemente, na Europa medieval, *"relações raciais"* significavam de facto relações entre línguas e grupos culturais, e não genes reprodutivos.

A palavra grega *"Agon"* significa combate ou guerra *no seio do grupo familiar,* por oposição à luta contra um inimigo estrangeiro. Assim, os cristãos envolveram-se em sangrentas guerras internas *(Agon)* para promover os ideais ocidentais. *Mas antes das guerras de aniquilação ILLUMINATI contra a Europa no século XX, os arianos sempre se uniram e lutaram como um só povo para proteger a Cristandade contra os Khazares, Mouros, Sarracenos, Mongóis, etc.* Atualmente, a Igreja Católica (fundada por JUDEUS), *que deve a sua existência à cavalaria ariana, promove a miscigenação e denuncia o nacionalismo ariano,* ao mesmo tempo que apoia o Estado de Israel. O comportamento do Papa tem precedentes. Jesus negou os pagãos, dizendo: *"Fui enviado às ovelhas perdidas da casa de Israel e só a elas".* (MATEUS).

À medida que a exploração e a expansão continuaram, os arianos estabeleceram bastiões da cultura ocidental onde quer que conquistassem e persistissem: a América do Norte e do Sul, o Canadá, a Austrália, a Nova Zelândia, a Islândia, a Gronelândia e a África, entre outros já enumerados, foram fundados e civilizados por estes povos dotados. *Deveria ser óbvio para qualquer pessoa com um pingo de inteligência que, uma vez que um povo tenha adquirido um património genético superior, deve fazer TUDO o que estiver ao seu alcance para o proteger e melhorar. O incomparável POOL GENÉTICO ARIANO produziu uma multidão de homens e mulheres ilustres. Vou mencionar alguns dos seus nomes para vos lembrar que eles são membros deste mesmo património genético, tal como vós e os vossos filhos se forem caucasianos:* Ikhnaton, Mahavira, Sigurd, Grettir, Njal, Artur, Cuchulain, Ulisses, Péricles, Aristófanes, Aurélio, Aristóteles, Zaratustra, Safo; Siegfried, Dario, Alexandre, Rurik, Teodorico, Martel, Carlos Magno, Rolando, César, Cleópatra, Eric, Alarico, Joana d'Arc, Godofredo, Bruce, Lutero, Marlboro, Rob Roy, Pedro o Grande, Pitt, Napoleão, Nelson, Wellington; Erickson, Cortes, Colombo, da Gama, Magalhães; Catarina, Isabel, Corday, Rouxinol; v. Steuben, Washington, Monroe, Jefferson, Hamilton, Madison, Allen, Henry, Hale, Morgan, Frederick, El Cid, Bismarck, Clauswitz; Hus, Garfield, McKinley, Hess, Hitler, Patton, MacFadden, McCarthy, Zundel; Bridger, Coulter, Crocket, Bowie, Houston, Clark, Hickock, Earp, Longbaugh, Oakley ; Lee, Jackson, Forrest, Grant, Lincoln, Barton, Custer, Stuart, Chamberlain; Pershing, Mata Hari, Richthofen, Rickenbaker, York, Cavell; MacArthur, del Valle, Crommelin, Rommel, Prien, Nimitz, Lindbergh, Earhardt, Goering, Mussolini, Montgomery, Murphy, Foss, Mindszenty, Pound, Solzhenitsyn ; Shakespeare, Petrarca, Dante, Goethe, Voltaire, Schiller, Swift, Emerson, Byron, Keats, Blake, Burns, Wilde, Shaw, Yeats, Melville, Whitman, Poe, Balzac, Hesse, Dostoiévski, Shelley, Eliot, Kipling, Dreiser, Steinbeck, Plath, Hemingway, Roethke, Dinesen, Bronte, Waugh, James, Pegler, Marsden, Mencken, Chesterton ; Bach, Foster,

Grieg, Wagner, Smetna, Beethoven, McCartney, Tschaikowsky, Rachmaninoff, Dvorak, Lehar, Strauss, Debussy, Chopin, Brahms, McDowell, Elgar, Borodin, Bizet, Herbert, Vivaldi, Verdi, Puccini, Haendel ; Praxis, Rodin, Remington, Mallol, Ticiano, Da Vinci, Durer, Rembrandt, Brueghel, Monet, Homero, Bierstadt, Wyth, Degas, Goya ; Platão, Goethe, Kant, Hume, Schopenhauer, Spencer, Pascal, Descartes, Carlyle, Machiavelli, Montaigne, Kierkegaard, Nietzsche, Spengler, Santayana, Yockey, Simpson ; Kepler, Copérnico, Newton, Swedenborg, Franklin ; Shockley, Coon, Ardrey, Oliver, Sombart, Baker ; Mendel, Curie, Lister, Pasteur, de Bakey ; Gutenberg, Galton, Ohm, Edison, Ford, Carnegie, Krupp, Benz, Chrysler, Diesel ; Planck, Goddard, Hertz, von Braun, Humboldt, Richter, Marconi, Goethals, Rutherford, Roebling, Wright, Sullivan ; Yaeger, Costeau, Lovell, Glenn, Armstrong, Shepard, Grissom ; Traubel, Hess, Sutherland, Swartzkoph, Pons, Lehmann, Caruso, Pavarotti, Wunderlich, Cararras, Pinza, Hines ; Barrymore, Cooper, Gielgud, Olivier, Wayne, Astaire ; Day, Streep, Hayes, Leigh, Davis, Temple ; Griffith, Lean, Wells, Hitchcock, Ford, Bergman ; Ripken, Di Maggio, Ruth, Spahn, Williams, Schmidt, Hornsby, Gehrig, Berra, Rose, Wagner, MacGwire; Nicklaus, Jones, Hogan, Palmer, Snead, Norman; Lombardi, Staubach, Montana, Elway, Kramer, Unitas; Hingis, Laver, Borg, Graf, Connors, Court; Bird, West, Bradley, Laettner, Walton, Havlichek; et al.

A raça eleva o homem acima de si mesmo: dota-o de poderes extraordinários - quase diria sobrenaturais - tão distintos da mistura caótica de povos de todas as partes do mundo... a sua raça fortalece-o e eleva-o em todos os sentidos... ele alcança o céu como uma árvore forte e majestosa alimentada por milhares e milhares de raízes - não um indivíduo solitário, mas a soma viva de inúmeras almas que lutam pelo mesmo objetivo.
H. S. CHAMBERLAIN, "A Génese do Século XIX". (Chamberlain, um britânico, era genro de Nietzsche).

Todas as grandes civilizações do passado pereceram apenas porque as raças originais morreram de envenenamento do sangue.
ADOLF HITLER, Chanceler da Alemanha.

CAPÍTULO 10

PARASITISMO U.S.A.

O chamado "problema judeu" apareceu pela primeira vez. Não é a raça, a religião, a ética, a nacionalidade ou a filiação política, mas algo que os engloba a todos e que separa o JUDEU da cultura ocidental.
FRANCIS PARKER YOCKEY, *"Imperium"*.

Ligados pela fé mais obstinada, os judeus estendem a sua caridade a todos os que lhes obedecem, ao passo que nutrem um ódio maçador e inveterado pelo resto da humanidade.
TACITUS, *"Obras históricas"*.

Os israelitas controlam as políticas do Congresso dos EUA.
J. WILLIAM FULBRIGHT,
Senador dos EUA, CBS *"Face the Nation"*.

A influência judaica neste país é tão forte que nem dá para acreditar. Os israelitas vêm ter connosco a pedir equipamento. Dizemos-lhes que não há hipótese de o Congresso apoiar um programa desses. Eles dizem: "Não se preocupem com o Congresso, nós tratamos do Congresso..." É alguém de outro país, mas eles conseguem.
GEN. GEORGE S. BROWN,
Presidente do Estado-Maior Conjunto das Forças Armadas, 1973.

Hoje em dia, há apenas dois grupos que batem o tambor para a guerra no Médio Oriente: o Ministério da Defesa israelita e o seu grupo de amigos no Congresso dos EUA.
PAT BUCHANAN, *"The McLaughlin Group"*, 1991.

Kennedy disse: "Concordo plenamente consigo que o partidarismo americano no conflito israelo-árabe é perigoso tanto para os Estados Unidos como para o mundo livre"... O assassinato do Presidente Kennedy... destruiu a possibilidade de o seu segundo mandato ver Washington começar a libertar-se do pesado fardo do partidarismo americano no conflito israelo-árabe.
ALFRED M. LILIENTHAL, JUDEU, *"A Ligação Sionista"*.

TRAIÇÃO E SEDIÇÃO

Como vimos, sempre que os judeus entram num Estado gentio, o seu único objetivo é sugar o sangue vital da nação anfitriã e implantar a sua própria cultura. Por volta de 1850 d.C., os JUDEUS puseram os olhos na América. Durante os 150 anos seguintes, invadiram os Estados Unidos, penduraram as suas ambições e o seu ódio nos nossos recursos e poder humano, e depois começaram a arrastar a América para uma série de guerras travadas com o único objetivo de enriquecer os JUDEUS e fazer avançar a agenda ILLUMINATI.

> Charles Lindbergh publica os seus "Diários de Guerra", nos quais insiste que a sua posição não intervencionista (Segunda Guerra Mundial) era fundamentalmente correta e que os Estados Unidos tinham de facto perdido a guerra... Sublinha a perda genética irreparável... sofrida pelos povos do Norte da Europa.
> WILMOT ROBERTSON, *"A Maioria Despossuída"*.

Depois da Segunda Guerra Mundial, a Europa foi atravessada por uma *"cortina de ferro"*. *Era imperativo manter as pessoas na ignorância sobre os vampiros que as tinham atacado*. O mito do "HOLOCAUSTO", *um estratagema para esconder o Holocausto perpetrado contra a Alemanha*, surgiu como um cão raivoso. Os judeus invadiram o funcionamento do governo dos Estados Unidos. A *"Guerra Fria"*, outra farsa, surge no horizonte. Os bolcheviques rastejam como vermes para fora dos cadáveres da Rússia e da Europa de Leste, ameaçando a Main Street, EUA.

> Os imigrantes judeus nos Estados Unidos resistiram de tal forma à identificação por raça (e religião), insistindo que não deviam ser considerados judeus, mas sim alemães, polacos ou outros, que durante muitos anos as várias quotas nacionais foram ocupadas quase inteiramente por judeus; e até hoje o número de judeus nos Estados Unidos só é conhecido pelos números que os próprios judeus nos dão.
> WILLIAM G. SIMPSON, *"Que caminho para o homem ocidental?"*

Um desses imigrantes que, tal como tantos outros, escapou "milagrosamente" ao Holocausto foi Albert Einstein, judeu (1879-1955), físico teórico conhecido pela sua brilhante "teoria da relatividade" ($E=mc^2$) e pelo seu apoio ao comunismo, que escreveu ao Presidente Franklin Roosevelt instando-o a lançar um programa de desenvolvimento de uma arma nuclear americana para ser utilizada contra a Alemanha. Alexander Sachs, um banqueiro judeu, entregou a carta que acusava falsamente a Alemanha de estar a construir uma bomba atómica. De facto, Hitler, ao estudar o potencial da energia nuclear, pronunciou-se contra TODAS as armas de destruição maciça (incluindo o bombardeamento de alvos civis). Os conselheiros de Roosevelt, Baruch, JUIF, Rosenman, JUIF, Morgenthau, JUIF, Hopkins, Hiss, etc., venderam a FDR a ideia de Einstein. Os cérebros por detrás da bomba atómica eram Lisa Meitner, uma judia, Neils Bohr, um judeu, Hans Bethe, um judeu, Edward Teller, um judeu, John von Neumann, um judeu, Leo Szilard, um judeu, e Enrico Fermi, um ariano, cuja mulher era judia. Quase todos tinham estudado na Universidade de Gottingham, na Alemanha, e alguns tinham trabalhado no Instituto Max Planck. Meitner tinha roubado os pormenores das bem sucedidas experiências alemãs de fissão em Berlim. Foram os precursores da energia nuclear e, mais tarde, da bomba atómica construída em Los Alamos sob a direção do Dr. Robert J. Oppenheimer, um judeu. Teller e von Neuman abandonaram o projeto da bomba A e começaram a desenvolver a bomba de hidrogénio. Os projectos da bomba atómica foram rapidamente reproduzidos por traidores judeus e transmitidos à União Soviética. A bomba A não foi concluída a tempo de ser lançada sobre a Alemanha, para grande desgosto dos judeus do mundo inteiro. Mas não lhes podia ser negado um sacrifício de sangue. O Japão, cambaleando em direção a uma derrota certa, estava prestes a receber uma lição da TALMUD.

O único protesto forte contra o lançamento da bomba atómica no Japão veio do conselheiro científico de Truman, Ernest Lawrence, um ariano. Outras vozes mais altas foram ouvidas. Obedecendo aos seus senhores, Truman ordenou a incineração das cidades não defendidas de Hiroshima (uma cidade cristã) e Nagasaki. Lançar a bomba atómica sobre uma zona desabitada poderia ter sido um exemplo suficiente da sua capacidade destrutiva. Mas os vampiros queriam dar uma lição inesquecível aos honrados japoneses que se tinham aliado à Alemanha. *Podem ter a certeza de que os descendentes dos grandes samurais NÃO se esqueceram.*

A perigosa extensão da penetração comunista nos Estados Unidos tornou-se evidente durante os muitos julgamentos de espiões que se seguiram à Segunda Guerra Mundial; mesmo o goy mais ignorante começou a compreender a estupidez da aliança da América com o "malvado império comunista" contra a Alemanha ariana. O presidente

Harry Truman, sob pressão dos media e dos seus conselheiros judeus (o rabino Steven Wise, Sam Rosenman, Eddie Jacobson, os irmãos Rostow, Max Lowenthal, David Niles, etc.), rejeitou o pedido de ajuda do Canadá para a sua investigação das redes de espionagem comunistas que operavam no Canadá e nos Estados Unidos. Truman (que nos arrastou para o desastre coreano ostensivamente para combater o comunismo e que tentou abolir o incomparável Corpo de Fuzileiros Navais dos EUA) descreveu as investigações sobre os comunistas como "Red Herring". Procedendo sem a assistência dos Estados Unidos, o Canadá prendeu e condenou uma rede de agentes soviéticos, incluindo: Sam Carr (Cohen), organizador para todo o Canadá; Fred Rose (Rosenberg), membro do Parlamento, organizador para o Canadá francês; e Hermina Rabinowich, ligação com os comunistas americanos. Todos estes "canadianos" eram JUDEUS KHAZARES.

Por fim, surpreendidos pela amplitude da subversão de que Truman tinha zombado, os serviços secretos americanos começaram (por volta de 1950) a prender e a condenar espiões soviéticos que trabalhavam nos Estados Unidos, entre os quais: John Gates (Israel Regenstreif), editor do jornal comunista "Daily Worker", Gil Green (Greenberg), Gus Hall (Halberg) e Carl Winters (Weissberg), todos eles judeus.

No mesmo ano, os primeiros espiões atómicos americanos foram condenados por espionagem: Julius e Ethel Rosenberg; Morton Sobell; David Greenglass; Harry Gold; Abraham Brothman; Miriam Moskowitz; Gerhardt Eisler; William Perl (Mutterperl) Departamento de Física da Universidade de Columbia. TODOS JUDEUS *(os Rosenbergs foram condenados e executados por traição, no meio de gritos de antissemitismo. Os ficheiros soviéticos, finalmente tornados públicos em 1997, confirmaram que os Rosenbergs tinham transferido os projectos da bomba atómica de Los Alamos para a União Soviética).* Descobriu-se que estes judeus eram actores relativamente secundários numa conspiração judaica muito mais profunda. Como veremos.

Enquanto a América estava envolvida na "guerra fria" contra a União Soviética (alguns americanos construíam abrigos anti-bombas nos seus jardins), o Dr. Robert J. Oppenheimer, um judeu, chefe do projeto de Los Alamos e o cientista nuclear mais importante dos Estados Unidos, protestou subitamente contra o desenvolvimento da bomba de hidrogénio. Ele, que tinha sido um entusiasta da ideia de lançar a bomba atómica sobre a Alemanha e o Japão, exigiu, para espanto dos dirigentes americanos, que o projeto fosse abandonado por "razões humanitárias"! O seu ponto de vista foi fortemente apoiado, na imprensa e na prática, pelos judeus americanos que (no que diz respeito à União Soviética) se tinham tornado subitamente pacifistas profundamente convictos.

Os Chefes de Estado-Maior dos EUA sabiam que os soviéticos tinham feito uma oferta de quid pro quo aos cientistas alemães capturados, nomeadamente a sua libertação de uma morte certa no Gulag em troca dos seus conhecimentos científicos. Com grande esforço, os Chefes de Estado-Maior anularam a oposição de Oppenheimer. O Comité Especial do Conselho de Segurança Nacional (dois arianos e um judeu) votou então, por dois votos a um, a favor do programa da bomba H. O voto contra foi dado pelo antigo Ministro da Defesa. O voto contra foi dado por David Lilienthal, judeu e presidente da Comissão de Energia Atómica. Os EUA conseguiram produzir a bomba H 11 meses antes de os soviéticos produzirem a sua, salvando os EUA da extorsão soviética e possivelmente da extinção. Sentindo que havia um rato "debaixo das pilhas", o FBI retirou a autorização de segurança a Oppenheimer. Motivo: a sua mulher, amante e melhores amigos tinham "extensas afiliações comunistas". A ADL e os media gritaram sectarismo! O Presidente Lyndon Johnson, um espião facilmente chantageado, incitado por Abe Fortas, JUDEU, e pelos irmãos Rostow, JUDEUS, restaurou a autorização de segurança de Oppenheimer numa grande cerimónia, com homenagens, prémios e desculpas chorosas. (Pouco tempo depois, o nomeado de Johnson para Presidente do Supremo Tribunal, Abe Fortas, e o seu sócio Louis Wolfson, um JUIF, foram condenados por desvio de fundos. Cumpriram as suas penas no mesmo tipo de prisão de clube de campo que mais tarde albergou figuras judaicas como Michael Milken, Ivan Boesky e outros vendedores de títulos de dívida de Wall Street e vigaristas).

Em 1994, Pavel A. Sudoplatov, um antigo agente soviético, comunicou ficheiros do KGB à Agência Central de Inteligência Americana, revelando que o enigmático Dr. Robert J. Oppenheimer, um JUDEU, era um espião soviético! Oppenheimer (já falecido) tinha comprometido a segurança dos EUA ao fornecer à União Soviética segredos nucleares pormenorizados dos EUA. A traição de Oppenheimer quase custou aos Estados Unidos a vitória na Guerra Fria e contribuiu indirectamente para a morte de milhares de militares americanos na Coreia e no Vietname. Os media decidiram suprimir esta informação. O seu deputado está a fazer-se de parvo.

O Procurador-Geral dos Estados Unidos declarou recentemente que uma análise de 4 984 dos membros mais militantes do Partido Comunista nos Estados Unidos revelou que 91,4% deles eram de origem estrangeira (judeus) ou casados com pessoas de origem estrangeira.
PAT MCCARRAN, Presidente do Comité Judicial,
Senado dos EUA, 1950.

A grande maioria dos judeus muda de nome, seguindo um precedente estabelecido por Lenine (Ulianov), Trotsky (Bronstein) e Estaline (Dzugashvili), um tártaro casado com uma judia. Atualmente, a mudança de identidade inclui uma cirurgia facial que melhora drasticamente a sua aparência, permitindo-lhes esconderem-se quase despercebidos entre os goyim que pretendem destruir.

O SENADOR JOSEPH McCARTHY liderou o ataque (cerca de 1950) aos comunistas no seio do governo dos EUA (apelidado de "caça às bruxas" pelos procuradores do governo e pelos meios de comunicação social). Os amigos de McCarthy avisaram-no de que seria atacado por ambos os lados. Ele respondeu: "O povo americano nunca me deixará ficar mal". Ele não conhecia o *Stupidus Americanus*, que sofreu uma lavagem cerebral. McCarthy iniciou investigações nos Departamentos de Estado, Agricultura, Tesouro e Defesa. Vários agentes soviéticos acabaram por ser presos, incluindo: Alger Hiss, Currie, Ware, Collins, Duggin, Reno, Remington, Wadleigh, Field e Whittaker Chambers. Entre os judeus desmascarados como agentes soviéticos encontravam-se: Abe Pressman, Abt, Perlo, Silverman, Witt, Gompertz e White (Weiss), um protegido de Henry Morgenthau, um judeu e Secretário do Tesouro de FDR.

A ADL utilizou tácticas testadas e comprovadas, demonizando o mensageiro para desviar a atenção dos factos. McCarthy tinha provas irrefutáveis de que os comunistas estavam a minar os fundamentos da nossa República e a trair os serviços secretos americanos ao bloco comunista.

Estava a fazer verdadeiros progressos quando foi acusado de fazer acusações infundadas contra a integridade do exército americano, incluindo a falsa acusação do Dr. Victor Perlo, um dentista do exército americano e judeu, de estar filiado num partido comunista. A acusação contra McCarthy foi exagerada pelos meios de comunicação social, que estavam sedentos de sangue. No calor da difamação transmitida pela televisão a nível nacional, o valioso serviço prestado pelo senador à América foi ignorado. Finalmente, o Senador McCarthy, censurado por um Senado subserviente, foi forçado a reformar-se. Perlo (que mais tarde confessaria ser comunista) seguiu em frente, um herói da esquerda. Uma nova palavra de aprovação, "McCarthyism" (que significa: ataques inválidos e indiscriminados a uma testemunha) entrou no léxico americano. A sua verdadeira definição é: *"Aquele que ataca os comunistas será queimado numa fogueira"*. Um aspeto importante desta tragédia americana é o facto de a oposição a McCarthy nas salas de audiências ter sido liderada por advogados arianos, muitos dos quais pertenciam à Ivy League e eram membros da Skull & Bones, vassalos da Regra de Ouro: "Quem tem o ouro manda".

Recentemente, o falecido senador levantou-se do túmulo:

O "espantalho" da era McCarthy revela-se bastante correto: documentos mostram infiltração soviética

O senador Joseph McCarthy e outros defensores da Guerra Fria não estavam errados quanto à extensão da penetração soviética nas agências governamentais dos EUA... Documentos divulgados ontem pela Agência de Segurança Nacional mostram que mais de 100 agentes soviéticos se infiltraram nos Departamentos de Estado, Justiça, Guerra, Tesouro e até no Gabinete de Serviços Estratégicos, o precursor da CIA.... As divulgações anteriores... detalhavam a descoberta dos esforços soviéticos para roubar segredos nucleares e o envolvimento de Julius e Ethel Rosenberg no esforço de espionagem em tempo de guerra. "Nem todas as pessoas acusadas por McCarthy eram inocentes", disse Radosh, observando que a reação contra a cruzada anti-comunista de McCarthy tendia a desacreditar qualquer pessoa que procurasse expor as actividades soviéticas nos EUA. Mas o historiador David Kahn (JUIF), autor do livro *"The Codebreakers"*, disse ser muito mais cauteloso quanto à possibilidade de reabilitar a imagem de McCarthy... "Não quero ir demasiado longe", disse Kahn.

The WASHINGTON TIMES, 6 de março de 1996.

Nos anos 70 (época do Vietname), os meios de comunicação social, tendo em mente o McCarthyismo, protestaram contra a espionagem interna do governo dos EUA como uma ameaça à "liberdade".

O Presidente Ford, sempre facilmente persuadido, permitiu que o Procurador-Geral Edward Levi, um JUDEU, impusesse as "Diretrizes Levi" às agências de investigação dos EUA. Estas diretivas esvaziaram os programas de segurança do pessoal do governo, protegendo da investigação aqueles que pregavam a subversão, a menos que defendessem ou se envolvessem em crimes específicos. Por outras palavras, os EUA já não podem fazer prevenção antes de o fogo começar. O que introduz outra história de espionagem...

Em outubro de 1998, a assinatura de um novo acordo de paz entre a Palestina e Israel foi notícia de primeira página. Yasser Arafat, um árabe, com os lábios a tremer, falou de um futuro glorioso de paz e prosperidade para os dois povos: "Nós, os irmãos semitas"! Benjamin Netanyahu, um judeu khazar, estremeceu.

Nas primeiras horas da manhã, depois de o acordo ter sido alcançado, mas antes de ser assinado, Netanyahu, o Primeiro-Ministro israelita, arruinou as negociações. Ameaçou retirar-se se os Estados Unidos não libertassem o espião israelita Jonathan Pollard da prisão como parte do acordo. Clinton não se atreveu a cumprir. No entanto, para apaziguar os israelitas, o seu último ato como Presidente foi perdoar uma série de ladrões judeus, incluindo o vigarista judeu americano Marc Rich, que está no topo da lista dos mais procurados pelo FBI.

Pollard é o judeu "americano" que vendeu "*um número incrível de segredos americanos a Israel*". Como Pollard tem um conhecimento íntimo de todos os aspectos da segurança americana, continua a ser um risco mesmo na prisão. Alan Dershowitz, um professor judeu da Faculdade de Direito de Harvard e estrela de televisão, diz que a detenção de Pollard é uma "mancha na América" porque "os segredos foram vendidos a um aliado dos Estados Unidos; ele já cumpriu uma pena suficiente" (mais de 12 anos). As "cabeças falantes" dos meios de comunicação social, preocupadas com o seu trabalho, concordam que Pollard, que se tornou cidadão israelita enquanto esteve na prisão, deve ser enviado de volta para Israel "a bem da paz". Israel, onde Pollard é considerado um herói nacional, exige que os EUA libertem imediatamente o seu espião. Dershowitz perdeu a paciência durante uma entrevista na CNN quando foi levantada a questão da dupla lealdade judaica. "É uma história antiga", disse. "Pollard é apenas um judeu americano que, por acaso, é espião. Dershowitz, claro, está apenas a encobrir a verdade. Os judeus, como todas as raças, são geneticamente únicos: os genes determinam o comportamento. Historicamente, os judeus têm sido conhecidos por serem desleais para com as nações que os acolhem. Isto não significa que todos os judeus nos Estados Unidos sejam riscos de segurança, como Pollard e outros. Significa simplesmente que muitos judeus que professam a sua fé no MARXISMO/JUDAÍSMO/SIONISMO são riscos de segurança. Mais precisamente, significa que cerca de 98% (noventa e oito por cento) de todos os judeus são riscos de segurança. Os Estados Unidos da América estão a descobrir o que a Europa aprendeu há muito tempo: os judeus sorriem enquanto apunhalam os seus anfitriões pelas costas.

Alfred Lilienthal, um judeu, gravou (7-4-72) a seguinte entrevista com dois adolescentes de Brooklyn pertencentes à Conferência Internacional da Juventude Sinagogal:

Se Israel e os Estados Unidos entrarem em guerra, de que lado estará?

Isso nunca acontecerá, não é possível.

Considera-se americano ou judeu?

Sou americano e judeu.

Mas o que deve ser considerado em primeiro lugar?

Sou judeu antes de ser americano.

Tem dupla lealdade? Algumas pessoas insistem nisso.

Não, mas temos laços estreitos com Israel, bem como com os Estados Unidos, e temos laços mais estreitos com Israel porque é o nosso Estado.

O que é que quer dizer com isso? Pensei que os Estados Unidos eram o teu estado?

Vivemos nos Estados Unidos. Mas orgulhamo-nos do facto de Israel ser o nosso Estado. Israel é a nossa pátria e o nosso objetivo final é estabelecermo-nos lá.

Porque não ir agora?

Não estamos prontos para partir.

Então, por que é que se fica nos Estados Unidos e por que é que se usa os Estados Unidos?

Temos de ter um país forte e poderoso, e queremos construir os Estados Unidos porque, enquanto cá estivermos, podemos ajudar Israel. Estamos aqui porque é um país poderoso e queremos usar a nossa influência.

Influenciar os Estados Unidos a favor de Israel?

Não se trata apenas de influenciar os Estados Unidos, mas também de influenciar outros judeus americanos, muitos dos quais não estão a fazer tanto quanto deveriam.

O que pensa de Israel?

Israel é o nosso país. Os Estados Unidos não são o nosso Estado. Fazemos dele a nossa casa, mas uma casa não é o nosso Estado.

O que acontece quando as pessoas dizem que os judeus estão a usar os Estados Unidos e que é altura de sair?

Gostariam que déssemos a conhecer que se trata de antissemitismo.

Mas tem duas lealdades?

O que é que isso tem de mal? Israel pode ajudar os Estados Unidos e os Estados Unidos podem ajudar Israel... Não usamos os Estados Unidos como base. Apoiamos os Estados Unidos, pagamos os nossos impostos. De momento, não queremos imigrar. E não pensem que estamos a viver da gordura da terra deles e a tirar-lha, isso é fanatismo, isso soa a antissemitismo.

Talvez, mas não está a alimentar este antissemitismo com as suas ideias?

Se os Estados Unidos nos pedissem para servir no exército e isso não envolvesse Israel, nós fá-lo-íamos. Mas não podemos confiar nos Estados Unidos para fazer tudo o que queremos. Se os Estados Unidos não têm uma política favorável a Israel, cabe-nos a nós ajudar a construí-la, e não poderíamos fazer por Israel o que é necessário se não vivêssemos nos Estados Unidos.

ALFRED LILIENTHAL, "A Ligação Sionista".

Um jovem Pollard poderia ter sido um dos judeus entrevistados acima. *("As lêndeas tornam-se piolhos"*, General Sheridan, EUA).

Recentemente, um outro documento do KGB, decifrado pelo programa americano Venoma, indica, sem o provar, que David K. Niles (Neyhus), um judeu, era um traidor americano de alto nível. Protégé de longa data de Bernie Baruch, um judeu, e de Harry Hopkins, chefe de gabinete de FDR, *Niles foi conselheiro administrativo de Roosevelt e Truman* (Hopkins, *recentemente desmascarado como espião soviético, viveu* de facto *na Casa Branca*). Quando morreu, em 1953, Niles foi descrito pelo New York Times como *"um homem misterioso"*. O FBI tinha Niles e muitos dos seus associados sob vigilância. O seu cenário começou quando Niles recomendou David Karr (Katz), um judeu, a

Alan M. Cranston para um emprego. Karr fazia parte da equipa do jornal comunista *Daily Worker* e era diretor de relações públicas da Liga Americana para a Paz e a Democracia, uma frente comunista. Cranston era então membro do Gabinete de Informação de Guerra (OWI). Mais tarde, tornou-se senador dos EUA (CA-Dem.). Cranston publicou uma edição distorcida de "Mein Kampf", que vendeu ao público americano como uma tradução da primeira edição de *"Spielbergism"*. Obedecendo às diretivas de Niles, Cranston contratou Karr como funcionário da OWI. Nessa qualidade, tinha acesso diário às equipas dos Presidentes Roosevelt e Truman, que incluíam Hopkins, Lauchlin Currie, Alger Hiss, Harry Dexter White (Weiss), JUIF (todos desmascarados como agentes soviéticos) e, claro, David Niles, JUIF. Os ficheiros Venona confirmam igualmente as actividades de espionagem de Kim Philby, de Klaus Fuchs, judeu, e dos Rosenbergs, judeus. O facto é que David Niles nunca foi investigado pelo Congresso. Truman (que empurrou os EUA para o desastre coreano) chamou a Niles "um amigo íntimo e um associado de confiança". A resposta à questão de saber até que ponto a Casa Branca, controlada pelos Democratas, foi (e continua a ser) palco de alta traição está encerrada nos ficheiros do FBI, que o Bureau só revelará sem mais delongas ao Congresso dos EUA. O Congresso, que tem de agradar aos meios de comunicação social, finge não se importar (ver o editorial do *Washington Times*, 8-29-97).

Antes da Segunda Guerra Mundial, Hitler tinha-se afirmado como o inimigo declarado do liberalismo, do marxismo e dos judeus, precisamente as três forças motrizes que tinham chegado ao poder com o New Deal de Franklin Roosevelt.
WILMOT ROBERTSON, "The Dispossessed Majority", 1976.

Alguns dos meus melhores amigos são comunistas.
FRANKLIN DELANO ROOSEVELT

A história completa do apelo da Alemanha para negociações e da nossa recusa categórica e corte de relações diplomáticas não foi publicada em 1937 e 1938, quando a Alemanha fez o seu apelo, mas foi escondida do público até que a Comissão de Actividades Anti-Americanas da Câmara a descobriu depois da Segunda Guerra Mundial... e a tornou pública mais de uma década depois de os factos terem sido tão criminosamente suprimidos.
DR. JOHN O. BEATY, Coronel, Serviços Secretos do Exército dos EUA.

John F. Kennedy propôs um plano de paz às Nações Unidas (1961)

apelando ao "desarmamento geral e completo dos Estados Unidos", uma medida adicional para implementar o plano de Bernard M. Baruch.
A. K. CHESTERTON, "Os novos senhores infelizes".

A profundidade da penetração dos governos aliados por AGENTES JUDEUS é evidenciada pelas guerras do século XX, travadas não só em benefício dos inimigos do Ocidente, mas também pelas estratégias empregues para assegurar a derrota do Ocidente. Vimos acima que a Casa Branca e o número 10 de Downing Street capitularam perante os ILLUMINATI, alinhando com a União Soviética contra a Alemanha cristã. Vimos como Bernard Baruch, o capanga do KAHILLA, "o homem mais poderoso da América", impôs um controlo absoluto sobre FDR, Churchill e Dwight Eisenhower, que juntos sacrificaram a herança do seu país para fazer avançar a agenda dos ILLUMINATI (ver Capítulo 6: "Holocausto"). A traição do Cristianismo, amplamente documentada, por Roosevelt em Yalta e Truman em Potsdam, assegurou a total VITÓRIA COMUNISTA na Segunda Guerra Mundial e causou a morte de milhões de europeus desarmados após a guerra.

A traição nunca prospera. Porquê? Porque quando isso acontece, ninguém se atreve a chamar-lhe traição.
LORD HARRINGTON.

ESTRATÉGIAS PARA A DERROTA E GUERRAS NÃO VENCEDORAS

CHINA: Após a Segunda Guerra Mundial, Mao Tse-Tung, financiado pelos ILLUMINATI, conduziu os seus comunistas chineses a um conflito armado contra a China nacional liderada pelo Generalíssimo Chiang Kai-Shek, aliado dos Estados Unidos contra o Japão. Truman exigiu que Chiang integrasse os comunistas no governo nacional da China, caso contrário a ajuda americana seria retirada. Chiang recusou-se a ser extorquido, invocando a sua repulsa pelo cartel bancário internacional. Privado da ajuda americana e dos abastecimentos para o seu exército, Chiang Kai-shek retirou-se para a ilha santuário de Formosa e aí se entrincheirou. Desta forma, os Estados Unidos traíram deliberadamente o seu antigo aliado Chiang Kai-shek e entregaram a China continental ao comunismo. Posteriormente, foi atribuído à China comunista um lugar permanente no Conselho de Segurança das Nações Unidas, o seu lugar mais poderoso. Mao Tse-Tung, famoso pelo seu *"Pequeno Livro Vermelho"* e querido da "elite" de Nova Iorque-Hollywood, os JUDEUS, assassinou 65 milhões dos seus compatriotas naquilo a que David Rockefeller e o "mongol" Brzezinski chamam "uma revolução gloriosa".

COREIA: Pouco tempo depois, Truman, com o Congresso a olhar para o outro lado, enviou tropas americanas para a Coreia. A suposta missão era IMPEDIR que o comunismo se espalhasse pela Coreia do Sul, uma península virada para o Japão, agora desarmado. Esta "ação policial" rapidamente se transformou numa guerra não declarada em grande escala. O grande general Douglas MacArthur fez recuar os norte-coreanos, liderados por oficiais chineses vermelhos, em direção à fronteira chinesa, sob os gritos de protesto de Wall Street, que temia uma guerra com "o nosso parceiro comercial", a China vermelha. Nas ruas da América, os liberais, os marxistas e os judeus "protestavam" contra as nossas vitórias e exultavam com as nossas derrotas, dando assim, aos olhos dos patriotas, uma razão de ser à guerra. MacArthur queixou-se de que a sua condução da guerra estava a ser comprometida por espiões dentro do governo dos EUA: "O inimigo recebe as minhas diretivas (do Pentágono) antes de mim". MacArthur pede a Truman que autorize as tropas de Chiang Kai-Shek a lutar ao lado dos americanos contra os chineses vermelhos. Truman recusa. MacArthur vê recusado o seu pedido para atacar as forças inimigas concentradas do outro lado da fronteira de Yalu. O seu pedido de recolha de informações através de reconhecimento aéreo sobre a China é recusado. MacArthur apercebeu-se rapidamente de que era suposto ganhar batalhas mas perder a guerra. Uma e outra vez, contra probabilidades incríveis e à custa de pesadas baixas americanas, as forças americanas detiveram o inimigo, mas o Presidente Truman impediu-as de dar o golpe de misericórdia. MacArthur insistiu publicamente na vitória, o que enfureceu os ILLUMINATI. Truman demitiu então MacArthur por insubordinação. O seu substituto, o general Ridgway, declarou depois da guerra: "Se não ganhámos, foi porque me deram ordens para não ganhar". Porque é que ninguém foi enforcado por alta traição? Só os ILLUMINATI sabem. Em retrospetiva, todos os factos apontam para a conclusão de que o objetivo do governo dos EUA ao levar a América para a Coreia não era derrotar o comunismo, mas sim matar o maior número possível de americanos numa derrota ignominiosa, livrar-se do herói MacArthur como possível candidato presidencial e levar uma América desiludida a aceitar um governo mundial único.

VIET NAM: Um cenário idêntico desenrolou-se dez anos mais tarde, sob outra administração democrata amiga dos judeus. Num discurso especial ao público americano, o presidente democrata Lyndon Johnson relatou o ataque a um navio de guerra americano no Golfo de Tonkin por um torpedeiro norte-vietnamita. Johnson anunciou solenemente que "a agressão comunista deve ser travada porque constitui uma ameaça à segurança americana". (Mais tarde, quando os 58 152 mortos americanos não passavam de nomes numa parede, os registos desclassificados da Marinha dos EUA revelaram que não tinha havido nenhum ataque de torpedo!) Johnson ordenou então que 165 000 soldados americanos, liderados pelo general Westmoreland, apoiassem um punhado de "conselheiros" americanos que tinham sido enviados para o local pelo antigo presidente democrata John F. Kennedy. Estes "conselheiros" ajudaram os ineptos sul-vietnamitas na sua guerra de raças contra os norte-vietnamitas, que também eram comunistas. Uma vez que as forças americanas estavam empenhadas em grande número, o governo federal dos EUA, tal como na Coreia, proibiu-as de atacar certos santuários do inimigo (áreas de preparação) onde os comunistas se retiravam, reagrupavam, rearmam e lançavam novos ataques. O material de guerra, enviado pela "Hanoi Run" da URSS para o Vietname, era produzido em fábricas russas que tinham sido construídas por empresas americanas e financiadas pelo sistema da Reserva Federal, propriedade dos judeus. Como na Coreia, espiões marxistas dentro do governo dos EUA passaram informações vitais para o inimigo. Mais uma vez, a política secreta dos ILLUMINATI era: "A contenção do comunismo" enquanto impedia uma vitória americana! Negar uma vitória final sobre um inimigo marxista dedicado e capaz era uma receita para o assassínio dos nossos homens. Significava regressar repetidamente ao mesmo terreno sangrento. No entanto, apesar da traição nas altas esferas, as tropas americanas, em desvantagem numérica de dez para um, ganharam a guerra. Foi precisamente por isso que os marxistas, os judeus e os liberais americanos protestaram tão veementemente contra o envolvimento dos EUA e essa é a única razão pela qual estávamos a destruir os seus camaradas... os comunistas. Os VERMELHOS.

A escumalha marxista *das* ruas americanas (Bob Dylan, JUDEU; Joan Baez, JUDEU; Bettina Apetheker, JUDEU; Mort Kunstler, JUDEU; Jerry Rubin, JUDEU; Abbie Hoffman, JUDEU; "Hanoi Jane" Fonda, o bolseiro de Rhodes William J. Clinton, mentirosos, paneleiros, punks, lésbicas, judeus de Hollywood, degenerados, etc.) organizaram protestos, atiraram excrementos à polícia, queimaram cartões de recrutamento, destruíram a bandeira americana, associaram-se ao inimigo, troçaram dos tribunais, mancharam os cidadãos do nosso país, etc.) organizaram marchas de protesto, atiraram excrementos à polícia, queimaram cartões de recrutamento, deitaram abaixo a bandeira americana, associaram-se ao inimigo, ridicularizaram os tribunais, mancharam os nossos heróis militares *cuspindo literalmente nos veteranos deficientes que regressavam do Vietname e, no entanto, não foi aplicada qualquer sanção.*

Mas quando os Hell's Angels e os bandos de motoqueiros ensanguentaram os narizes dos MARXISTAS/Judeus, os Harley Boys foram presos sob falsas acusações de RICO. Em Kent State, três dos quatro psicopatas atiradores de pedras mortos pela Guarda Nacional eram judeus (mais tarde martirizados em mármore pela universidade).

Entretanto, os meios de comunicação social inverteram subitamente a sua política a favor da guerra, negando às nossas tropas sitiadas o apoio moral do seu país. Os meios de comunicação lançaram calúnias sobre os líderes militares americanos, apresentaram cenas tendenciosas e horríveis que descreviam o *"assassínio arbitrário de civis vietnamitas"* e a *"degeneração"* dos nossos homens e mulheres em combate. Por fim, os goyim americanos, com lavagem cerebral, confusos e exaustos, forçaram o nosso governo a render-se. Agora vemos o padrão recorrente de SEDIÇÃO/TRAIÇÃO. O governo dos EUA apoia secretamente o comunismo em todo o mundo e, em seguida, envia o exército dos EUA para *"conter a ameaça comunista"*. Foi assim que a Europa, a Rússia, a China, a Coreia, o Vietname, o Camboja, a Tailândia, o Japão e o Médio Oriente foram transformados em campos de batalha e os governos no poder foram destruídos. Os ILLUMINATI instalam-se então no vazio, criam bancos centrais e emitem dívidas e crédito para as populações devastadas. Não há *dúvida de que estas guerras americanas de traição sem vitória tinham por objetivo desiludir a nação americana, levando-a a aceitar a perda da sua soberania e um governo mundial único (ver os Protocolos).* Pode também ter a certeza de que os KHAZARS aplaudiram entusiasticamente as mortes dos heróicos americanos.

U.S.S. LIBERTY: Nada ilustra melhor o controlo judaico do governo americano do que a atrocidade do *USS Liberty*. O *Liberty*, um conhecido "ferret" ou navio de vigilância (listado *no* manual de referência *Jane's Fighting Ships)* era um navio *"Victorious"* convertido da Segunda Guerra Mundial com uma silhueta distinta. Estava equipado com equipamento de vigilância sofisticado e de última geração, o que contribuía para o seu aspeto distintivo. Em 8 de junho de 1967, o *Liberty* patrulhava as águas internacionais ao largo da Península do Sinai. O dia estava quente, a visibilidade era ilimitada, a brisa de 5 nós e o mar calmo. A 100 pés acima da ponte, uma bandeira americana de 40 pés quadrados tremulava no mastro principal; um número 5 de 12 pés de altura estava pintado em ambas as proas e o seu nome aparecia a negrito na popa. O armamento total *do Liberty* consistia em duas metralhadoras duplas de calibre 50 sem proteção anti-explosão: uma à proa e outra à popa. Às 11h30, aviões de reconhecimento israelitas começaram a vigiar o navio de perto e continuamente durante quase 3 horas. Às 14h05, três aviões Mirage ISRAELI apareceram em formação, cada um com dois canhões de 30 mm e até 72 foguetes. De repente, sem desafiar o *Liberty,* efectuaram um ataque mortal e coordenado contra o navio praticamente desarmado. O objetivo era claramente afundar o *Liberty* sem deixar rasto. *Em retrospetiva, foi um assassínio deliberado.* A primeira passagem destruiu a sala de rádio, matando todos os homens; a seguinte disparou contra todos os botes salva-vidas. Os judeus efectuaram repetidos ataques cruzados, destruindo o *Liberty* da proa à popa. O convés ficou inundado com sangue americano a escorrer pelos embornais e ao longo da borda livre. *A nossa bandeira foi arrancada do mastro.* Não conseguindo afundar o *Liberty,* os judeus enviaram três torpedeiros que o atingiram com armas automáticas de 20 e 40 mm. Um dos três torpedos atingiu o navio a meio do navio e destruiu o centro de comunicações. No entanto, o Liberty recusou-se a afundar-se. Em 39 minutos, 34 marinheiros americanos foram mortos e 164 feridos. O capitão McGonagle, no início do ataque, conseguiu enviar um "Mayday" que foi captado a 600 milhas de distância pela Sexta Frota. O navio *USS America* lançou um ataque, *mas os aviões americanos foram retirados pela Casa Branca.* Os pilotos ISRAELITAS, interceptando as comunicações da Sexta Frota (os rádios JUDEUS estavam sintonizados nas frequências do USS), abandonaram rapidamente a zona: os judeus são os melhores a disparar contra árabes esfomeados armados com paus e pedras. O capitão McGonagle levou o Liberty para a doca seca em Malta e depois para Little Creek, na Virgínia. Finalmente, a carcaça ensanguentada foi desmantelada. A tripulação foi amordaçada. Uma comissão de inquérito israelita atribuiu o ataque a um *erro de identificação:* os seus pilotos tinham confundido o *USS Liberty, um* navio de 10.000 toneladas, com o *El Quseir, um* navio de transporte de tropas egípcio de 2.640 toneladas!

Nos Estados Unidos, o embaixador americano nas Nações Unidas,

Arthur Goldberg, um judeu, e Eugene e Walt Rostow, judeus, *conselheiros especiais para a segurança nacional* do Presidente Johnson, exerceram uma forte pressão para apoiar a posição de Israel. Foram estes mesmos judeus que ajudaram a organizar a guerra do Vietname (Walt Rostow ensina agora em Yale, um viveiro de sionismo). O diretor da CIA, Richard Helms, *no âmbito do* atentado *do Liberty*, autorizou que todas as operações dos serviços secretos americanos em Israel fossem efectuadas pela Mossad (a Mossad *é a* CIA). Uma comissão de inquérito americana, presidida pelo contra-almirante I. C. Kidd, USN, declarou: *"O ataque ao Liberty foi, de facto, um caso de erro de identidade".* Esta foi a posição oficial dos Estados Unidos.

Nos anos que se seguiram, surgiram factos que indicavam que os ISRAELIANOS sabiam exatamente o que estavam a fazer, por exemplo: Os judeus afirmam que pensavam estar a atacar um navio egípcio, quando na realidade estavam apenas a interferir com as frequências de comunicação dos EUA. O *USS Liberty* lançou o seu "Mayday" antes de os rádios serem desligados, graças apenas à ação rápida de McGonagle e ao avançado equipamento de comunicações do navio.

Aparentemente, foi isso que aconteceu: o *Liberty* tinha recebido ordens da Casa Branca para se dirigir a outra parte do Mediterrâneo, mas a mensagem, por razões não reveladas, nunca foi enviada. Ainda em patrulha ao largo do Sinai, o *Liberty* interceptou comunicações que revelavam os ataques furtivos de ISRAEL ao Egito e à Jordânia, que desencadearam a guerra de 1967. Entretanto, com a ajuda dos media americanos, os ISRAELISTAS anunciaram ao mundo que tinham sido atacados pelos egípcios. A Casa Branca (que traiu os árabes) apoiou as mentiras dos israelitas. Moshe Dayan, chefe da defesa de Israel, mandou afundar o *Liberty*. Ele sabia demasiado e, mais importante ainda, o atroz afundamento poderia ser atribuído ao Egito, produzindo outra reação do tipo *Lusitânia*, Pearl Harbor ou Coventry na América.

ISRAEL não levou a tribunal marcial os pilotos dos Mirage, dois dos quais eram judeus "americanos" formados na Academia da Força Aérea dos EUA no Colorado. A Marinha dos EUA avisou os sobreviventes do *USS Liberty* para nunca falarem sobre o incidente. Pela primeira vez na história dos EUA, as medalhas atribuídas por bravura não mencionam o nome do INIMIGO: em vez disso, referem-se a uma "batalha no Mediterrâneo". Numa cerimónia normalmente realizada com solenidade e dignidade na Casa Branca, o Capitão McGonagle foi agraciado com a mais alta condecoração da nossa nação, a Medalha de Honra do Congresso, por um *representante do* Presidente Johnson, numa antecâmara dos estaleiros, o mais rápida e discretamente possível. Até hoje, o Departamento de Estado dos EUA recusa-se a desclassificar documentos importantes relacionados com os assassínios *do USS Liberty*, que tiveram lugar há quase 35 anos! A desclassificação seria vista como antissemitismo.

O capitão Joe Toth, da USN, que está a pedir uma indemnização em nome do seu filho assassinado, Stephen Toth, e de dois outros oficiais mortos a bordo do *USS Liberty,* foi ameaçado pela Marinha dos EUA e pelo Departamento de Estado dos EUA para ficar calado ou enfrentar as consequências. A sua viúva disse:

> Primeiro mataram o meu filho, depois o meu marido. O assédio assumiu a forma de ameaças e alegações de que Joe era uma ameaça à segurança nacional; havia vigilância e pressão de pessoas como o IRS. Era demasiado para o seu mau coração. Demorou um ano para o matarem, mas finalmente aconteceu.

Dez anos mais tarde, a UPI noticiou (9-18-77) que documentos da CIA obtidos pelo Egito através da Lei da Liberdade de Informação revelam que o Ministro da Defesa israelita Moshe Dayan, KHAZAR, ordenou o ataque não provocado. O Diretor da CIA, Stansfield Turner, um traidor goyish, interrogado na televisão nacional sobre os documentos da CIA, disse: "Não foram autenticados... o ataque israelita foi um erro honesto".

É absurdo. Só a prova prima facie revela o encobrimento descarado: foi em plena luz do dia. Os marinheiros americanos claramente visíveis não se parecem com os egípcios. Agora pergunte a si próprio quem pensa que controla os presidentes dos EUA, os congressistas, os almirantes e os diretores da CIA.

Assim, os PARASITAS JUDEUS estão a assassinar o nosso povo, a distorcer a nossa cultura e a destruir o nosso destino. As trágicas derrotas político-militares dos Estados Unidos, bem como os actos de sedição e traição que o nosso Congresso sem escrúpulos se recusa a investigar, não são acontecimentos não relacionados. Pelo contrário, são momentos, examinados num ciclo temporal, que ilustram o *declínio contínuo da civilização ocidental.* O cenário diabólico para estes altos crimes é fornecido pelos *Protocolos dos Anciãos de Sião* que, como Henry Ford afirmou firmemente, *correspondem ao que aconteceu no passado e ao que está a acontecer hoje.* Isto é absolutamente verdadeiro. A metáfora do *"navio de Estado"*, referindo-se aos Estados Unidos, evoca a imagem do naufrágio do *USS Liberty.* É assim que a nossa nação está a sangrar, cheia de parasitas, corroída por um INIMIGO que ninguém ousa nomear.

OS MEIOS DE COMUNICAÇÃO DE MASSA

Os gritos ocasionais dos americanos por justiça são ignorados porque *os meios de comunicação social interpretam a primeira emenda como o direito de publicar apenas o que convém aos objectivos dos ILLUMINATI.* É evidente que, quando a *vox populi* é silenciada, os actos de traição ficam impunes. (Note-se que a "liberdade de imprensa" não é concedida aos nazis, às nações arianas, ao KKK, etc.).

Os meios de comunicação social moldam a opinião pública fazendo uma lavagem cerebral à sociedade com desinformação, desinformação e sondagens falsas, para que esta se incline na direção desejada pelos ILLUMINATI. Já foi referido que as sondagens de opinião pública testam efetivamente a eficácia dos meios de comunicação social. Os meios de comunicação social são, de facto, auxiliares dos ILLUMINATI e dos seus grupos de pressão: CFR/TRILATERAL, Sistema de Reserva Federal, Serviço de Receitas Internas, Congresso Mundial Judaico, Liga Anti-Difamação da B'nai B'rith, as Fundações, etc., cuja influência combinada excede em muito a do nosso governo constitucional. *Apenas os americanos arianos, devidamente armados e dirigidos, têm maior poder.*

OS MEIOS DE COMUNICAÇÃO DE MASSA mantêm sob controlo os três ramos do governo americano. Os advogados e políticos nacionalistas são considerados politicamente incorrectos: *são declarados persona non grata* pelos media e ignorados, ou crucificados por eles. Os dois jornais mais influentes do mundo, sobre os quais os corretores de D.C. reflectem durante o seu café matinal, são o *New York Times* ("All the News that Fits"), propriedade das famílias judaicas Oakes (Ochs) e Sulzberger, e o *Washington Post,* propriedade de Martha Meyer Graham (filha bastarda do banqueiro judeu Eugene Meyer, que comprou o jornal como órgão de propaganda para empurrar os Estados Unidos para a guerra). Estes dois impérios mediáticos incluem estações de rádio e televisão, sítios Web e outras empresas editoriais. Fazem ou desfazem governos, espalham as espiroquetas da sífilis judaica, criam pânicos financeiros e guerras, e recebem as suas instruções do KEHILLA.

Outras publicações controladas pelos judeus incluem:

Louis Post Dispatch (propriedade da família Pulitzer, fundadora do "jornalismo amarelo"); *Philadelphia Inquirer, San Francisco Chronicle, Los Angeles Times, Las Vegas Sun; U.S. NEWS AND WORLD REPORT, TIME, NEWSWEEK ; FORTUNE, MONEY, THE NATION ; NEW YORK REVIEW OF BOOKS, SATURDAY REVIEW OF LITERATURE, BOOK OF THE MONTH CLUB, ENCYCLOPEDIA BRITANNICA, BOWKERS ; NEW REPUBLIC, COMMENTARY, SCHOLASTIC, AMERICAN HERITAGE, STARS AND STRIPES ; VOGUE, GLAMOUR, SEVENTEEN, MADEMOISELLE, McCALL'S, TEENAGE, LADIES HOME JOURNAL, RED BOOK, COSMOPOLITAN; PEOPLE; NEW YORKER, VANITY FAIR, ESQUIRE, SPORTS ILLUSTRATED; AMERICAN HOME, HOUSE AND GARDEN, FAMILY CIRCLE, ARTS AND ANTIQUES*, etc.

A Ancorp National Services (Union News), propriedade de Henry Garfinkle, judeu, é o principal distribuidor de brochuras, revistas e jornais para bancas de jornais e pontos de venda a retalho. Sam Newhouse, JUIF, possui a terceira maior cadeia de jornais, representada, segundo a última contagem, por mais de 30 jornais diários.

O controlo judaico é omnipresente na edição de livros: Knopf, Random House, Viking Press, Doubleday, Dell, Holt-Rinehart & Winston, Grosset and Dunlop, Penguin, Bantam, para citar apenas alguns.

A maioria dos críticos de livros e de cinema são judeus ou trabalham para publicações judaicas. O mesmo se aplica aos agentes de livros, filmes e televisão. Harry Sherman, um JUDEU, proprietário do Book-of-the-Month Club, distribui milhões de títulos a retalhistas de todo o país todos os anos. Acham que ele distribui livros da lista da ADL? Tente comprar um exemplar de Churchill's War de David Irving, Dispossessed Majority de Wilmot Robertson ou Did 6-Million Really

Die de Ernst Zundel no seu livreiro local. Não lhe vão dar nada. Nem sequer os vão catalogar. Por outro lado, "O Diário de Ann Frank", um embuste comprovado, está disponível em todo o lado. De facto, os judeus determinam o que os americanos podem ler, ouvir, ver, escrever e PENSAR.

> Abraham H. Foxman, na sua carta ao editor, acusa-me de "antissemitismo"; chama-me "um conhecido negador do Holocausto e apologista do nazismo"; e fala do meu "padrão de parcialidade e engano". Depois vejo que dirige uma Liga Anti-Difamação (ADL). Estranho.
> DAVID IRVING, Cartas, "Vanity Fair", outubro de 1999

Recentemente, a Bertelsmann USA, um conglomerado alemão, comprou várias editoras de Nova Iorque, criando o pânico na tribo. No entanto, o acordo especificava que a Bertelsmann deixaria de publicar *"Mein Kampf"* e que a infraestrutura das editoras adquiridas permaneceria firmemente sob gestão JUDAICA!

Nos anos anteriores e posteriores à Segunda Guerra Mundial, uma sucessão de hierarquias judaicas controlava TODAS as notícias transmitidas nas redes de rádio e televisão americanas: William Paley, JUDEU, diretor executivo da *CBS;* a família Sarnoff, JUDEU, dirigia *a RCA (NBC)*; Leonard Goldenson, JUDEU, dirigia a *ABC. A PBS* e a Sports Network são também controladas por judeus, tal como os principais canais por cabo: *TNN, CNN, A&E, History Channel*, para citar apenas alguns. Nalguns casos, a propriedade das redes mudou em resultado de fusões de empresas, mas a infraestrutura permanece infalivelmente judaica, como *a Disney Company:* dirigida por Michael Eisner, um judeu, comprou *a ABC;* e Sumner Redstone (Rothstein), um judeu, comprou *a CBS* para formar *a Viacom,* o segundo maior conglomerado de meios de comunicação social do mundo, que lança a sua imundície em todos os cantos do globo. Os "cabeças falantes" arianos altamente remunerados que professam a ideologia judaica (Cronkite, Jennings, Sawyer, Cokie Roberts, George Will, Matthews, Brokaw, Rather, etc.), desempenhando o papel de Judas, conduziram os Estados Unidos à beira da catástrofe: uma guerra invencível contra os Estados árabes. O que os americanos sabem sobre a sua própria história e a história dos judeus é o que o TRIBU lhes permite saber.

A TIME-WARNER COMMUNICATIONS, o maior conglomerado de media do mundo, dirigido por Gerald Levin, um judeu, adquiriu recentemente a Turner Broadcasting Company. Turner, um empresário sem formação académica (Brown Univ.) mas com grande sucesso, era casado com a bimba de Hollywood Jane Fonda. Como se recorda, ela foi fotografada atrás das linhas inimigas a agitar uma bandeira comunista durante a guerra do Vietname. Posteriormente, as tropas americanas colocaram fotografias laminadas de "Hanoi Jane" nos seus urinóis. Por isso, não é de admirar que Ted/Jane (que agora estão divorciados) se tenham fundido com a *Time-Warner* (JUDEUS) e depois, com muita fanfarra, tenham doado mil milhões de dólares livres de impostos às Nações Unidas, cujo objetivo é o GOVERNO MUNDIAL ILUMINADO.

A propriedade de Hollywood, do teatro, da Broadway e da indústria discográfica é quase um monopólio judaico. Para escapar às acções anti-trust, alguns goyim obedientes são autorizados a ficar com uma pequena parte dos despojos. Os khazares não só controlam o financiamento, a criação e a produção do meio, como também detêm, quase exclusivamente, a distribuição, a exibição e os direitos acessórios no estrangeiro e no país, bem como os privilégios da cabina de casting onde são feitas (e criadas) as jovens estrelas empreendedoras.

O poder dos judeus na "indústria do espetáculo" deriva da sua capacidade aparentemente única de assegurar apoio financeiro. Em última análise, são os banqueiros de investimento, os financeiros, os capitalistas de risco, quase todos eles judeus, que determinam o que vai ser produzido. Se o conteúdo não satisfizer os critérios ILLUMINATI, é deitado fora. Não houve filmes baseados, por exemplo, em *"A Destruição de Dresden"* de David Irving, *"Os Diários de Goebbel"*, *"O Avanço para a Barbárie"* de Veale, *"O Arquipélago Gulag"* de Solzhenitsyn, *"O Mercador de Veneza"* de Shakespeare, *"Um Pilar de Ferro"* de Taylor Caldwell, ou um documentário sobre a atrocidade dos *"U. S. S. Liberty"* - um filme que abalaria o mundo e enforcaria membros do Congresso e toupeiras da CIA por traição.

A contribuição judaica para a cultura cinematográfica (para além da cópula no ecrã e do "riso gravado") é o DOCU-DRAMA, em que o filme documenta personagens e acontecimentos históricos para garantir a autenticidade, mas distorce essas personagens e acontecimentos para apoiar as ideologias judaicas. Finalmente, o docu-drama é vendido como uma história autêntica. Estas meias-verdades são, evidentemente, mentiras que prejudicam gravemente a nação ariana, como é suposto. *A Lista de Schindler* é um exemplo de Spielbergismo:

O texto que se segue foi retirado da página de copyright da primeira edição do livro de Thomas Kneally, que serviu de base ao filme *"A Lista de Schindler"*. As edições actuais do livro não incluem a declaração de exoneração de responsabilidade!

TOUCHSTONE Rockefeller Center
1230 Avenue des Amériques
Cidade de Nova Iorque, NY 10020

THOMAS KENEALLY - A Lista de Schindler.

Este livro é uma obra de ficção. Nomes, personagens, lugares e incidentes são produto da imaginação do autor ou usados de forma fictícia. Qualquer semelhança com acontecimentos, lugares ou pessoas reais, vivas ou mortas, é mera coincidência.

1. Schindler, Oskar, 1908-1974... Ficção.
2. Holocausto, judeus 1939-1945... Ficção.
3. Segunda Guerra Mundial, 1939-1945... Ficção.

O docu-drama permite ao realizador Stephen Spielberg, um judeu, livre de factos históricos, descarregar o seu ódio contra os alemães. Nenhuma mentira é demasiado degenerada para que este KHAZAR a apresente como um facto. Infelizmente, a sua violação da Primeira Emenda traumatiza os jovens que acreditam no que os mais velhos lhes dizem.

Fotografias antigas da Força Aérea dos Estados Unidos e entrevistas com antigos prisioneiros revelam que o campo de Plaszow era, de facto, muito diferente daquele que é retratado no filme muito badalado A Lista de Schindler. Por exemplo, a casa do Major Goeth, o "assassino maníaco", estava de facto localizada no sopé de uma colina, o que o impedia de disparar sobre os judeus que se encontravam num recinto no topo da mesma colina. Isto não aconteceu, exceto no cérebro malicioso de Spielberg. A história mostra que Plaszow era um campo de concentração razoavelmente confortável e bem gerido. Não havia câmaras de gás. Nenhum comandante louco. Tudo *Spielbergismos!*

Spielberg fez carreira a caluniar os alemães. Por isso, é revelador o facto de ele preferir mulheres arianas (como muitos judeus de Hollywood). Até agora, o famoso realizador casou com duas delas. Spielberg conhece um bom nariz aquilino quando o vê. Quer que a sua descendência tenha esses genes arianos "odiosos, fanáticos e maníacos". Recentemente, o Congresso dos EUA, incentivado pelo senador judeu democrata Arlen Specter, concedeu ao bilionário Spielberg um milhão de dólares do vosso dinheiro para gravar as fantasias de "sobreviventes do Holocausto" recém-descobertos, num esforço contínuo para extorquir piedade do público goyim que sofreu uma lavagem cerebral. Na sua ganância, os judeus esquecem-se de que quanto mais sobreviventes houver, menos "vítimas" haverá.

> Poderíamos provavelmente demonstrar com factos e números que não existe uma classe criminosa tipicamente americana, com exceção do Congresso.
>
> MARK TWAIN.

Os liberais *sentem-se tão bem* quando têm outras pessoas de quem se compadecer! O povo escolhido de Deus, que se queixa do SHOAH, ataca estes pobres animais como carteiristas na Macy's. Enquanto os estúpidos goyim se auto-flagelam com o amor fraterno, os JUDEUS roubam tudo o que não está pregado, ao mesmo tempo que choram o antissemitismo.

PRATA

A ousadia também funciona no JOGO DO DINHEIRO! A revista *Forbes* faz uma lista dos 400 maiores mega-bilionários e bilionários americanos (1998). Há 5 judeus entre os 10 mega-bilionários do topo e 15 judeus entre os 30 bilionários do topo. Assim, embora se afirmem vítimas do antissemitismo e representem 3% da população, os judeus constituem 50% dos homens mais ricos da América. A maioria destes judeus nasceu na Europa de Leste, o que prova que os nazis não foram tão eficazes como nos querem fazer crer.

A revista *Vanity Fair*, que apresenta o "New Establishment" para 1998, lista 12 judeus entre os "30 principais corretores de poder nos Estados Unidos". *Os membros da cabala bancária internacional* que detêm os juros da dívida americana de seis biliões de dólares *estão ausentes em ambas as sondagens acima referidas*. São os *"homens dominantes"* de que *falava* o Presidente Wilson, que têm assento nos conselhos de administração das empresas mais prestigiadas do mundo; figuras sombrias que estalam os dedos e o Congresso obedece como um só.

A usura pode ser praticada contra os cristãos.
TALMUD: Abhodah Zara 54a.

Um relatório especial do recenseamento federal de 1950... revelou que entre... os diferentes grupos populacionais dos Estados Unidos, os "russos nascidos no estrangeiro" tinham o rendimento médio mais elevado. O rendimento médio dos americanos brancos era 40% inferior... "o grupo russo contém grandes componentes de refugiados e judeus".
WILMOT ROBERTSON, *"A Maioria Despossuída"*.

A propriedade cristã pertence ao primeiro judeu que a reclamar.
TALMUD: Babha Kama 113b.

Os judeus devem dividir o que cobram a mais aos cristãos.
TALMUD: Choschen Ham 183.7.

Sabemos agora que a teoria do financiamento "trickle-down" começa com o Presidente do Conselho de Governadores da FED a fornecer informações "confidenciais" a financeiros privilegiados, que se estendem aos membros menos importantes da cabala. Gostaria de saber com 48 horas de antecedência que a FED tenciona baixar a taxa diretora? Gostaria de ser um agente por detrás ou recetor, por exemplo, de dólares canalizados pelo FMI para a Rússia ou Israel? Também pode estar na lista *da Forbes 400!*

Porque é que muitos membros do Congresso chegam pobres e saem ricos quando se reformam? Resposta: Porque a sua honra vale menos do que aquilo que recebem dos grupos de interesses. O dinheiro compra tudo. "Comprou" o quarto de Lincoln. Comprou o Supremo Tribunal. Comprou o vosso país.

INFLUÊNCIA JUDAICA?

Não há muito tempo, os judeus não eram autorizados a entrar nas grandes firmas de advogados em Washington, D.C.... Os judeus não podiam entrar nos grandes clubes de campo... Penso na posição dos judeus hoje na América: o Secretário de Estado é judeu... O Secretário da Defesa é meio judeu... O Secretário do Tesouro é o único que é judeu e admite que o é... O diretor de todos os grandes estúdios de Hollywood é judeu. Os diretores de todos os canais de televisão são judeus. Os diretores de dois dos quatro jornais nacionais são judeus... Os diretores de todas as universidades da Ivy League são judeus... Vou dizer-lhe como sei, sem sombra de dúvida, que a posição dos judeus na América mudou dramaticamente... Um grande amigo meu teve uma cerimónia fúnebre no Chevy Chase Country Club (!). E havia um cantor com um yarmulke a fazer o serviço... Não consigo descrever-vos o quão surpreendente foi a mudança de acontecimentos.

BEN STEIN, JUDAICO, discurso numa conferência judaica pró-vida
na Faculdade de Direito da Universidade Católica
(excerto do *"Washington Times"* 11-17-98).

NÃO HÁ LUGAR PARA CRISTÃOS BRANCOS NA IVY LEAGUE RAINBOW

Se as universidades e os colégios de elite matricularem 75% dos seus estudantes provenientes de pequenas minorias democratas, enquanto os cristãos e católicos brancos, que constituem 75% da população, forem relegados para 25% dos lugares, não pode haver dúvidas sobre quem irá liderar a América no século XXI.

Na página editorial do *Wall Street Journal* (16-11-98), um ensaio notável (de Ron Unz, antigo aluno de Harvard) expõe a verdadeira história oculta de quem está verdadeiramente "sub-representado" nas nossas escolas de elite e de quem são as verdadeiras vítimas do fanatismo étnico na América. Segundo Unz, atualmente, no Harvard College, as inscrições de hispânicos e negros atingem 7% e 8%, respetivamente, um pouco menos do que os 10% e 12% da população americana que é hispânica e negra. Esta situação provocou protestos... porque os hispânicos e os afro-americanos insistem numa representação mais proporcional.

O Sr. Unz... prossegue dizendo que cerca de 20% dos estudantes de Harvard são asiático-americanos e 25-33% são judeus, embora os asiático-americanos representem apenas 3% da população e os judeus americanos representem ainda menos de 3% da população. Assim, 50% dos estudantes de Harvard provêm de 5% da população americana!

Se adicionarmos os estudantes internacionais, os estudantes da nossa pequena elite WASP e os netos dos licenciados, obtemos um corpo discente de Harvard em que os brancos não judeus representam 75% dos alunos.

A população americana só consegue 25% dos lugares! A mesma situação... verifica-se noutras escolas de elite... Uma vez que os hispânicos, os asiáticos, os afro-americanos e os judeus americanos também votam maciçamente nos democratas, o quadro que se desenha não é bonito. Uma elite liberal está a aliviar a sua consciência social, privando a classe média branca americana do seu direito de nascença e confiando-o a minorias que votam no Partido Democrata...

PAT BUCHANAN, excerto do *Washington Times* (13-12-98).

A mesma conspiração existiu na Alemanha do pós-guerra. Hitler tentou expulsar os judeus. Os judeus declararam guerra. A América enviou tropas para o estrangeiro para matar os alemães! Hoje, os judeus governam a América.

A POLÍTICA DE "DEMASIADOS JUDEUS" SUSCITA PROTESTOS:

O presidente do Comité de Relações Internacionais da Câmara, Benjamin A. Gilman, escreveu ontem ao Presidente Clinton contestando uma notícia (anónima) segundo a qual os cargos de topo no domínio dos negócios estrangeiros não estão a ser preenchidos porque há demasiados... "homens judeus brancos" em cargos de chefia do Departamento de Estado... As fontes falavam no contexto da preocupação da administração Clinton em procurar a "diversidade"... para que nenhum género ou grupo étnico esteja sobre-representado... No entanto, o Sr. Gilman disse... Gilman disse... "A publicação de tal declaração, mesmo anónima, nos dias de hoje, é ultrajante... *A discriminação religiosa é totalmente inapropriada nas decisões relativas ao pessoal"...* Gilman disse a Clinton: "Acompanharemos de perto as decisões da sua administração nesta matéria".

WASHINGTON TIMES, por Ben Barber, 1997.

Gilman, uma judia, retoma a velha frase de que o judaísmo deve ser identificado pela *religião*, não pela *raça*. Enquanto que até o idiota da aldeia compreende que Elizabeth Taylor, judia, e Sammy Davis Jr., judeu, não são kazares e que Henry Kissinger, judeu, não é alemão. É um jogo de tolos. Quando as práticas de contratação ou recrutamento se baseiam em quotas *raciais* e os JUDEUS estão sub-representados, ouvimos os escolhidos de Deus gritarem antissemitismo (anti-raça). Os parasitas são insaciáveis.

O Presidente Clinton, *sob a liderança dos ILLUMINATI,* nomeou mais judeus khazarianos para postos-chave do governo *(com o consequente desastre)* do que qualquer outro presidente na história dos EUA. No entanto, Gilman, o judeu por excelência, tal como Shylock, o usurário de Shakespeare por excelência, exige carne, carne e mais carne.

Um judeu continua a ser judeu mesmo que mude de religião. Um cristão que adopte a religião judaica não se torna judeu, porque a qualidade de judeu não está na religião mas na raça.
"THE JEWISH WORLD", Londres, Inglaterra, 14-12-1922.

INVASÕES CULTURAIS

Diz-se que, para apreciar Wagner, Beethoven e Richard Strauss, basta ouvir uma composição de Mahler, que é judeu. Seja como for, qualquer que seja o programa, há quase sempre um maestro judeu no pódio: Bruno Walter, Daniel Barenboim, Serge Koussevitsky, Pierre Monteux, Erich Leinsdorf, Eugene Ormandy, George Szell, Arthur Fiedler, James Levine, Leonard Bernstein, André Previn, George Solti, Arthur Schnabel, Leonard Slatkin, Zubin Mehta, etc. Os maestros acima enumerados representam apenas alguns dos muitos maestros judeus que, desde a Segunda Guerra Mundial, foram nomeados para dirigir as maiores orquestras do mundo. Os gentios que ocasionalmente são autorizados a empunhar a batuta são vistos como intrusos no que se tornou território judaico. E porquê?

Os royalties estrangeiros e nacionais provenientes da venda de discos e cassetes mantêm as orquestras sinfónicas, os maestros e os solistas no vermelho. Nos Estados Unidos, a indústria discográfica era controlada pelos judeus. Com a ajuda dos meios de comunicação social, eles determinam quais os artistas que são contratados, estrelados e despedidos. Por conseguinte, as grandes formas musicais do Ocidente passaram a ser interpretadas por maestros e solistas judeus à sua maneira kitsch. São eles que recebem os benefícios financeiros e os elogios, enquanto os *arianos são aparentemente incapazes de interpretar a grande música criada pela sua própria raça.* É mais um exemplo do choque cultural que polarizou a Alemanha.

Não contentes com o facto de plagiarem, se apropriarem e distorcerem a nossa música, os judeus têm outro truque na manga. Invariavelmente, um tour de force musical, por exemplo, uma gravação de Mozart dirigida por von Karajan, terá selecções de compositores JUDEUS de terceira categoria, como Copeland, Bernstein e Gershwin, no verso. Assim, a santidade das bibliotecas de música arianas, como as dos clubes e escolas privadas, é violada por convidados não convidados. A oposição a esta audácia é recebida com gritos de antissemitismo, quando na verdade se trata de uma objeção à cultura judaica.

> Para ter sucesso na composição de musicais, é preciso ser judeu ou homossexual. Eu sou as duas coisas.
>
> LEONARD BERNSTEIN,

Maestro, Filarmónica de Nova Iorque.

Serás um tesouro acima de todos os outros.

ÊXODO 9:15

Os judeus da Europa têm um carácter particular e são conhecidos pela sua fraude.

DAVID HUME, filósofo escocês.

ESPAÇO

A conquista do espaço é, desde há muito, apanágio do Ocidente, desde o mito de Ícaro e o conceito faustiano de Leonardo da Vinci do homem a voar. Os irmãos Wright puseram o homem a voar com asas em Kitty Hawk. Goddard foi o pioneiro do foguetão; os cientistas alemães inventaram os motores a jato e desenvolveram a ciência dos foguetões que impulsionou os EUA e a URSS para o espaço; Werner von Braun e a sua equipa germano-americana da National Aeronautics Space Administration (NASA) enviaram a América para a Lua. *A criatividade, a ciência, a maravilhosa tecnologia e as técnicas que colocaram o sistema solar ao nosso alcance foram produzidas pelos arianos.* Foram eles que correram os riscos e ultrapassaram os perigos, por vezes mortais. Depois veio Daniel E. Goldin, um KHAZAR/JUIF, nomeado pelo Presidente Clinton, sob as instruções dos ILLUMINATI, para dirigir a NASA. Ele garantiu assim a Israel todas as informações da NASA que os espiões judeus não roubaram primeiro. Sob a direção de Goldin, os Estados Unidos e a Rússia (financiada pelos Estados Unidos) cooperam agora no programa espacial, e não os Estados Unidos e a Europa ariana! (O monumento erigido na Lua em memória dos pioneiros do espaço não menciona Werner von Braun, um ariano).

O PARASITISMO nos Estados Unidos é, evidentemente, um *redobramento* histórico. Theodor Herzl, um judeu, salientou que *o antissemitismo existe onde quer que os judeus apareçam, porque eles o trazem consigo.* A sua missão inicial era a de propagar a sua religião. Falharam nessa missão. Atualmente, poucos judeus reivindicam esta missão messiânica. Os dirigentes israelitas, os primeiros-ministros Golda Meir e Benjamin Netanyahu, por exemplo, admitem facilmente que não são *"verdadeiros crentes". Mas a ideia de missão mantém-se sob uma forma degenerada: arruinar tudo o que não é judeu.* Conseguem-no, qualquer que seja a nação que os acolhe, através de um plano clandestino e altamente organizado de aquisição e destruição, descrito em pormenor nestas páginas.

A filosofia judaica não é sobre "FAZER" (GANHAR) dinheiro, mas sobre "RECEBER" dinheiro. É por isso que os Judeus são sempre financeiros e intermediários, raramente capitães de indústria, construtores e produtores. O ariano robusto e leal escolhe um trabalho de que gosta e de que se orgulha, mesmo que isso signifique "ganhar" um pouco menos de dinheiro. Mas para o JUDEU, "ganhar" dinheiro é a principal consideração. As ideias de *"trabalho criativo"* e *"um trabalho bem feito"* parecem-lhe ridículas. Os arianos gostam de lidar com ideias criativas, habilidade, qualidade e perigo. Os judeus não conquistam o mundo selvagem nem se lançam no espaço. Para os arianos, o trabalho é tudo, não negociar acordos e viver à custa dos esforços dos outros. Em breve, o chamado judeu "americano", o parasita que nada fez, terá recebido tudo!

Tentámos mostrar neste capítulo alguns exemplos da ponta do iceberg daquilo que os judeus "americanos" fazem melhor: cometem traição e outros crimes graves aos mais altos níveis do governo; promovem a destruição do ethos americano fomentando guerras não declaradas e sem vencedores (chamadas "acções policiais"), nas quais milhares de jovens americanos morreram desnecessariamente, tendo a sua honra sido subsequentemente arrastada pela lama pela canalha liderada pelos JUDEUS; roubam o programa nuclear dos EUA ao mesmo tempo que reforçam as capacidades militares e nucleares da CHINA/ISRAEL/SOVIET; Assassinato premeditado do USS Liberty; extorsão contínua e mentiras sobre o "HOLOCAUSTO", apesar das provas esmagadoras de que não houve uma política de assassínio em massa de JUDEUS nem câmaras de gás; tomada de controlo do dinheiro da América (pelo FED), dos media, do governo, das empresas, do complexo militar-industrial e do programa espacial. Tudo isto, e muito mais, por uma tribo feia e hostil que vive como um parasita nas veias da nossa nação.

Deixem-me emitir e controlar o dinheiro de uma nação e não me interessa quem faz as suas leis.
AMSCHEL MAYER ROTHSCHILD.

Matem os judeus!
SADAM HUSSEIN.

O "problema judeu" não pode ser explicado de um ponto de vista ético, racial, nacional, religioso ou social, mas apenas de um ponto de vista cultural... Neste século em que o Ocidente se está a transformar numa unidade de cultura, nação, raça, sociedade, economia e Estado, o judeu aparece claramente na sua própria unidade total: um completo estranho interior à alma do Ocidente.

FRANCIS PARKER YOCKEY, *"Imperium"*.

Esta raça astuta tem um princípio fundamental: enquanto reinar a ordem, não há nada a ganhar.

GOETHE.

No início do novo milénio, os judeus são confrontados com três perspectivas aterradoras:

1) A síntese dialética do Ocidente inaugura a era mendeliana; 2) A elite cultural de muitas nações em todo o mundo considerou que os judeus devem pagar pelos seus crimes; 3) A Internet global, pela primeira vez em 85 anos, levanta a cortina de ferro da censura judaica sobre a informação pública. Os FACTOS históricos anteriormente suprimidos estão agora acessíveis aqui e no estrangeiro a qualquer pessoa com um computador.

Em Toronto, Ontário, a "negação do Holocausto" é tratada como um crime de ódio punível com multas pesadas e penas de prisão. Os julgamentos de Ernst Zundel, que foram obscurecidos ou distorcidos nos Estados Unidos, foram um verdadeiro drama. Em tribunal, a defesa de Zundel provou de forma conclusiva que não existiam câmaras de gás em Auschwitz. No entanto, o juiz considerou Zundel culpado de ódio, decidindo que *"a verdade não é defesa"*. Antes e durante o julgamento, o ódio estava no auge. Foram feitas inúmeras tentativas de matar Zundel com cartas-bomba, porretes e tiros. O escritório de Zundel foi incendiado, causando danos no valor de 600.000 dólares. Nem o governo, nem os meios de comunicação social, nem a polícia canadiana, sabendo de que lado está a manteiga do seu pão, se atreveram a admoestar os JUDEUS (ver bibliografia). O CONGRESSO MUNDIAL JUDAICO, Edgar Bronfman, Presidente da JUIF (Seagrams Distillers) insta os governos americano e canadiano a encerrarem o sítio Web de Ernst Zundel:

http://www.zundelsite.org

Na Alemanha, Manfred Roeder continua a protestar contra o Holocausto num Reich submetido a uma lavagem cerebral (ainda ocupado por tropas negras americanas). Roeder, antigo advogado do almirante Doenitz, foi quase espancado até à morte no ano passado por seis rufias mascarados que brandiam canos de ferro. Não houve detenções. Em vez disso, Roeder foi acusado, julgado e condenado a três anos de prisão por negar o "Holocausto".

Nos Estados Unidos da América, *os crimes cometidos por judeus contra revisionistas são também tolerados pela polícia local, tal como a espionagem e a subversão judaicas são toleradas pelo Congresso dos EUA.*

Na sequência da maré crescente do mendelismo e do revisionismo, os judeus americanos (sob a bandeira do judaico-cristianismo, da democracia e da fraternidade) estão a intensificar os seus esforços para consolidar os seus notáveis ganhos políticos, miscigenar as raças e estabelecer um governo sionista mundial. Para facilitar isto, tencionam abolir as restrições à imigração entre os EUA, o México e as Caraíbas, confiscar TODAS as armas pertencentes a cidadãos americanos e arrastar a América para uma guerra mundial. Os judeus, como sempre, sairão com os despojos enquanto os arianos morrem. Lembrem-se de que o braço revolucionário dos Iluminados é constituído por JUDEUS em DIASPORA: bolcheviques, "neo-cons", assassinos, mafiosos, anarquistas, vigaristas, proxenetas, de todos os cantos do mundo.

Eles, os *canalhas*, fomentarão a revolução nas forças armadas americanas, nas prisões, nos bairros de lata e na Main Street, nos EUA.

TOB SHEBBE GOYIM HAROG!

CAPÍTULO 11

PATOLOGIA E RESUMO

PATOLOGIA

Poder e direito não são sinónimos. De facto, são muitas vezes opostos e irreconciliáveis. Existe a LEI DE DEUS da qual derivam todas as leis equitativas do homem e segundo a qual o homem deve viver se não quiser morrer na opressão, no caos e no desespero. Separado da LEI ETERNA E IMUNDA DE DEUS, estabelecida antes da fundação dos sóis, o poder do homem é mau, por mais nobres que sejam as palavras com que é usado ou as razões invocadas para o aplicar. Os homens de boa vontade, conscientes da LEI DEPOSITADA POR DEUS, opor-se-ão aos governos governados por homens e, se quiserem sobreviver como nação, destruirão os governos que tentam governar de acordo com os caprichos ou o poder de juízes venais.

CÍCERO (106-43 A.C.).

O povo judeu, tomado coletivamente, será o seu próprio Messias. Ele dominará o mundo unindo todas as OUTRAS raças humanas, abolindo as fronteiras e as monarquias, que são o baluarte do particularismo, e erigindo uma República universal na qual os judeus gozarão de direitos universais em toda a parte. Nesta nova organização da humanidade, os filhos de Israel espalhar-se-ão por todo o mundo habitado e, pertencendo todos à mesma raça e à mesma cultura-tradição, sem terem ao mesmo tempo uma nacionalidade específica, formarão o elemento dirigente sem encontrar oposição. O governo da nação, que constituirá esta República universal, passará sem esforço para as mãos dos israelitas, pelo próprio facto da vitória do proletariado. A raça judaica poderá então abolir a propriedade privada, e depois administrar os fundos públicos em todo o lado. Então, a promessa do Talmude cumprir-se-á. Quando chegar o tempo do Messias, os judeus terão nas suas mãos a chave de todas as riquezas do mundo.

BARUCH LEVY, judeu, historiador, excerto da sua famosa carta a Karl Marx (sublinhado nosso).

Para possuir o que não se tem, é preciso ser despossuído.

T.S. ELIOT, "Quatro Quartetos".

O facto de não sabermos o que aconteceu antes de nascermos mantém-nos para sempre no estado de criança.

CÍCERO (106-43 A.C.).

As raças purificadas tornam-se sempre mais fortes e mais belas.

NIETZSCHE.

A *razão de ser de* um governo comunista, segundo Karl Marx, é construir um sistema de sociedade proletária. Quando se encontram pessoas ou classes de pessoas que não podem ser integradas nessa sociedade, são "liquidadas", ou seja, mortas... Foi com este espírito desapaixonado que Lenine (um judeu) e Dzershinsky (um judeu) eliminaram as classes aristocráticas e plutocráticas da Rússia czarista, bem como dezenas de milhares de bispos e padres ortodoxos após a revolução de 1917.... A grande maioria deles pereceu (simplesmente) porque não pôde ser assimilada pelo novo Estado proletário que estava a ser criado.

F. J.P. VEALE, jurista inglês, *"Advance to Barbarism"*.

Os JUDEUS nunca poderiam ter tomado conta da América se não fosse a ingenuidade dos seus líderes brancos que, no início do século XX, ainda eram os filhos, netos e bisnetos dos pioneiros do país. Estes descendentes herdaram o poder, o privilégio e a riqueza, mas perderam completamente o contacto com a IDEIA que tornou esta nação grande: *"o destino manifesto da raça branca". Como* resultado, *a América tem sido arrastada para guerras no estrangeiro por interesses judaicos, destruindo não só a semente branca da Europa, mas danificando o ethos de todo o Ocidente, permitindo que os ILLUMINATI se afundem cada vez mais nos nervos da América.*

A elite ariana, educada em prestigiadas escolas preparatórias e faculdades da Ivy League, foi mantida na total ignorância das leis da genética, as leis de Deus, enquanto o lixo talmúdico de Marx, Freud e Boas era proclamado e promulgado como o caminho para a paz e a abundância. Ostentando mestrados e doutoramentos, estes goyim com lavagem cerebral, mãos macias e corações compassivos, foram cúmplices na disseminação das espiroquetas da sífilis judaica por todo o Ocidente. Os resultados foram desastrosos. Uma CULTURA SUPERIOR, como sabemos agora, é o reflexo de um ÚNICO POVO. Quando esse povo está doente, isso reflecte-se na sua cultura. *Não há dúvida de que a cultura ocidental está doente. Mas porquê?*

Os patologistas culturais expõem vários FACTOS indiscutíveis dos quais se devem tirar conclusões óbvias: Os *JUDEUS prepararam deliberadamente o homem ocidental para as guerras de aniquilação no* século XX, distorcendo os seus instintos raciais através de mentiras, propaganda e demonização do "inimigo", e comprando os líderes políticos aliados, levando assim a América e a Grã-Bretanha a travar uma guerra total contra a sua família europeia. O principal objetivo da Alemanha era unir a Europa contra o VERDADEIRO INIMIGO JUDAÍSTA-MARXISTA. O resultado trágico foi a vitória total dos KHAZARS e a derrota devastadora do Ocidente ariano. Veja-se o caso da Inglaterra, por volta de 1900, uma pequena ilha com cerca de 40 milhões de almas, controlando mais de 80% da terra (incluindo o controlo dos mares). Foi a maior influência civilizadora que o mundo alguma vez conheceu. Agora, depois de ter lutado duas guerras mundiais PELO INIMIGO, a supremacia britânica nos mares desapareceu; a sua primazia comercial e política na Europa desapareceu; o seu poder colonial desapareceu; as suas reservas monetárias desapareceram; e o seu stock de reprodutores arianos está seriamente esgotado. Foi expulsa da Palestina por judeus ingratos (armados por sionistas americanos), os seus soldados foram assassinados, os seus corpos armadilhados, os seus diplomatas assassinados.

A Inglaterra é agora propriedade dos ILLUMINATI e foi forçada a aceitar vagas de imigração não branca para a sua família teutónica de bochechas rosadas, em preparação para o GOVERNO MUNDIAL JUDAICO ÚNICO (a demografia prevê que Londres terá uma maioria não branca em 2010; a Grã-Bretanha terá uma maioria não branca dentro de 100 anos).

A América não fez melhor. Ganhou o desastre militar PARA O INIMIGO e perdeu a paz. Os juros (245 mil milhões de dólares por ano) da sua dívida de 6 mil milhões de dólares pertencem aos ILLUMINATI. Os Estados Unidos, "a única superpotência do mundo", são agora uma colónia judaica. Os americanos brancos despossuídos não são mais do que empregados bem pagos e fortemente tributados. Fazem girar a roda, travam guerras contra os JUDEUS e são convidados a ceder o útero das suas filhas à miscigenação.

É evidente que o mendelismo revelou uma ferida que sangra: Quando uma organização cultural não luta por si própria, luta contra si própria. Perde sempre quando não luta contra o VERDADEIRO INIMIGO. Os patologistas culturais revelam que *um povo inteiro foi conduzido à sua destruição*, contra os seus instintos, por líderes egoístas e propaganda enganosa. *Como cúmplices na destruição da cultura ocidental, os meios de comunicação social foram considerados culpados de cumplicidade em traição, sedição, assassínio, genocídio e outros crimes graves.*

> Se alguém perguntar porque é que morremos, digam-lhe que foi porque os nossos pais mentiram".
>
> KIPLING.

> E eis que um anjo o chamou do céu,
> dizendo: Não ponhas a mão no jovem,
> e não lhe faças nada. E eis que
> Um carneiro, preso pelos chifres numa moita,
> Oferece o carneiro da soberba no seu lugar.
> Mas o velho não quis, e matou o filho,
> e metade da raça europeia, um após o outro.
>
> WILFRED OWEN, "A parábola do velho e do jovem".

Os patriotas que morreram para "salvar o mundo para a democracia" morreram corajosamente mas em vão. A DEMOCRACIA, como vimos, é um antraz político utilizado pelos JUDEUS para destruir as suas hostes pagãs, invertendo a pirâmide da meritocracia. Assim, através do direito de voto, os homens superiores (incomuns) são tornados politicamente impotentes pelos votos das massas numericamente superiores; *estas últimas, sendo ignorantes, frenéticas e compulsivas ("a besta de muitas cabeças"), são facilmente manipuladas pelo DINHEIRO e pelos MEIOS DE COMUNICAÇÃO DE MASSA (o Colégio Eleitoral representa os líderes dos partidos e é uma farsa).*

Os líderes honestos, evitados pelos magnatas dos media, raramente são vistos ou ouvidos em público. Como resultado, raramente são eleitos para cargos públicos, ao passo que os políticos que gozam da aprovação dos meios de comunicação social têm longas carreiras na esfera pública e nos bastidores, vendendo o património da América a quem der mais. A regra geral é: se o candidato é aprovado pelos media, foi comprado! Assim, numa nação onde a quantidade supera a qualidade e a igualdade supera o mérito, todos os segmentos da cultura são degradados.

O axioma liberal de que *"esta é uma nação de leis"* (que todos os homens são iguais) perdeu a sua validade quando *"todos os homens" foi interpretado pelo sistema jurídico americano como significando "todas as raças".* Os Fundadores, como os seus escritos deixam claro, encararam a noção de igualdade racial tal como encararam a noção de democracia. Mas as visões dos nossos pais fundadores arianos não significavam nada para os judeus, ou para os legisladores e advogados que os ILLUMINATI tão regularmente chantageavam, extorquiam e compravam.

Em consequência, as alterações constitucionais, as promulgações e as interpretações liberais da lei anularam o governo tal como imaginado pelos fundadores, virando literalmente a lei da terra contra a raça branca *("Nós, o Povo"),* exatamente o povo que originalmente se destinava a proteger. (Também numa escala global, a democracia é desastrosa para os brancos, que constituem apenas 10% da população mundial).

O desmembramento gradual da nossa República Constitucional tem sido feito de forma gradual e deliberada. A América que fomos educados a amar e respeitar, e à qual jurámos fidelidade, foi cuidadosamente preservada na sua panóplia, nos seus monumentos e nos seus locais históricos. Mas, como veremos, isto é em grande parte uma ilusão. A visão de Washington, Adams, Jefferson e Franklin foi distorcida para além da redenção. *Um inimigo fez isso"* (Ezra Taft Benson). *No coração da nação alimenta-se uma sanguessuga nojenta e salivante.*

A primeira *Constituição dos Estados Unidos (1787),* assinada pelos autores e preservada sob vácuo e vidro, foi ab-rogada em 1861, quando uma federação de Estados do Norte desencadeou uma guerra total contra os Estados do Sul da União, que estavam em desvantagem numérica, e que foram então queimados e quebrados. O ataque do Norte, baseado na ganância dos banqueiros e na conveniência política, foi encoberto pela hipocrisia da igualdade racial: a alforria dos escravos negros, que foram depois segregados em cortiços de propriedade judaica, a sua débil inteligência explorada em fábricas de suor. Uma segunda *Constituição* entrou em vigor quando políticos escolhidos a dedo por Rothschild impuseram, sob a mira de uma arma, a 14^a e a 15ª Emendas (1865 e 1868), que efetivamente revogaram a Constituição que os traidores tinham jurado defender. Uma terceira *Constituição* surgiu, sob os auspícios do presidente democrata Woodrow Wilson, quando o Congresso controlado por Wall Street promulgou:

1) a *inconstitucional* Lei da Reserva Federal (1913), que deu o controlo do dinheiro dos americanos aos Rothschild;

2) o primeiro imposto americano sobre o rendimento (16ª emenda) destinado a financiar a primeira guerra mundial ILLUMINATI e a *"salvar o mundo para a democracia";*

3) a eleição democrática dos senadores (Emenda 17), substituindo a República por uma democracia.

A *Quarta Constituição* (1931) entrou em vigor sob a direção do democrata Franklin D. Roosevelt. O criminoso de guerra e os seus "amigos comunistas" estabeleceram rapidamente um *"diktat do proletariado".* Henry Morgenthau, um JUDEU, Secretário do Tesouro, *ordenou aos cidadãos americanos que vendessem todo o seu ouro* ao Tesouro dos Estados Unidos a preços inferiores aos preços internacionais do ouro! Este "ouro barato" foi então comprado pelos banqueiros internacionais em preparação para a guerra mundial que estavam a planear. Este roubo do ouro americano pelos banqueiros internacionais é conhecido *como o "Grande Roubo aos Bancos de 1933"* (Revilo Oliver). Quando a economia não pôde recuperar da depressão criada pela FED, Bernie Baruch, um judeu, diretor *do* War Industries Board *("o homem mais poderoso da América"),* pôs os americanos esfomeados a trabalhar na preparação de uma nova guerra contra a Europa ariana. Em breve, as ovelhas americanas estavam a ser conduzidas para os campos de batalha da Segunda Guerra Mundial e ordenadas a destruir o sistema monetário *"Juden Frei" e "Wucher Frei"* de Herr Hitler e a massacrar o maior número possível de arianos. Depois de *salvar o mundo para a* DEMOCRACIA (MARXISMO/LIBERALISMO/JUVENTUDE), a América tornou-se uma entrada no livro de cheques dos ILLUMINATI.

As sucessivas administrações democratas convidaram hordas de judeus e outros imigrantes não-brancos para os Estados Unidos por uma razão: eles votam no bilhete democrata/comunista. Esta forma de "traição" à escala nacional mudou a cor política e racial da nossa república constitucional para um estado social de estilo marxista, onde todos são iguais, mas alguns são mais iguais do que outros.

A Quarta *Constituição* nasceu da destituição falhada do Presidente democrata WILLIAM CLINTON (cerca de 1999), que revelou o desprezo total dos judeus pela Constituição dos EUA e pelo código de leis em que se baseia a jurisprudência. O Senado e os cidadãos dos Estados Unidos também foram julgados, mas por procuração. No final, ambos *foram expostos como egoístas, superficiais, venais e desprovidos de honra.*

O Comité Judicial da Câmara dos Representantes, composto por uma maioria de republicanos (todos arianos), arriscou a sua carreira política ao votar a destituição de um presidente popular, enquanto 16 democratas (5 brancos, 5 negros e 6 judeus) votaram unanimemente para manter no poder este mentiroso compulsivo e risco de segurança *(95% dos negros e 90% dos judeus votaram a favor da sua eleição como presidente).* Os negros chamam-lhe nostalgicamente *"o único presidente negro".* Adoram as suas mentiras e o seu saxofone a tocar blues. Juristas imparciais concordam que Clinton mentiu sob juramento, prestou juramento perante um grande júri e obstruiu deliberadamente a justiça. O senador Robert Byrd, *"decano dos democratas"* e *"perito constitucional",* declarou emocionalmente na televisão nacional que Clinton era culpado de crimes graves, exigindo a sua destituição. Cidadãos americanos, tanto militares como civis, estão a cumprir penas de prisão por crimes menos graves. Pouco depois de ter sido destituído pela Comissão Judiciária da Câmara dos Representantes, Clinton apareceu no Jardim das Rosas (contíguo à Sala Oval, onde ele e Monica Lewinski, uma judia (um risco para a segurança), tinham praticado sexo oral com o busto de bronze de Lincoln como testemunha). O mentiroso de Yale dirigiu-se à audiência: está *"confiante no futuro".* Vai *"continuar o trabalho do povo".* Um observador atento, que esperasse sinais de remorsos, poderia ver, em vez disso, uma euforia reprimida no rosto do Presidente! Um *"passarinho"* tinha-lhe sussurrado algo ao ouvido. O vice-presidente Al Gore, sabendo do segredo, abraçou o presidente deposto, assegurando-lhe a sua lealdade (enquanto o "vermelho" de Yale, Dean Acheson, tinha jurado nunca virar as costas a Alger Hiss). *Dois dias depois, o senador Byrd inverteu a sua posição relativamente ao impeachment! O "passarinho" também lhe tinha sussurrado ao ouvido! Fontes próximas da Casa Branca"* disseram ao autor que o senador Byrd e o líder da maioria no Senado, Trent Lott, tinham recebido instruções de Leslie Gelb, judeu e presidente do Conselho de Relações Externas, para ilibar Clinton de todos os artigos de impugnação. Lott, um antigo líder de claque universitário, deu uma cambalhota para trás. *O negócio estava feito!*

Os políticos não nascem, são excretados.

CICERON.

Os Estados Unidos obtiveram exatamente aquilo por que lutaram nas duas primeiras guerras mundiais, o que se manifestou na AQUISIÇÃO DE CLINTON e na degradação moral da América (o índice de aprovação de Clinton continua elevado, apesar de ele ser um mentiroso, um traidor e um risco para a segurança). O Senado dos EUA enviou uma mensagem clara ao mundo (e aos nossos filhos): ao abrigo da Constituição dos Estados Unidos da América, é permitido MENTIR sob juramento, perjurar-se perante um grande júri, obstruir a justiça e MENTIR À NAÇÃO. O que levanta a questão: Porquê honrar o governo MARXISTA/LIBERAL/Judaico dos Estados Unidos da América?

À medida que o Estado entra em colapso e a anarquia se aproxima, o governo torna-se paranoico e surge o "Big Brother" de George Orwell. A saber:

Dois milhões de conversas telefónicas são interceptadas todos os anos pelas autoridades policiais e 400 milhões pelos empregadores. Mais de 30 milhões de trabalhadores estão sujeitos a vigilância eletrónica pelos seus empregadores. Uma instalação americana em Menwith Hill, em Yorkshire, Inglaterra, controla todas as chamadas telefónicas, faxes, telegramas e e-mails dos Estados Unidos, Europa, África, Ásia Ocidental e Médio Oriente, recolhendo mais de 2 milhões por hora (17,5 mil milhões em 1991). Mais de 13.000 destas "comunicações privadas" foram selecionadas para um exame aprofundado.

A Comissão Al Gore recomenda a compra de 1.000 scanners de bagagem CTX-5000 Hi-Tech para detetar bombas nos terminais do país, ao custo de um milhão de dólares cada, mais 100.000 dólares de taxas de serviço anuais (ao dar uma cara sionista, os Estados Unidos têm agora muitos inimigos).

O Comité para o Desenvolvimento Económico, composto por setenta e cinco dos principais executivos de empresas do país, apresentou (1962) um plano para acabar com as quintas e os agricultores americanos. Era estritamente um estudo de lucros e perdas, que não levava em conta os efeitos desastrosos sobre a qualidade do património genético branco (não muito diferente do plano do Corpo de Engenheiros do Exército de remover curvas incómodas nos rios americanos, escavar canais de navegação convenientes e depois perder tudo para correntes aceleradas que devoram margens, vegetação de cobertura e árvores).

As zonas rurais sempre produziram os jovens mais saudáveis, mais sãos e mais patriotas da América, bem como os nossos melhores milicianos. *Atualmente, apenas 2% dos americanos vivem em quintas, uma queda de 28% desde o início do século.* No ano 2000, cerca de cinco empresas multinacionais do sector agroalimentar controlam 95-96% das colheitas mundiais de milho e trigo. Nos Estados Unidos, três empresas controlam 80% da indústria de embalagem de carne. O perigo da consolidação empresarial reside, *em primeiro lugar,* no seu poder de controlar a oferta, como fizeram os bolcheviques na Ucrânia e como fez Jimmy Hoffa ao controlar o sindicato Teamsters (Sid Kroshak, JUIF, controlava Hoffa); *em segundo lugar,* os monopólios podem eliminar os pequenos produtores, pagando menos pelos seus produtos do que o custo de produção; e, *em terceiro lugar,* as megacorporações controlam os preços eliminando a concorrência no mercado. Em 1996, 1471 fusões de empresas foram levadas a cabo por *lobistas do Congresso,* especialistas em vender a riqueza da América em proveito próprio.

A *Quarta Emenda* garante *"o direito do povo de estar seguro em suas pessoas, casas, papéis e pertences contra buscas e apreensões irracionais...".* O modus operandi do Internal Revenue Service (IRS) inclui violações constantes da Quarta Emenda. O IRS é a unidade de execução do governo federal, trabalhando em estreita colaboração com o FED, a ADL e o Tesouro para coagir e punir cidadãos americanos politicamente incorrectos. Em 1992, o IRS apreendeu 3 253 000 contas bancárias e cheques de pagamento (50 000 apreensões foram incorrectas ou injustificadas). Todos os anos, o IRS impõe mais de 1.500.000 penhoras (um aumento de 200% desde 1980). A Quinta Emenda, entre outras garantias, proíbe a privação da vida, da liberdade e da propriedade sem o devido processo legal. No entanto, mais de 35% dos contribuintes americanos não receberam qualquer aviso do IRS antes de as penhoras serem efectuadas sobre a sua propriedade. Muitos só souberam da existência dessas penhoras quando foram detidos.

O ATF (Gabinete do Álcool, Tabaco e Armas de Fogo), o FBI (Gabinete Federal de Investigação), a DEA (Agência de Combate à

Droga) e outras agências de execução demasiado numerosas para serem mencionadas (todas apoiadas pelos meios de comunicação social e pela Liga Anti-Difamação) juntam-se ao IRS no seu ataque à Constituição dos EUA. Tal como o IRS, estas organizações governamentais quase legítimas são regularmente comandadas por forças dentro do governo para perseguir e destruir os politicamente incorrectos. Randy Weaver, por exemplo, estava na mira deles. Randy Weaver acreditava na *Identidade Cristã*, um grupo supremacista branco. Ele e a sua família mudaram-se para Ruby Ridge, Idaho, para escapar à poluição racial. Acreditava que os seus antepassados arianos lhe tinham concedido certos direitos inalienáveis, incluindo a liberdade de expressão e o direito de manter e portar armas (consagrados na Primeira e Segunda Emendas, respetivamente). Estava enganado. Quando Weaver não compareceu em tribunal para tratar de um pequeno delito relacionado com armas de fogo (possuía uma caçadeira de canos serrados), o FBI utilizou esse facto como pretexto para vigiar a cabana do racista na natureza. O filho de 14 anos de Weaver e o seu cão estavam prestes a ir caçar. O cão correu para o bosque a ladrar. Os polícias dispararam sobre ele. O rapaz disparou ao acaso. Os polícias mataram-no. A Sra. Weaver, segurando um bebé, olhou para fora da porta da cabana. O atirador do FBI Lon Horiuchi rebentou literalmente com a cabeça da Sra. Weaver.

No ano seguinte, em 1993, agentes da ATF e do FBI atacaram os Branch Davidians, uma comunidade religiosa em Waco, Texas. David Koresh, o líder, pregava a maldade da América, condenava o seu mau governo e previa o apocalipse. Estes conceitos irritaram pessoas em posições de destaque. Empregando as habituais tácticas JUDAICAS (*Infâmia!*), Koresh foi demonizado, acusado de *"crimes hediondos"*, incluindo pedofilia e importação de metanfetaminas do México. O governo federal, no entanto, recusou-se a conceder a Koresh o devido processo para provar a sua culpa ou inocência. Queria que Koresh e os seus apoiantes fossem eliminados. 127 homens, mulheres e crianças. 76 agentes da ATF/FBI e um tanque americano. Um tanque do exército americano, destacado para espalhar gás C-S (proibido pelo tratado americano), embateu no edifício, que se incendiou. 82 membros do ramo dos Davidianos morreram no holocausto, incluindo 30 mulheres e 25 crianças. Janet Reno, a procuradora-geral de Clinton que supervisionou a operação, disse que lamentava muito.

Timothy McVeigh, um soldado de infantaria condecorado, combateu na Guerra do Golfo. A demonização dos árabes, dos iraquianos e de Saddam Hussein foi tão exagerada que McVeigh ficou surpreendido ao "descobrir que eles são pessoas normais como tu e eu". Escreveu: "Pediram-vos que eliminassem estas pessoas. Disseram-nos que tínhamos de defender o Kuwait, onde as pessoas tinham sido violadas e chacinadas. É tudo mentira. A guerra despertou-me. Desiludido, McVeigh deixou o exército. Começou a interessar-se por teorias da conspiração. Estava zangado com o tratamento dado pelo governo federal a Weaver, Koresh e inúmeros outros americanos. Sentiu a necessidade de despertar o público. A mensagem de McVeigh foi explodir o edifício federal em Oklahoma City, que albergava os escritórios da ATF. Ele citou no seu julgamento:

> O nosso governo é o professor poderoso e omnipresente.
> Para o bem e para o mal, ele ensina todos os povos com o seu exemplo".
> L.D. BRANDEIS, JEWISH, U.S. Sup. CT.

Os poderes das trevas estão a trabalhar noutros lugares. A NATO, juntamente com algumas forças relutantes da ONU (extorquidas pelo dinheiro dos EUA), gastaram milhares de milhões de dólares numa guerra não declarada contra a Sérvia por ter expulsado à força uma minoria étnica albanesa (muçulmana) que recusou um decreto governamental para abandonar o solo sérvio (Kosovo). O nacionalismo/patriotismo é um anátema para os judeus, onde quer que apareça. Eles tencionam eliminá-lo na Sérvia, mesmo que isso signifique matar todos os homens, mulheres e crianças sérvios (cristãos). O Departamento de Estado dos EUA descreve estas acções como "uma lição para todos os racistas (sic) que não querem aceitar a diversidade". Se nada for feito, uma nação orgulhosa poderá, mais uma vez, expulsar os parasitas judeus. É por isso que foi criado em Haia um TRIBUNAL INTERNACIONAL PARA CRIMES DE GUERRA, para julgar crimes de ódio. *Como se pode imaginar, o Presidente do Supremo Tribunal é judeu!*

Estes mesmos Aliados, que hoje derramam lágrimas de crocodilo pela expulsão brutal dos kosovares muçulmanos da Sérvia cristã, foram eles próprios cúmplices da violação, tortura e expulsão de mais de 15 milhões de alemães desarmados da Europa Oriental, imediatamente após a Segunda Guerra Mundial, em terras que ocupavam, nalgumas zonas, há mais de 1000 anos. Destes, mais de 2 milhões (possivelmente 5 milhões) foram assassinados pelos Partisans (Bolcheviques) com *a aquiescência dos comandantes Aliados* que NÃO foram julgados por "CRIMES CONTRA A HUMANIDADE". Pelo contrário, durante mais de 50 anos, os governos da Rússia, da Grã-Bretanha e dos Estados Unidos, motivados pelo dinheiro, esconderam a sua limpeza étnica dos alemães por detrás da monstruosa mentira do "Holocausto".

É óbvio que os ILLUMINATI não estão interessados nos milhões de pessoas que estão a ser massacradas hoje na Chechénia, no Tibete, no Ruanda (negros), na África do Sul (brancos), etc., enquanto descobrem razões "compassivas" para matar sérvios - a isto chama-se GROSSING, sinónimo de GOVERNO MUNDIAL ÚNICO. O *New York Times* (7-8-98) relata que o Kosovo é o local de um depósito mineral de 3,5 BILHÕES DE DÓLARES (chumbo, zinco, carvão). Aha! A instauração da "democracia" no Kosovo permitirá ao Tio Sam ajudar "compassivamente" a desfazer-se do antigo tesouro da Sérvia. Muito antes de os cadáveres sérvios endurecerem, os banqueiros internacionais já estavam à espera. Isto não é compaixão, é AVIDÃO.

Os soldados americanos em perigo no Kosovo foram informados pelo Secretário da Defesa judeu Cohen, "vocês são soldados da paz que preservam o nosso modo de vida democrático", ou seja, se um pequenote desaprovar a DEMOCRACIA, os EUA enviarão caças furtivos, mísseis de cruzeiro, etc. para bombardear carroças puxadas por burros. Veja-se o Irão, o Iraque, a Líbia, o Líbano e outros, todos eles semitas "anti-semitas".

> Não importa se ganhas ou perdes; só importa se eu ganho ou perco.
> SAMMY GLICK.

A lição histórica muitas vezes repetida, revisitada na Sérvia, é que desafiar as leis da natureza (forçando grupos étnicos incompatíveis a juntarem-se para encaixar cavilhas quadradas em buracos redondos) conduz ao desastre. A homogeneidade não cria a guerra, como os judeus gostariam que acontecesse. É forçar grupos étnicos diferentes a juntarem-se que cria a guerra. As leis da genética, as leis imutáveis de Deus, reduziram o MARXISMO/LIBERALISMO/JUDAÍSMO ao absurdo. Isto é particularmente evidente na SOCIEDADE DIVERSA da América, onde as prisões e os asilos transbordam, a fealdade prolifera e o assassínio, a violência e o sexo ao estilo de Hollywood se tornaram a norma americana.

As crianças arianas, empurradas para a guerra de trincheiras das escolas integradas, anseiam pela sua própria sociedade e território, a

América que os seus antepassados criaram: querem escolas BRANCAS, equipas BRANCAS, bailes BRANCOS, locais de convívio BRANCOS, música BRANCA, religião BRANCA. Querem padrões BRANCOS de beleza e excelência, não TALMUDISMO, afrocentrismo e igualdade de fracasso/sucesso. Ao *denunciar estes instintos genéticos, o* GOVERNO FEDERAL *está a exercer uma grave pressão psicológica sobre as crianças.* Os MARXISTAS/DEMOCRATAS continuam a enfiar cavilhas quadradas em buracos redondos:

> 26,3 milhões de imigrantes (1990) vivem nos Estados Unidos, em comparação com 9,6 milhões em 1970. Isto representa 42% do aumento total da população desde 1990. Votam maioritariamente nos democratas! *85% dos imigrantes não são brancos.* Reproduzem-se 3,5 vezes mais depressa do que os brancos. 6 milhões dos seus filhos são bastardos. 33% dos alunos das escolas públicas americanas são minorias. Cada lugar que ocupam é menos um para os brancos.
> São faladas 120 línguas diferentes. Os resultados do SAT são uma anedota. As outrora excelentes escolas públicas americanas foram destruídas pelos marxistas/liberais/judeus. *Os caloiros das universidades americanas são os ÚLTIMOS das "nações industriais" em ciências e matemática.*
> A indústria americana contrata, portanto, estrangeiros com melhor formação: chineses e indianos). Hoje em dia, a educação não se resume às competências básicas e à literacia. O cartel da iliteracia deriva o seu poder daqueles que lucram financeira e politicamente com a ignorância e a má prática na educação... Utilizando informações pessoais sobre os alunos e as suas famílias, os educadores são capazes de entrar nos sistemas de crenças dos alunos e corrigir pontos de vista que consideram desagradáveis... Os educadores determinam as perspectivas de emprego dos alunos com base na sua adesão a pontos de vista aceitáveis.
> BEVERLY K. EAKMAN, professora, *"Cloning the American Mind: Eliminating Morality Through Education"* (publicado no Washington Times de 2-12-99).

Infelizmente, os nossos filhos aprenderam lições definitivas de Hollywood-on-the-Potomac: se não gostarem, apaguem-no. A violência em Columbine H-S, Littleton, CO (12 estudantes e um professor assassinados por dois estudantes, um deles judeu), e uma série de assassinatos semelhantes, são razões suficientes para os judeus revogarem a Segunda Emenda. Afirmam que o tratamento dos sintomas cura o cancro. Quando, na verdade, os judeus temem uma reação generalizada contra a própria doença: MARXISMO/LIBERALISMO/JUDAÍSMO e JUDEUS de

Hollywood.

O GOVERNO FEDERAL é criminoso, como prova este tratado. Como todos os criminosos, é paranoico. E com razão. O seu cadastro está a ser exposto. Quando os FACTOS escaparem à censura do BIG BROTHER, o governo federal morrerá de exposição e vingança. É de admirar que os congressistas judeus (Schumer, Lowey, Specter, Boxer, Feinstein, Wexler, etc.) estejam a liderar o esforço para tirar as armas aos americanos com o mesmo desespero que usaram para salvar Clinton do impeachment! A paranoia reflecte-se em todas as agências governamentais. O que eles estão desesperadamente à procura é de uma AMEAÇA (para substituir a ameaça soviética). Os judeus devem desviar a atenção dos arianos do INIMIGO que está no meio deles. Da JUDÉO-FOBIA que se está a desenvolver no mundo civilizado.

Mal se vê no horizonte, um guerreiro enigmático, duro e bem armado. Ele olha para a América através de olhos escuros e inclinados, entre as maçãs do rosto altas. Ele entende de parasitas. Compreende a nossa patologia. Inveja as nossas mulheres arianas de membros longos e o nosso *lebensraum*. Quase impercetivelmente, ele sorri. *Não é do conhecimento geral que uma minoria judaica extremamente rica exerce uma poderosa influência política na China marxista.* O COX CONGESSIONAL REPORT (5-25-99) detalha as acções de espionagem chinesas nos últimos anos que roubaram *TODOS OS SEGREDOS NUCLEARES AMERICANOS* do laboratório nuclear de Oppenheimer, incluindo o super-secreto W-88 e a bomba de neutrões que destrói apenas organismos vivos, deixando os edifícios intactos. Não é surpreendente, com os judeus a controlar o Pentágono, o Departamento de Estado, o Departamento de Defesa, o CFR, etc., que a China tenha agora a capacidade de atacar e matar submarinos americanos debaixo de água e de atacar cidades americanas com mísseis nucleares cujo poder destrutivo é dez vezes superior ao das bombas A lançadas sobre Hiroshima.

> Israel, que recebe 100 mil milhões de dólares de ajuda dos Estados Unidos, vendeu à China, segundo o *Financial Times* de Londres, a tecnologia do míssil ar-ar Python-3 e do radar Phalson, que confere a Pequim uma capacidade AWAC. A China também adquiriu tecnologia para o radar anti-míssil israelita Star-1, o caça Levi apoiado pelos EUA e o míssil Patriot.
> PAT BUCHANAN, "Washington Times" (5-25-99).

Bernard Schwartz, um assessor judeu da campanha de Clinton e presidente da LORAL Space & Communications, uma empresa americana com ligações a Israel, está a ser investigado pelo Congresso por vender ilegalmente equipamento americano sensível da Hi-Tec a Israel e à China marxista. Parece que os ILLUMINATI estão a preparar-se para a guerra de diversão de que precisam desesperadamente antes que os americanos se apercebam que lhes roubaram o seu país.

Ainda não começaram a apreciar a verdadeira profundidade da nossa culpa... Pegámos no vosso mundo natural, nos vossos ideais, no vosso destino, e destruímo-los.
MARCUS ELI RAVAGE, JUDEU, *Revista Century* (1928).

Em parte alguma podemos discernir a mais pequena indicação de que na grande maioria do nosso povo (branco) o instinto racial de auto-preservação não se perdeu... não podemos ainda determinar se se extinguiu ou se está apenas em suspenso, enquanto o nosso povo se encontra numa espécie de transe cataléptico, do qual poderá ser despertado pelo sofrimento físico e por privações agudas quando chegar a altura, como certamente acontecerá... A nossa situação é desesperada e não podemos permitir-nos quaisquer ilusões... agora, mais do que nunca, o otimismo é cobardia.
DR. REVILO P. OLIVER, Professor de Clássicos
na Universidade de Illinois.

Os nossos cidadãos (brancos) são demasiado apáticos, ou estúpidos, ou cobardes para se levantarem e lutarem por aquilo em que acreditam, ou mesmo para evitarem a sua própria destruição. Alguns estão à espera de um mandato, outros de uma reforma, outros de tempos mais seguros, mas todos estão à espera da morte. As raças mortas não regressam. Aqueles que esperam são os carregadores de caixão da civilização.
DR. ROBERT KUTTNER, Universidade de Chicago.

A luta pela existência é um axioma fundamental da biologia ao qual não se pode escapar.
GARRET HARDIN, *"A natureza e o destino do homem"*.

RESUMO

A história mostra que a metamorfose de um Organismo de Alta Cultura só pode ser interrompida pela sua destruição total: uma larva tem de se tornar borboleta; uma bolota tem de se tornar carvalho; uma criança tem de se tornar adulta; o Organismo-Cultura tem de cumprir o seu Destino espiritual. Estas são as LEIS imutáveis da NATUREZA. Esta CERTEZA espiritual é portadora de grande esperança e de grandes expectativas. O homem branco não está em "transe cataléptico", mas, como uma águia ferida e perigosamente vulnerável aos ataques dos predadores, está a recuperar lentamente das feridas que recebeu durante as 20 guerras do século passado para aniquilar os arianos.

O que não me atrapalha, torna-me mais estrelado.
NIETZSCHE.

Hoje em dia, uma METAMORFOSE ESPIRITUAL, cujos abalos se fizeram sentir pela primeira vez na Europa há cerca de 140 anos (por volta da altura em que os ILLUMINATI soltaram os seus cães raivosos nos EUA), está a espalhar-se com intensidade crescente por toda a ALTA CULTURA-ORGANISMO DO OCIDENTE. Todos os arianos, com exceção da ralé branca, *sentem instintivamente esta transformação*, mesmo que poucos o consigam exprimir. O que eles estão a viver é a FASE DE SÍNTESE da DIALÉTICA DA HISTÓRIA OCIDENTAL: a fusão da UNIDADE INSTINTIVA DOS ARIANOS com os vestígios da IDADE DA RAZÃO PURA! Durante esse tumultuado e perigoso período de transição, o estrato cultural ariano está em processo de bater, esvaziar e eliminar as IDEIAS componentes da tese e da antítese. As ideias mais viáveis são selecionadas *instintiva e racionalmente*, com maior ênfase na primeira, e depois sintetizadas no organismo da alta cultura ocidental. Os estábulos de Augias estão a ser limpos. Os velhos ícones, sofismas e superstições são deitados fora. A NOVA TESE resultante dá origem à IDADE MENDELIANA que assegura a UNIDADE GENÉTICA DO OCIDENTE e a rejeição total do MARXISMO/LIBERALISMO/JUVENTARIA. Pelo contrário, os esforços de JUDIARIE são dirigidos TOTALMENTE contra a unidade espiritual e física do Ocidente! (A Idade Mendeliana não tem nada a ver com a "unificação" da Europa sob a égide do DINHEIRO: o Banco de Pagamentos Internacionais).

Para colocar a dialética histórica em perspetiva, é preciso lembrar que a TESE foi expressa pela primeira vez quando as antigas tribos góticas tentaram unificar-se: primeiro sob os Cruzados, depois sob o Império, depois sob o Papado e finalmente sob os Nazis. *Este desejo profundo de reunir a família ariana é instintivo, compulsivo e está de acordo com as leis da natureza. Por conseguinte, realizar-se-á.*

A ANTÍTESE dialética do Ocidente apareceu sob a forma de um racionalismo virtualmente separado do instinto, que produziu: Liberalismo, Capitalismo, Livre Comércio, Estado contra Estado, Religião contra Religião, Luta de Classes e USURA contra a autoridade política ariana. Estes e outros fenómenos racionalistas (sufocando o instinto) dividiram a Europa em numerosos estados tribais concorrentes, egoístas e fratricidas, facilmente manipulados pelos traiçoeiros bancos centrais Rothschild, e consagraram os campos de batalha da Europa com sangue ariano.

As nações, as formas de pensamento, as formas de arte e as ideias, que são a expressão do desenvolvimento de uma cultura, estão sempre sob a tutela de um grupo relativamente pequeno... A cultura é, pela sua própria natureza, selectiva, exclusiva. O uso da palavra num sentido pessoal - um homem "culto" - descreve um homem que é fora do comum, um homem cujas ideias e atitudes são ordenadas e articuladas. O patriotismo, a devoção ao dever, o imperativo ético, o heroísmo e o auto-sacrifício são também expressões de cultura que o homem primitivo não apresenta. O homem comum é o material com que trabalham os grandes líderes políticos em condições democráticas. Nos séculos anteriores, o homem comum não estava envolvido no drama da cultura. Não estava interessado nele, e os participantes ainda não estavam nas garras do racionalismo, da "loucura das contas", como disse Nietzsche. Quando as condições democráticas foram levadas ao extremo, o resultado é que até os dirigentes são homens do povo, com a alma invejosa e perversa da inveja do que não podem igualar...
FRANCIS PARKER YOCKEY, *"Imperium"*.

Assim, deixámos de ser uma república, em que a intenção era manter o controlo e a direção do país nas mãos dos mais qualificados para assegurar o seu bem-estar, e degenerámos numa democracia, naquilo a que Alexander Solzhenitsyn chamou um "motim democrático". Os diques abriram-se e deixaram entrar uma torrente de políticos "liberais" que elevaram as massas para as dominar. Toda a sabedoria e visão a longo prazo do governo perderam-se numa sórdida corrida aos votos por um grupo heterogéneo de pessoas que não se preocupavam com os problemas cruciais da nação e não tinham espírito para os enfrentar, mesmo que os tivessem; que, de facto, estavam preparados para sacrificar o bem-estar a longo prazo da nação como um todo em benefício próprio, quer isso significasse maiores lucros, maiores salários, mais "bem-estar", mais velocidade, mais engenhocas, mais prazer, conforto, segurança ou facilidade.... Todo o controlo e direção aristocráticos da nossa vida nacional foram eliminados. Como sempre numa democracia, não havia ninguém para ver para onde íamos, para proteger o povo da exploração desalmada e da ruína, para nos antecipar e afastar da profanação da terra, do desperdício dos nossos recursos, da

poluição do nosso ambiente e de uma taxa de natalidade diferencial em que aqueles que tinham inteligência e carácter para resolver os problemas eram esmagados por aqueles que criavam os problemas. A terra foi deixada totalmente aberta e com poucos obstáculos no caminho daqueles cuja ganância que tudo consome os levou a transformar o país primeiro num rico campo de investimento financeiro lucrativo, e cada vez mais aberto... aos judeus que trabalhavam furtivamente, acotovelavam-se e empurravam... para um estado global de escravatura.
        WILLIAM G. SIMPSON, *"Que caminho para o homem ocidental?"*

O trovão que abalou a Europa, pondo em marcha a METAMORFOSE ESPIRITUAL do Ocidente (a *síntese dialética*) foi a descoberta, por GREGOR MENDEL, dos elementos constitutivos da natureza! Como todos os homens cultos sabem hoje, e é preciso repeti-lo, a ciência da genética demonstra que caraterísticas únicas diferenciam TODOS os homens e TODAS as raças: fisiológica, psicológica, comportamental e espiritualmente, pondo fim para sempre à ideia recebida MARXISTA/LIBERAL/JUÍZICA de que todos os homens são criados iguais.

Um dos muitos legados profundos desta SÍNTESE DIALÉTICA foi a redescoberta das raízes espirituais e biológicas do homem ariano, resultado de sondas faustianas no espaço *exterior* ilimitado, o macrocosmo, e de sondas *interiores* que revelam o espaço ilimitado do microcosmo com o seu novo vocabulário: quanta, quarks, neutrinos, genomas, metafísica, etc.

    Ver o mundo num grão de areia e o céu numa flor silvestre, ter o infinito na palma da mão e a eternidade numa hora.
        WILLIAM BLAKE.

    Sente que não há nada a temer em todo o universo. Finalmente, existe apenas UMA Vontade, o impulso que emana do coração do vosso ser, ou chamem-lhe o vosso Deus. Já não há corpo e alma a olharem um para o outro através do abismo.
    ... O corpo é a alma manifestada. A alma é a exaltação do corpo... E o olhar através do qual o homem olha o mundo... e todo o universo estrelado é o olhar da sua própria plenitude...
        WILLIAM GALEY SIMPSON,
        "Que Caminho para o Homem Ocidental."

É aí, no macrocosmo/microcosmo, para além do verniz das leis e superstições criadas pelo homem, onde a matéria e a energia espiritual se encontram, que o ariano encontrou o seu ser original: os seus instintos, as suas intuições e a sua unidade com a LEI DE DEUS - PANTEÍSMO.

Foi assim que a idade da razão morreu, assassinada pelas suas próprias mãos. Os supostos factos em que a ciência baseia as suas conclusões racionais são agora vistos como inconstantes, em fluxo, em evolução. Quanto mais a ciência aprende, menos compreende. O horizonte está a recuar a cada passo. A ciência deve agora ter em conta a probabilidade, a incerteza, a metafísica, o instinto, a intuição e a falibilidade humana. A ciência reconhece a existência de uma força universal que é mais omnipresente, mais dominante do que o homem alguma vez poderá compreender. Quando a intuição, o instinto e a probabilidade entraram no domínio da matemática, a cultura ocidental passou da idade da razão para a idade do MENDELISMO. *O advento da IDADE MENDELISTA despertou o estrato cultural ariano como se de um pesadelo luciferiano se tratasse.* Nesse despertar espiritual, o homem ariano descobriu que era ao mesmo tempo Deus e animal, uma ponte humana para o super-homem. Este conhecimento relega para sempre para o panteão dos deuses menores o ridículo fetiche SEMIÁTICO, YAHVÉ, e o seu esporo de ódio ao mundo, o CRISTIANISMO. O Panteísmo é a religião da Natureza; o bom monge Mendel é o seu Santo Padre.

O homem ariano é um *ser espiritual.* É também um *animal territorial* que defenderá a sua honra e a sua casa contra obstáculos insuperáveis... até à morte! Ele não escolhe fazer isso, *ele é forçado por imperativos genéticos!* O comportamento intuitivo/irracional reflecte o INSTINTO DE SOBREVIVÊNCIA. É o decreto da natureza e cabe ao homem obedecer-lhe! As nações que perdem ou negam os seus instintos genéticos perdem o seu direito à vida! *Quando a sobrevivência é a medida final, as nações compassivas morrem.*

O INSTINTO, convém salientar, é uma *resposta não racional* a estímulos ambientais.

A INTUIÇÃO é uma *compreensão imediata, sem Razão,* que emana de fontes primitivas ou metafísicas.

A RAZÃO é a capacidade intelectual de *chegar a conclusões com base em factos assumidos.* A COGNIÇÃO (*capacidade de perceber e julgar*), localizada na camada supra-granular do córtex, é uma caraterística evolutiva que distingue a raça da raça, o homem do homem e o homem dos animais inferiores.

Na criação de uma sociedade justa e ordenada, os instintos do homem, essenciais ao seu génio criativo e à sua sobrevivência, são temperados pela igualmente importante capacidade de raciocínio. O instinto e a razão não se excluem mutuamente, mas são ingredientes essenciais que, em conjunto, determinam em grande medida o comportamento humano. O instinto, a intuição e a razão são caraterísticas genéticas.

Os instintos arianos sobre a raça são fundamentalmente sólidos, mesmo que não sejam populares. A antropologia e a genética provam que os genomas programam o comportamento de cada raça de forma diferente. Por conseguinte, a Constituição dos EUA e o código de leis que foram criados para UMA raça são totalmente inadequados para outra. Não existe uma lei moral ou um código jurídico universal. Para além da família racial, a distinção entre o certo e o errado desaparece. Porquê? Porque os genes determinam o comportamento racial, e o comportamento racial determina a moral e as leis! Consequentemente, numa sociedade diversificada, a moral e as leis não podem ser legisladas ou codificadas para satisfazer categoricamente todas as raças dessa sociedade. Daqui se conclui que a cultura ocidental se desintegrou em proporção direta à diversidade racial, como o demonstra o colapso moral e ético da América. As diferenças raciais não podem ser alteradas por legislação. *As leis de Deus prevalecem!*

É óbvio que a comunidade judaica é a única raça geneticamente programada para sobreviver enxertada nas raças hospedeiras. Que lei rege este facto? Um PARASITA é uma das muitas formas de vida da natureza. Não é um animal moral nem imoral, é simplesmente um *facto biológico*. Para os arianos, o parasitismo é patológico e, portanto, imoral. Para os judeus, o parasitismo é uma necessidade biológica e, portanto, moral. O que é ético ou moral para uma raça pode ser antiético ou imoral para outra. A natureza não reconhece nada disto. No seu reino imaculado, não há moralidade! Existe apenas a vontade de sobreviver. É absurdo *odiar* os parasitas, tal como se odeia as térmitas, os pretos, as víboras ou os morcegos. Simplesmente não os deixamos corroer os alicerces da *nossa* casa ou ficar no *nosso* quarto. *Eliminamo-los por todos os meios necessários.* Darwin, Spencer, Carlyle, Hitler falam da eliminação do património genético como sendo necessária para a *"sobrevivência da espécie"*. O TALMUD ensina a sobrevivência. Os Boinas Verdes e os Navy Seals ensinam a sobrevivência. O Mendelismo ensina a sobrevivência. Deus ensina a sobrevivência. O CRISTIANISMO/LIBERALISMO ensina: *"Ama o teu inimigo"* e entrarás no Paraíso. Depois da Segunda Guerra Mundial, o *modus operandi* parasitário, descrito em pormenor no TALMUD e nos PROTOCOLOS, não podia ser discutido publicamente sob pena de o orador ser tachado de *"racista"*, o que equivaleria a ser queimado na fogueira. A palavra "RACISTA", um opróbrio que significa "fanático, anti-americano, nazi, louco", foi inventada pelos judeus para desencorajar qualquer discussão sobre o *seu modus operandi*. Hoje em dia, nas instituições públicas e nos campus da Ivy League, as referências à raça, ao QI, à eugenia, ao revisionismo histórico, podem custar-lhe a posse ou os dentes. *É por isso que inventámos uma nova palavra: RACIALISTA, s.f., um indivíduo que respeita o direito de todas as raças a existirem no seu próprio ambiente, mas cuja lealdade é, antes de mais, para com a sua própria família racial.* Acredita no princípio de "dente por dente". Os nossos pais fundadores eram *racistas*. Os judeus são *racistas*. Eles têm muito a esconder.

> O nosso poder... será mais invencível do que qualquer outro porque permanecerá invisível até ao momento em que tiver adquirido uma força tal que nenhuma astúcia o possa abalar.
> PROTOCOLOS DE SION Número 1:12.

> Não há judeus ingleses, judeus franceses ou judeus americanos. Só há judeus que vivem em Inglaterra, em França e na América.
> CHAIM WEIZMANN, JUDEU, SIONISTA, Presidente de Israel.

> Todos os judeus terão o seu lugar no mundo futuro... todos os gentios serão enviados para o inferno.
> TALMUD: Lekh-Lekma.

> Beija-lhe a bochecha. Ele não vai suspeitar de nada.
> GESTHEMANE.

Entrámos agora na fase final das 20 guerras do século passado que têm por objetivo aniquilar os arianos. Os protagonistas são os ILLUMINATI de Satanás, que representam o dinheiro, o engano e a escravatura, contra o MENDELISMO, que representa a natureza, a verdade e a beleza. A SÍNTESE DIALÉTICA DO OCIDENTE, como o trovão da aurora, proclama a UNIDADE ESPIRITUAL DO HOMEM E DA NATUREZA.

São os genes - não a riqueza, a sorte, a diversidade ou a educação - que dão ao homem a capacidade de atingir os seus objectivos. Os arianos *sabem* agora (racionalmente), como sempre *sentiram* (instintivamente), que a herança genética dos brancos é o seu bem mais precioso! É uma dádiva de Deus que deve ser protegida a todo o custo. Aqueles que não querem isso são os nossos inimigos mortais e devem ser parados no seu caminho por todos os meios disponíveis AGORA.

Uma vez que os arianos pertencem à mesma família racial, segue-se que as suas religiões, filosofias, artes, ciências, línguas e estados *não são factores de divisão*, mas meras *diferenças* dentro do organismo ariano de alta cultura. O IMPERATIVO do Ocidente é reunir estas partes díspares, mas relacionadas, num ESTADO-Nação Ariano, mobilizando assim o imenso intelecto, criatividade, poder e recursos do Ocidente para cumprir o seu *destino faustiano,* cujo principal símbolo é o horizonte sempre distante do espaço ilimitado.

A SÍNTESE DIALÉTICA, o florescimento da IDADE MENDELIANA, leva ao amadurecimento e à realização espiritual da nação ariana, tão bem descrita por Yockey, Spengler e Simpson. Com a SÍNTESE, o SOCIALISMO ariano prevalece sobre o CAPITALISMO em termos *éticos, económicos e políticos:* A AUTORIDADE sobre o dinheiro; a POLÍTICA ABSOLUTA sobre o pacifismo; a EQUIPARAÇÃO sobre a igualdade; o MÉRITO sobre a democracia; os PRODUTORES sobre os intermediários; a QUALIDADE sobre a quantidade; a REALIZAÇÃO sobre a riqueza; o HEROICISMO sobre o hedonismo; a RAÇA sobre a miscigenação; a HOMOGENEIDADE sobre a diversidade; a RESPONSABILIDADE sobre a dependência; a RELIGIÃO sobre o materialismo; A DUALIDADE DE GÉNERO em vez do feminismo; o CASAMENTO em vez do amor livre; a FERTILIDADE em vez da esterilidade; o CONTROLO em vez da licença; a ORDEM em vez da indulgência; a CONSIDERAÇÃO em vez da piedade; os FACTOS em vez da ficção; o LEBENSRAUM em vez do confinamento; a NATUREZA em vez da educação; a NAÇÃO acima dos OUTROS!

NA CIVILIZAÇÃO OCIDENTAL, TUDO O QUE É MARXISTA/LIBERAL/JUDAICO SERÁ ABOLIDO

... TUDO!

Os grandes estados brancos do mundo serão unificados sob o SANTO IMPÉRIO OCIDENTAL, um *governo socialista ariano*. O SOCIALISMO OCIDENTAL emana da IDÉIA espiritual de que *cada homem, mulher e criança representa uma célula da* ALTA CULTURA-ORGANISMO ARIANO (a NAÇÃO). As suas almas combinadas formam o *espírito* do estado-nação. *Como as células e o organismo são mutuamente dependentes, cada indivíduo trabalha para o bem maior do Estado, e o Estado trabalha para o desenvolvimento de cada indivíduo. Este é o* verdadeiro significado da família "Um por todos e todos por um" em vez do credo capitalista "Cada um por si". A *sinergia da* família ariana, trabalhando para um destino comum, produzirá uma energia maravilhosa, uma grande criatividade, lealdade, trabalho de equipa, espírito de corpo e realização individual, tudo coroado de beleza e inteligência. Atualmente, o SANTO IMPÉRIO OCIDENTAL é apenas uma IDEIA ESPIRITUAL que está a tomar forma nas mentes e almas do estrato da alta cultura. *Os comentários que se seguem indicam o que poderá vir a desenvolver-se:*

O GOVERNO FEDERAL SOCIALISTA ARIANO (GFAS) DO SEO *assemelhar-se-á ao governo federal dos Estados Unidos, tal como estava originalmente ligado à confederação de estados americanos independentes.* É o centro da roda. Os vários estados brancos que serão unidos sob o socialismo ariano dentro da SEO são os estados da Europa, Groenlândia, Islândia, Canadá, EUA, Austrália e Nova Zelândia. Os brancos étnicos estarão representados.

As instituições SEO incluirão: A Santa Igreja Ariana, o Santo Arconte Supremo, as forças armadas, o Supremo Tribunal Ariano, o Senado, o sistema monetário, o Tesouro, os serviços de inteligência, os media online, etc. As funções do GFSA são formular, legislar, julgar, coordenar, implementar e dirigir as políticas do SANTO EMPIRE OCIDENTAL, tal como definido na Constituição (ratificada pelos Estados membros). As finalidades e os objectivos da SIO foram recolhidos de muitos séculos de experiência ariana expressa na Constituição dos Estados Unidos, na Carta Magna, no Código Napoleónico, no Terceiro Reich, nas Leis Universais Mendelianas.

O SANTO ARCHONTE: ariano de profunda espiritualidade, honra irrepreensível, coragem comprovada e qualidades de liderança, será eleito pelo Senado para presidir vitaliciamente ao Santo Império Ocidental como seu Chefe do Executivo. Ele será também o chefe titular da Santa Igreja Ariana, que personifica os ARIANOS, a FORÇA UNIVERSAL e o PANTEÍSMO: a trindade da Alta Cultura e do Organismo. O SENADO SUPREMO SOCIALISTA ARIANO (SSAS), um órgão unicameral, exercerá as mais altas funções deliberativas e legislativas. Vinte senadores do SSAS serão eleitos pela Câmara Alta de cada um dos Estados Arianos.

Em resumo, o GFSA, eleito pelo povo (ver Franquia), é a autoridade governamental federal da ASIO. Os estados individuais (Europa, Austrália, EUA, etc.) manterão poderes residuais de governo: *cada um reflectindo a IDEIA Socialista Ariana: económica, ética, social e espiritualmente,* todos unidos sob a FORÇA UNIVERSAL, num ÚNICO IMPÉRIO FEDERAL DO OCIDENTE SANTO Ariano.

O crédito da nação basear-se-á na criatividade e na produção do povo, na sua fé no património genético branco, e não é necessário qualquer outro padrão. Como Lincoln salientou, *"a abundante capacidade produtiva da natureza, associada à responsabilidade do povo como um todo, pertence à nação, e não há a menor razão para que a nação tenha de pagar pelo seu próprio crédito".* Não mais do que um senhorio pagaria o aluguer da sua própria casa. Os bancos centrais Rothschild e os judeus serão banidos do Santo Império Ocidental. A fórmula dos juros compostos será revista para permitir pagamentos equitativos de capital e juros desde o início, acelerando assim a amortização das dívidas. Frederick Soddy, Silvio Gesell, Ezra Pound, Gertrude Coogan, e outros grandes arianos como eles, escreveram extensivamente sobre DINHEIRO; os seus pontos de vista, agora suprimidos, ajudarão a moldar o futuro.

A REMUNERAÇÃO pelo trabalho efectuado baseia-se na CLASSIFICAÇÃO e no MÉRITO.

A classificação reflecte a IMPORTÂNCIA PARA A NAÇÃO do tipo de emprego (categoria). É acompanhada de uma escala de remuneração graduada (como no exército) e inclui acções de SIO. O mérito reflecte a QUALIDADE DO SERVIÇO prestado. Cria uma concorrência no mercado de trabalho para os trabalhadores excepcionais, oferecendo remunerações e benefícios adicionais aos que os merecem: opções de compra de acções SIO, diplomas honorários, condecorações, etc. *O Estado remunera a categoria, o empregador privado remunera o mérito.* Assim, sob o sistema monetário da SIO, soldados, agricultores, mecânicos e professores, por exemplo, *de quem a nação depende,* deixarão de viver em relativa pobreza e obscuridade, enquanto corretores de alimentos, vendedores de títulos de lixo, pornógrafos e aproveitadores de guerra viverão abundantemente. A "riqueza Rockefeller" (ganância/exploração/traição) não será tolerada, nem a pobreza. Haverá trabalho para todos, de acordo com as suas capacidades. Aqueles que podem mas não querem trabalhar serão esterilizados e colocados em campos de trabalho.

PARTILHA DE Riqueza: O sistema monetário da SIO será um sistema bancário e de investimento público. Os triliões atualmente desviados ilegalmente pelo FED tornar-se-ão os lucros da SIO. Cada cidadão (célula) partilhará a *saúde e a riqueza* da ORGANIZAÇÃO CULTURAL SUPERIOR de acordo com a sua posição e mérito. O GFSA dirigirá o uso da PROPRIEDADE PRIVADA mas *não será proprietário desses meios.* Por exemplo, *a "livre iniciativa"* não poderá pavimentar a superfície da terra e os conglomerados não poderão levar os agricultores à falência. Os trabalhadores (ver acima) partilharão os lucros líquidos das empresas e da indústria (uma cadeia só é tão forte quanto o seu elo mais fraco). Os lucros líquidos a nível retalhista serão partilhados equitativamente entre retalhistas, intermediários, produtores, cultivadores e fabricantes. Menos lucros para os intermediários e mais para os produtores. As empresas-fantasma "americanas" detidas por estrangeiros serão despojadas dos seus direitos sobre os minerais, a madeira, a agricultura, a pesca, etc. O comércio entre os Estados arianos será coordenado, encorajado e protegido. Os programas ecológicos serão alinhados com a Santa Igreja Ariana (panteísmo). O património genético branco, um organismo espiritual, é parte integrante desta ecologia.

MASS-MEDIA. "*Liberdade de imprensa* significa *responsabilidade de imprensa.* Sem responsabilidade, não há liberdade. Após 85 anos de controlo judaico dos meios de comunicação social, a América está à beira da debilidade e da desintegração moral. A responsabilidade vem acompanhada de sanções para os actos ilícitos. As mentiras, a desinformação e as informações falsas são crimes contra a nação e serão severamente punidas. A Primeira Emenda também não é uma cobertura para sádicos, esquizofrénicos, "Spielbergs", homossexuais, pedófilos e afins. Acabaram-se as citações de "gargantas profundas" não identificadas ou de "fontes próximas do Presidente". Acabou-se a ficção documental mascarada de factos. *Um grupo de filósofos, poetas, artistas e educadores arianos determinará o que é moral e imoral, o que é aceitável para os nossos filhos.* A partir de agora, os meios de comunicação social reflectirão as aspirações da cultura ariana: *"A verdade libertar-vos-á".*

FRANQUIA. Um cartão de plástico da segurança social será utilizado para ativar as máquinas de voto nas cabinas de voto. O cartão conterá um código oculto que indica o QI do proprietário; se este for inferior à média (QI-100), o voto não será registado. REQUISITOS PARA O EXERCÍCIO DE FUNÇÕES:

O carácter e a inteligência contam. 1) Controlo de lealdade: todos os funcionários públicos devem passar por um teste de detetor de mentiras. 2) Teste de QI: os senadores do SSAS devem ter um QI superior a 130. Os deputados estaduais da câmara baixa têm de ter um QI superior a 118 e os da câmara alta (Senado) têm de ter um QI superior a 124. Todos os membros devem ter prestado serviço militar.

EDUCAÇÃO PÚBLICA: do jardim de infância ao 12º ano, a ênfase é colocada na matemática, nas humanidades e na aptidão física. H-S: matemática, economia, mendelismo (genética, eugenia, antropologia, bioquímica, etc.), ciências, humanidades, dinheiro, aptidão física, disciplinas electivas.

MILITAR: Aos 18 anos de idade, todos os homens prestam serviço militar obrigatório durante dois anos.

UNIVERSIDADE: história, filosofia, lógica, ciências forenses, gestão, mendelismo, cursos opcionais.

ESCOLAS HI-TECH E PROFISSIONAIS: A universidade não é para todos. O Ocidente precisa de trabalhadores qualificados e artesãos, aqueles que amam ferramentas, graxa e máquinas: aqueles que podem manter o navio à tona, bem como aqueles que podem comandá-lo - todos são células espirituais que compõem um organismo de alta cultura. A GFSA estabelecerá padrões de desempenho para professores e alunos.

ESTÉTICA/DISCRIMINAÇÃO: No âmbito da SIO, a importância

da estética ariana e a capacidade de discriminação serão fortemente apoiadas. A importância da VERDADE / BELEZA para a psique humana reflecte-se na devoção concedida às artes por todos os povos civilizados. Na medida em que a Verdade e a Beleza são admiradas pela nação, a falsidade e a fealdade são desprezadas.

Na comunidade artística, a genética é o fator que influencia não só a criatividade de um artista, mas também o sentido de beleza do seu público e a sua capacidade de a apreciar. É um facto bem conhecido que o que é esteticamente atraente para uma raça é muitas vezes terrível para outra, em alguns casos até ao ponto de causar repulsa, outra razão pela qual a diversidade racial é destrutiva para todas as raças envolvidas. A xenofobia não é *racismo*, mas *racialismo:* um mecanismo genético de sobrevivência. O amor à família é instintivo. A discriminação é a capacidade de fazer avaliações comparativas: quem ou o quê é o melhor, o mais alto, o mais próximo, o mais brilhante, etc. A ausência da capacidade de discriminar é uma deficiência grave. No entanto, numa democracia, a discriminação racial é considerada inaceitável; *"todos são iguais"* ou são *vítimas de "discriminação"*, isto é, *de* sectarismo. Foi por medo da discriminação que o Supremo Tribunal dos Estados Unidos e Hollywood transformaram a América num esgoto racial.

RAÇA: os cidadãos do Sacro Império Ocidental devem ser arianos. Os brancos étnicos são encorajados a imigrar para o SIO. As populações não brancas que vivem no Império receberão ajuda financeira para colonizar países geneticamente compatíveis. Os negros e os judeus têm assim uma excelente oportunidade de criar as suas próprias civilizações. Talvez juntos, como irmãos. Já não terão de suportar uma sociedade ariana "degenerada": "Deus todo-poderoso, finalmente livres!" O genómetro Hema, do tamanho de uma lanterna de três pilhas, permite uma análise genética rápida, revelando a identidade racial de JUDEUS, orientais e asiáticos com 95% de precisão, e 98% de precisão para identificar linhagens negras e mexicanas.

Os não brancos que preferem permanecer na SIO podem fazê-lo nestas condições:

1) Têm mais de 40 anos.
2) Eles são legalmente sãos.
3) Respeitam todas as leis do Estado.

4) Não são indigentes.
5) São submetidos a uma esterilização (microchipagem).

PANTEÍSMO: O Sacro Império Ocidental é um produto do panteísmo, e não o contrário. Sublinhámos anteriormente a correlação entre o intelecto e a intuição ou instinto na síntese ocidental. Do mesmo modo, no panteísmo (na mesma medida), a ciência e a fé religiosa estão correlacionadas. O panteísmo equipara Deus à força universal, às leis da natureza e não a um judeu vingador no céu. O judaico-cristianismo, que insiste na certeza histórica para apoiar os seus mitos e milagres, desmoronou-se sob o impacto da análise científica e da pá do arqueólogo. Tudo o que resta são os seus rituais, os seus anacronismos, o seu DINHEIRO e o seu ódio ao conhecimento e à natureza.

Com o aparecimento da ERA MENDELIANA, a humanidade apercebe-se que a *Força Universal lhe foi transmitida e confiada através do seu património genético ancestral, oferecendo-lhe uma relação com o DIVINO que as religiões feitas pelo homem nunca conseguiram.* Todos os homens santos e as suas orações, incensos, chocalhos e relíquias ao longo dos milénios nunca salvaram uma única criança da doença, nunca curaram um único cancro, nunca fizeram um único transplante de coração, nunca previram um único terramoto. Enquanto os "ISRAELITAS ELEITOS" de Javé, que diziam interpretar a PALAVRA DE DEUS, acreditavam que a Terra era plana e flutuava em salmoura.

Despertados pelo brilhantismo espiritual do MENDELISMO, os grupos étnicos de todo o mundo que procuram realizar o seu potencial dado por Deus esperam derrubar as fronteiras territoriais entorpecedoras estabelecidas pelo DINHEIRO, que espalha a guerra perpétua através da diversidade, e estabelecer CASAS DE FAMÍLIA. (As tropas americanas enviadas pelos ILLUMINATI para forçar a colocação de cavilhas quadradas em buracos redondos nestas fornalhas multirraciais deviam ir-se embora). Dentro do SANTO IMPÉRIO OCIDENTAL, os arianos podem adorar quaisquer deuses que as suas mentes exijam, é disso que se trata também o PANTEÍSMO. Grande parte da grande arte, literatura, música, pompa, festivais pagãos, arquitetura e tradições queridas, criadas pelos arianos para tornar o cristianismo semita aceitável, encontrarão perfeita harmonia no PANTEÍSMO das Leis de Deus: a expressão espiritual da Verdade e da Beleza.

O SANTO IMPÉRIO OCIDENTAL pretende substituir a Bíblia Semita pelas Escrituras Sagradas Arianas (que ainda não foram compiladas) contendo IDEIAS que expressam, como a nossa música, a alma Ariana; estas incluem as Leis de Manu; o *Anti-Cristo* de Nietzsche e *Assim Falou Zaratustra* (o Cristianismo é parcialmente derivado do Zoroastrismo, veneremos a fonte); *a Ilíada* e *a Odisseia de* Homero; *Beowolf;* as sagas islandesas de Njal e Gunnar; *Faustus* de Goethe; os *Cânticos de Kabir;* La *Chanson de Roland;* Le *Mort d'Arthur* de Malory; Leonides at Thermopylae; *Idylls of the King de* Tennyson; *Germania,* de Tácito; The *Nibelungenlied; Canzoniere,* de Petrarca; *Philippics,* de Cícero; *The Idiot,* de Dostoievski; e *Gulag Archipelago,* de Solzhenitsyn (em substituição de Revelations). Serão também incluídos os escritos místicos de Lao-Tseu, Siddartha, Maomé, Jesus, Shakespeare, Nietzsche, Blake, Schopenhauer, Vivekananda, Safo e Whitman.

A SÍNTESE DO OCIDENTE CONTINUA:

As leis da natureza devem ser descobertas, obedecidas e respeitadas. As raças de Deus devem ser preservadas na sua singularidade. A genética revela que o homem pode vencer a doença, envelhecer e melhorar física, mental e espiritualmente de uma forma eugénica, tornando a sua vida sublime, mesmo que consiga finalmente compreender a FORÇA omnipotente, omnisciente e omnipresente. *Deus deu ao homem ariano o bom monge Mendel. O homem ariano deu à humanidade as chaves do reino: Conhece-te a ti mesmo!*

Poder e direito não são sinónimos. De facto, são muitas vezes opostos e irreconciliáveis. Existe a LEI DE DEUS da qual derivam todas as leis equitativas do homem e segundo a qual o homem deve viver se não quiser morrer na opressão, no caos e no desespero. Separado da LEI ETERNA E IMUNDA DE DEUS, estabelecida antes da fundação dos sóis, o poder do homem é mau, por mais nobres que sejam as palavras com que é usado ou as razões invocadas para o aplicar. Os homens de boa vontade, conscientes da LEI DEPOSITADA POR DEUS, opor-se-ão aos governos governados por homens e, se quiserem sobreviver como nação, destruirão os governos que tentam governar de acordo com os caprichos ou o poder de juízes venais.

CÍCERO

Os fracos e os desleixados perecerão: o primeiro princípio da nossa humanidade.

Os maiores obstáculos à realização do super-homem são o cristianismo e a democracia.

O último cristão morreu na cruz. Os congénitos fracos e incapazes não podem competir, pelo que recorrem a meios desonestos para chegar ao poder.
                 NIETZSCHE.

Eu vos digo, a vós que me ouvis: amai os vossos inimigos, fazei bem aos que vos odeiam, bendizei os que vos maldizem e orai pelos que vos maltratam. Ao que te bater numa face, oferece-lhe também a outra; e ao que te despir a capa, dá-lhe o resto da tua roupa.
              JESUS CRISTO, Lucas 7:27-29.

Não penseis que vim trazer a paz à terra; não vim trazer a paz, mas a espada. Porque vim pôr o homem contra o seu pai, a filha contra a sua mãe e a nora contra a sua sogra. Os inimigos de um homem serão os da sua própria casa.
             JESUS CRISTO, MATEUS 10:34-36

Não resistas ao mal.
                JESUS CRISTO, Mat. 5:39.

A tradução King James da LXX (Septuaginta: tradução grega do Antigo Testamento a partir do hebraico) contém mais de 1.000 menções importantes.
           ENCYCLOPAEDIA BRITANNICA.

Deixem-me emitir e controlar o dinheiro de uma nação e não me interessa quem faz as suas leis.
           AMSCHEL MAYER ROTHSCHILD.

Enquanto jovem e desconhecido estudante, tomei a decisão mais sensata da minha vida: consultei o Sr. Baruch.
   GENERAL DWIGHT DAVID EISENHOWER, Exército dos EUA.

TOB SHEBBE GOYIM HAROG!
              TALMUD: Sanhedrin 39

CAPÍTULO 12

SÍNTESE

Os arianos foram vistos por toda a parte como os promotores do verdadeiro progresso e, na Europa, a sua expansão marcou o momento em que a pré-história (da Europa) começou a divergir da da África e do Pacífico.

Dr. V. GORDON CHILDE.

Como antropólogo social, aceito naturalmente e até insisto que existem diferenças, tanto mentais como fisiológicas, que separam as diferentes raças da humanidade.

Dr. L. S. B. FROUXO.

A prosperidade material encoraja a preservação, a alimentação e a reprodução dos elementos biologicamente inferiores que parasitam as civilizações ricas. Depois, a ação crua e de sangue puro cai sobre eles e limpa o quadro.

Dr. ERNEST HOOTEN.

O pacifismo continua a ser um ideal, a guerra um facto, e se a raça branca decidir não fazer mais guerra, os povos de cor fá-lo-ão e tornar-se-ão os senhores do mundo.

SPENGLER.

A vossa Constituição não passa de uma vela sem âncora. Ou um César ou um Napoleão tomará as rédeas do governo com mão firme, ou a vossa República será derrubada pela barbárie interna no século XX, tal como o Império Romano o foi no século V.

SIR THOMAS MACAULEY.

Comunicar qualquer coisa a um goy sobre as nossas relações religiosas seria o mesmo que matar todos os judeus, porque se os goyim soubessem o que ensinamos sobre eles, matar-nos-iam a todos abertamente.

TALMUD: David livre 37.

Os homens que sabem gerir o dinheiro gerem tudo.
WILL DURANT, "História da civilização".

A aristocracia não tem nada a ver com a plutocracia. As melhores

pessoas NÃO são as ricas... é o carácter e a capacidade que devem contar.
WILLIAM G. SIMPSON.

Sempre que uma forma de governo se torna destrutiva, o povo tem o direito de a abolir...
DECLARAÇÃO DE INDEPENDÊNCIA.

Chegamos agora ao último capítulo deste tratado, que trata do declínio da civilização ocidental e, mais especificamente, da espoliação da América. A História recorda-nos que, quando a maioria racial desaparece, a cultura desaparece com ela. Quando a maioria branca da América morre, a própria América morre.

Vimos que, enquanto os americanos estavam absorvidos na criação de uma das maiores civilizações da história, bastião da cultura ocidental, o antigo INIMIGO da humanidade, de acordo com imperativos genéticos, incrustou-se nos nervos dos Estados Unidos e começou a traí-los, a corrompê-los e a pilhá-los. Recordámos as origens da CONSPIRAÇÃO na Lei Mosaica (TORAH) plagiada, na qual os hebreus, uma tribo semita, se intitulavam "O POVO ESCOLHIDO POR DEUS", cujo objetivo era dominar o mundo; e na lei oral farisaica (TALMUD) ("as nossas promessas aos gentios não nos vinculam") de onde provêm os PROTOCOLOS DO SÁBIO DE SION ("os *goyim* são um rebanho de ovelhas e nós somos os seus lobos"). Os PROTOCOLOS forneceram o paradigma para os ILLUMINATI de Rothschild ("a questão é apenas se o governo mundial será alcançado por consentimento ou por conquista", JAMES WARBURG, JUDEU).

Vimos como os khazares asiáticos (ashkenazim) se fizeram passar por judeus bíblicos da diáspora, quando a sua linhagem (confirmada por testes de ADN) lhes atribui afinidades armenóides-mongóis, sem genes semitas; não têm, portanto, raízes israelitas e, consequentemente, não têm qualquer reivindicação bíblica da Palestina. São impostores, parasitas e assassinos, como este tratado prova de forma irrefutável. Este tratado também apresenta à vossa consideração o *modus operandi* dos ILLUMINATI. Vimos com que traição calculada os judeus "americanos" atacaram secretamente e se apoderaram dos elos essenciais da soberania americana, os mais importantes dos quais são os seguintes: A FONTE DE DINHEIRO DA NAÇÃO (o Sistema da Reserva Federal) e os MEIOS DE COMUNICAÇÃO DE MASSA (jornais, revistas, rádio/televisão, Hollywood, teatro, entretenimento, e assim por diante). Assim, a CONSPIRAÇÃO JUDAICA revogou efetivamente a Constituição dos EUA! Subsequentemente, em reação ao "terrível poder do mercado de acções" e à censura da "liberdade de expressão", todas as facetas da sociedade americana caíram, uma a uma, sob o controlo dos liberais, marxistas e judeus. Imagine-se o impacto na carreira de um membro do Congresso dos EUA se ele ou ela introduzisse legislação que criasse uma comissão de inquérito sobre o "Holocausto", ou legislação para determinar a constitucionalidade do FED, ou legislação que exigisse quotas raciais/religiosas na propriedade dos meios de comunicação social, nas forças armadas ou nas faculdades universitárias, ou que criasse uma comissão para elaborar um relatório sobre o efeito negativo da miscigenação nos resultados do QI, ou que investigasse a razão pela qual tantos sionistas são nomeados para altos cargos governamentais. Hoje vemos que a nossa outrora grande República Ariana foi transformada numa DEMOCRACIA bastarda dirigida pela PLUTOCRACIA MARXISTA/LIBERAL/JUÍZICA. Esta CONSPIRAÇÃO mundial é financiada e dirigida por banqueiros internacionais. O seu objetivo é a criação de um governo sionista mundial único. A sua estratégia, explícita nos PROTOCOLOS, consiste em exercer o poder do DINHEIRO com uma mão e com a outra desencadear a INFÂMIA e a GUERRA até que o Ocidente, finalmente falido, exausto e desiludido, entregue a sua soberania. As conhecidas tácticas dos ILLUMINATI, estabelecidas durante a Revolução Francesa, incluem a mentira, a traição, a espionagem, a chantagem, a calúnia, a extorsão, o assassínio, a desinformação, o falso testemunho, as guerras falsas, o caos financeiro, a usura, a imoralidade, etc. As mesmas tácticas são usadas no Ocidente. As mesmas tácticas são utilizadas hoje na América, acompanhadas de espiroquetas de sífilis judaica: repetidas incessantemente pelas universidades e pelos meios de comunicação social. Entretanto, os americanos tentam ingenuamente jogar o jogo da vida de acordo com a moral e a ética arianas, jurando fidelidade "... à bandeira dos Estados Unidos e à República que ela representa..." enquanto os JUDEUS jogam o jogo sub rosa de acordo com o TALMUD, os PROTOCOLOS DE SION e o juramento KOL NIDRE: reservando o seu ódio aos gentios e a sua fidelidade unicamente ao JUDAÍSMO.

O nacionalismo é uma doença infantil.
ALBERT EINSTEIN, JUDEU.

Deus não escolheu os judeus.
SAMUEL HOFFENSTEIN, JUDEU.

O triunfo judeu sobre a América não poderia ter sido tão completo se os arianos não tivessem colaborado com eles. Os desertores brancos representam um largo espetro social, desde traidores raciais certificados como Paul Volcker, Kingman Brewster, Theodore Hesburgh, Ted Kennedy e William J. Clinton, até ao lixo branco local que fará qualquer CONCESSÃO MORAL, até mesmo vender a herança dos seus filhos se cheirar a DINHEIRO (ver: *Easton Star-Democrat*). No meio estão traidores ideológicos como Pat Robertson, Patrick Moynihan, Jimmy Carter e a dinastia Bush, cuja ignorância do mendelismo e *"compaixão benevolente"* ajudaram a transformar a América numa sociedade mestiça à beira da anarquia.

À medida que a síntese dialética do Ocidente se vai desenrolando, as ovelhas começam a balir inquietas e a fazer perguntas proibidas. Onde quer que os gentios se reúnam (aqui e no estrangeiro), a judeofobia está a aumentar. Alarmados pelo interesse perturbador dos *goyim* no notável sucesso do JUDAÍSMO (inversamente proporcional ao declínio da cultura americana), os JUDEUS agora argumentam que gerações de consanguinidade produziram maior inteligência entre os ALUNOS de Javé do que aquela exibida por seus rebanhos gentios! Os judeus insistem, *sem qualquer evidência estatística fiável*, que a sua ascensão ao poder se deve ao elevado QI judeu e *não* à CONSPIRAÇÃO Luciferiana. Por outras palavras, o campo de jogo está nivelado e os *arianos, que produziram a cultura ocidental, são demasiado estúpidos para competir!* Um dos proponentes deste Spielbergismo, o Dr. Ashley Montague (Israel Ehrenberg), um judeu, teve uma carreira como professor na Ivy League, agitando a bandeira vermelha da igualdade racial, até que o Mendelismo o derrubou, por volta de 1980. Montague (que morreu em 1999) deu posteriormente palestras pouco convincentes sobre a superioridade *genética* dos judeus. No entanto, a história, o árbitro final na matéria, revela que os JUDEUS não são nem de perto nem de longe tão inteligentes como nos querem fazer crer (os JUDEUS produzem indivíduos brilhantes, mas numa base per capita muito inferior à dos arianos ou orientais). De facto, *TODOS os grandes avanços na cultura mundial foram feitos exatamente nos lugares onde não havia judeus ou de onde eles tinham sido expulsos!* Este facto torna as suas afirmações sobre o QI suspeitas, se não mesmo irrelevantes. O antigo povo ISRAELI não criou nada de importante para além da BÍBLIA e do TALMUD; o primeiro é agora considerado um fóssil e o segundo é patológico. Os estadistas hebreus, do rei Saul a Bar Cochba, criaram pouco mais do que o caos. O suicídio coletivo "heroico" dos zelotas israelitas em Masada é uma anedota de guerreiro (o general romano que não perdeu nenhum homem declarou que só desejava que todos os seus inimigos fossem tão generosos). Por fim, os israelitas não legaram à posteridade qualquer arte, arquitetura, música ou ciência.

Os KHAZARS (JUDEUS) asiáticos disfarçados de JUDEUS, que dominam atualmente o funcionamento do governo dos EUA, são conhecidos menos pelo seu elevado QI do que pelo seu comportamento psicopático, descrito em certa medida neste tratado.

Os judeus são recordados não pela sua capacidade de criar grandes Estados ou de governar, mas pela sua obrigação de corromper e destruir Estados anfitriões. Nenhum judeu cavalgou com Carlos Magno, assinou a *Carta Magna,* o *Código Napoleónico,* a *Declaração de Independência* ou, já agora, participou na *Convenção Constitucional de* Filadélfia. Em vez disso, os judeus contemporâneos são recordados pelo OGPU, o NKVD, o Arquipélago Gulag – um horror sem igual na história da humanidade – e pelo "Holocausto", uma mentira grotesca criada deliberadamente para esconder as atrocidades cometidas por judeus e bolcheviques!

É evidente que a coragem, a honestidade e o espírito de Estado não explicam a incrível conquista da América pelos judeus. Pelo contrário, é a sua *capacidade de enganar a partir do exterior e de corromper a partir do interior: é o seu domínio do DINHEIRO e da GRANDE MENTIRA.*

> ... apela à baixeza que se encontra no fundo da alma de todos os homens. Apodrece a alma de uma nação; trabalha secretamente e sem ser notado nas sombras para minar os pilares da cidade; infecta o corpo político de tal forma que este já não consegue resistir. Um assassino é menos temível.
> CICERON.

Para assegurar a transição do governo constitucional americano para o GOVERNO ÚNICO MUNDIAL ILUMINADO, os JUDEUS trabalharam arduamente para *subverter a vontade de resistência da América.* Um dos seus estratagemas é uma *intensa campanha de propaganda destinada a denegrir tudo o que o homem branco conseguiu: destruir a sua autoestima e a dos seus filhos, fazê-lo perder* o orgulho na sua história, torná-lo menos vigilante e deixar de proteger o seu incomparável património genético branco, ao qual deve tudo. A miscigenação desenfreada das raças representa a vitória final do MARXISMO/LIBERALISMO/JUVENTUDE sobre o Ocidente.

A SOLUÇÃO FINAL

Os genes brancos tornar-se-ão propriedade das raças de lama. Para este fim, os meios de comunicação social, a academia, o cristianismo e o governo federal têm como alvo as mentes e os úteros das jovens mulheres brancas. Em linguagem simples, eles querem reduzir a resistência das mulheres brancas à fornicação com NEGROS e JUDEUS, por isso não é surpresa que o governo dos EUA seja "incapaz" de parar o tráfico de drogas do Terceiro Mundo e das repúblicas das bananas, que acaba nas mãos da Máfia, dos proxenetas, dos militares, dos dormitórios das faculdades, das escolas secundárias e da indústria do entretenimento, onde os jovens arianos de boa aparência se encontram. Durante a Segunda Guerra Mundial, os EUA esmagaram habilmente as nações mais poderosas do planeta e, mais recentemente, bombardearam a Sérvia, o Iraque, a Síria e outras nações judaicofóbicas. Os federais (que incineraram os homens, mulheres e crianças americanos do Ramo Davidiano) são "incapazes" de impedir que os imigrantes ilegais (cada voto democrata/católico) invadam os EUA como uma praga de gafanhotos com a ajuda da coluna dos 5 MARXISTAS/LIBERAIS/JUÍZES (e dos chefes da droga do Arkansas).

O governo federal, sempre obediente aos seus senhores, recusa-se a esmagar esses ataques criminosos à maioria branca; nem vai revogar as emendas constitucionais e leis que em breve farão dos brancos uma minoria em seu próprio país. De facto, os arianos, que são descendentes da maior raça guerreira do mundo, foram reduzidos à impotência pelo seu próprio governo.

Nunca se esqueça de que nenhum membro do governo dos Estados Unidos, apesar de ter plena consciência da CONSPIRAÇÃO, se atreve a tomar medidas corretivas contra os ILLUMINATI. Com esta cobardia, o Governo Federal cometeu um *erro*, um ponto da Lei da Sedição que afirma que a Alta Traição é cometida por aqueles que sabem que a traição está a ser cometida, mas escondem o facto ou não agem de acordo com ele. (Ver Capítulo IV, DINHEIRO).

A traição nunca prospera, porquê? Porque quando isso acontece, ninguém se atreve a chamar-lhe traição.

LORD HARRINGTON.

A árvore da liberdade alimenta-se do sangue dos tiranos; é o seu fertilizante natural.

JEFFERSON.

Os danos infligidos ao Ocidente são graves e contínuos. No entanto, notamos que está a aparecer uma lágrima na confiança dos judeus. Está a sangrar. O mendelismo aterroriza-os, e com razão. A sua máxima marxista *"Liberté, Égalité, Fraternité" foi* esmagada em pedacinhos; o seu ego foi despedaçado; a sua imagem, habilmente construída após a Segunda Guerra Mundial, foi exposta. De facto, os judeus sofreram um golpe mortal. Não podem escapar aos seus genes! Segue-se, como o dia segue a noite, que TODAS as leis, ideologias e legislação derivadas da teoria da igualdade são falsas, fraudulentas e PATOLÓGICAS. A Democracia, o Governo Mundial Único, a Grande Sociedade, a Banca Mundial, a Família do Homem, as Nações Unidas, o Talmudismo, o Cristianismo, o Comunismo, a Igualdade Sexual, a Integração Racial, as Quotas, a Diversidade, a Miscigenação, etc., revelam-se agora, à luz omnipresente do Mendelismo, como: IGNORÂNCIA em ação, por um lado, e, por outro, uma CONSPIRAÇÃO TALMUDI destinada a destruir a raça branca. Enquanto as leis federais e estaduais que apoiam estas abominações continuarem a existir, a América continuará a sua espiral descendente para o pântano racial de indivíduos de QI 85.

Não é segredo que os americanos brancos chegaram a um impasse CONSTITUCIONAL: não há nenhum recurso legal que lhes permita remediar a sua desapropriação. E não é de surpreender que Ben Wattenberg, um judeu, tenha observado exultantemente que o sino do *Destino Manifesto* tocou (ele quer dizer que o poder branco na América acabou... ele pensa).

Os americanos têm de decidir se concordam com o Ben. Querem uma sociedade de brancos OU uma sociedade de lamas? Não pode haver compromisso. As relações sociais conduzem a relações sexuais. A miscigenação tem como objetivo eliminar *para sempre* as loiras de olhos azuis, as ruivas, as morenas de pele clara e a inteligência superior que representam. As raças de lama serão injetadas com genes brancos e a raça branca desaparecerá. Isto significa que os nossos pais, que lutaram e morreram para que a sua nação vivesse, terão vivido e morrido em vão. Dentro de 30 anos (ou menos, se abrirem a fronteira mexicana), a população dos Estados Unidos, seguida de perto pela da Europa, assemelhar-se-á à de Cuba, da Índia e do México. Os judeus terão dominado o mundo.

O passado do negro americano é um estigma, a sua cor é um estigma, e a sua visão do futuro é a esperança de apagar o estigma tornando a cor irrelevante... Eu partilho esta esperança... Acredito que a fusão total das duas raças é a alternativa mais desejável para todos os interessados...
NORMAN PODHORETZ, judeu, editor do "Commentaire".

BOSTON... quando a integração forçada começou (por volta de 1970), a população das escolas públicas da cidade era constituída por 52% de brancos, 37% de negros, 8% de hispânicos e 3% de asiáticos. As coisas mudaram, no entanto, com a fuga dos brancos e as tendências de imigração. Atualmente, o corpo discente das 129 escolas públicas de Boston é composto por 16% de brancos, 49% de negros, 26% de hispânicos e 9% de asiáticos.
THE WASHINGTON POST, 7-18-99.
(Note-se que os resultados escolares baixaram e a criminalidade aumentou).

A diferença de espessura das camadas supragranulares do córtex do cérebro branco e do cérebro negro é a diferença entre a civilização e a selvajaria.
WESLEY CRITZ GEORGE,
Chefe do Departamento de Anatomia, Univ. N. Car.

As ovelhas americanas precisam de aprender, apesar dos disparates bíblicos, que na NATUREZA, o leão deita-se com o cordeiro NÃO num espírito de amor fraternal (como ilustrado na fantasia de Hick, *"Peaceable Kingdom"*) mas para *o comer!* No Reino de Deus, TODOS os organismos vivos se alimentam dos outros (costeletas de cordeiro). A selva social do Homo Sapiens está apinhada de taxa, cada um procurando o seu destino à custa de outro. Não há igualdade na natureza, tudo é desigual (um facto que os políticos de "grande coração" conhecem demasiado bem). Não existe uma "família humana" (UNESCO). Existem apenas raças e mestiços, cada um com qualidades distintas, únicas e dadas por Deus *("A raça é tudo!"* DISRAELI, JEW). Destruir as diferenças raciais é genocídio.

Já na *Antiguidade,* fomos os primeiros a gritar as palavras "Liberté, Égalité, Fraternité"... Os gentios, supostamente inteligentes, não compreenderam o simbolismo das palavras pronunciadas; não compreenderam a sua contradição de sentido; não se aperceberam de que na natureza não há igualdade...".

O PRIMEIRO PROTOCOLO.

A Igreja Católica (universal), fundada pelos hebreus, estabeleceu-se nos Estados do mundo proclamando a igualdade dos homens. Isto põe em evidência o segredo sujo, que os JUDEUS há muito afirmam em privado, de que o cristianismo abrirá caminho a um governo sionista mundial único. O Papa João Paulo II confirmou recentemente este segredo ao anunciar *"que haverá um governo mundial único pela primeira vez no ano 2000"*. Ele não especificou quem iria liderar esse mundo único. No entanto, à medida que a Igreja consolida a sua antiga aliança com os JUDEUS (DINHEIRO), LEMBREM-SE de que os parafusos de polegar e o fogo aparecem com destaque nas manifestações católicas de amor a YAHWEH e de ódio à Natureza. Uma Igreja Católica ingrata (salva dos muçulmanos por cavaleiros arianos em Tours) denuncia hoje os sonhos de um império ariano. O preconceito do Papa João Paulo tem precedentes. Saulo de Tarso, um hebreu, inventou o cristianismo (incluindo a Imaculada Conceição, de que Jesus nunca ouviu falar) para destruir Roma, a sede do poder pagão ariano. A Igreja, construída por Pedro, um judeu, (e alargada pelo pagão Constantino) misturou a tradição pagã com as Escrituras hebraicas para tornar a mistura venenosa palatável aos arianos pragmáticos e luxuriosos. É possível que tenham sobrevivido apesar disso. O grande contributo do cristianismo foi trazer coesão, por breves instantes, aos estados tribais da Europa - uma dádiva nada pequena! A magnífica arte, a arquitetura e a música dos arianos tornaram-se queridas para todo o mundo. Também não devemos esquecer os serviços abnegados prestados pelo clero em nome de JESUS CRISTO. Estes ministérios da esperança, da fé e da caridade são também um elemento importante do Panteísmo. O facto irrevogável é que o cristianismo (tal como Marx, Freud, Boas) abomina os FACTOS. Em vez disso, a Igreja fala do pecado original (horror ao conhecimento), da vergonha, do perdão (a um preço), dos milagres, da igualdade, do amor ao inimigo e do Reino dos Céus de Javé, que nunca foi descrito e nunca aconteceu. Os incrédulos foram julgados, atormentados, torturados fisicamente, assassinados e lançados no Inferno, que é descrito com um pormenor maníaco. Os castelos construídos na areia e a fé induzida pelo medo não durarão para sempre. A ignorância também não durará enquanto a liberdade de expressão for tolerada. *Jesus, que andou sobre a água, ressuscitou os mortos e acreditava que o mundo era plano, perdeu a sua influência no estrato cultural do Ocidente.* Hoje, com as suas birras, o cristianismo está a regressar aos mitos e fábulas primitivos de que proveio. É um facto de necessidade psicológica que *TODOS os grandes povos precisam de uma fé profunda num poder superior ao qual possam prestar total obediência.*

A religião ariana, o PANTEÍSMO, que nasceu da era mendeliana, venera as LEIS DA NATUREZA, manifestadas no MENDELISMO/Deus/Família (A RAÇA ARIANA) e, ao fazê-lo, expõe o JUDÉO-CRISTIANISMO como um outro CANULAR, um *reductio ad absurdum!* O PANTEÍSMO irradia agora FORÇA UNIVERSAL por toda a civilização ocidental. Só os supersticiosos, ignorantes e venais continuam a acreditar, ou fingem acreditar, no deus tribal Jeová, ciumento, vingativo e paranoico (nota: George Washington, Thomas Jefferson, Abraham Lincoln e outros eram deístas. Eles adoravam um Criador omnipotente, NÃO O JUDÉO/CHRISTIANISMO). *Aceitar o JUDÉO-CHRISTIANISMO é negar as leis da natureza: negar as leis da natureza: negar as leis de Deus é blasfemar. Não há igualdade de homens nem de raças - eis a sentença de morte da democracia!*

Os grandes místicos: Zaratustra, Jesus, Siddhartha Gautama, Maomé, Shakespeare, Blake, Goethe, Schopenhauer, Vivekananda, Whitman, etc., dizem-nos que a alma do homem vive eternamente (no universo, TODA A ENERGIA É CONSERVADA - a alma é energia); a verdade, a beleza e a justiça (karma) prevalecem finalmente. O PANTEÍSMO e a CIÊNCIA NATURAL apoiam muitas revelações místicas. Por exemplo, o PANTEÍSMO e a CIÊNCIA NATURAL apoiam muitas revelações místicas.

O instinto, a intuição e a inteligência (razão) coexistiram no decurso da síntese ocidental, revelando um espaço ilimitado que, *tanto no microcosmo como no macrocosmo,* é constituído por partículas de energia milhões de vezes mais pequenas do que os átomos. Estas partículas, dispostas em cordas de energia eléctrica (emitindo sons descritos pelos místicos como *"música celestial"),* cada uma com frequências diferentes e vibrando com a Vida, torcem-se e giram através de muitas dimensões espácio-temporais oferecendo ao Universo "muitas mansões". *Onde os mundos do macrocosmo e do microcosmo se fundem e a matéria energizada se torna uma FORÇA fluida, entramos no UNIVERSO METAFÍSICO.* Aqui, a imensidão incompreensível do espaço interior e do espaço exterior torna-se UM. Esta FORÇA UNIVERSAL, *em maior ou menor grau*, atravessa todas as coisas. O que reside "dentro" das "moradas" está escondido... por enquanto. Resta apenas a ordem de Deus: CONHECER-SE A SI MESMO: OBEDECER ÀS LEIS DA NATUREZA.

O poder dos JUDEUS no final do século XX é revelado pela sua capacidade de enfiar o Holocausto pela garganta abaixo do mundo. O povo alemão, conhecido pela sua integridade, coragem e elevados padrões éticos, pela sua ciência avançada e criatividade, foi caluniado e virtualmente arruinado por uma nação *de* parasitas que *pouco conseguiu em todas as áreas da vida, exceto na mentira e na EXTORÇÃO.*

Durante 60 anos, o mundo foi sujeito à propaganda do SHOAH, apesar de ter sido provado que os "sobreviventes" judeus eram mentirosos através de fotografias aéreas, relatórios forenses, relatórios de testemunhas oculares, diários, registos oficiais e testemunhos em tribunal dos próprios sobreviventes. Todos os homens cultos admitem que NÃO existiram câmaras de gás de execução durante a Segunda Guerra Mundial. No entanto, como se os FACTOS não importassem, os judeus repetem as suas mentiras venenosas vezes sem conta nos meios de comunicação social controlados pelos judeus, enquanto os ILLUMINATI punem qualquer forma de refutação. Apesar de conhecerem os factos, o Congresso dos EUA, que não tem coragem, mantém a tampa bem fechada nesta chaleira a ferver. Inevitavelmente, os factos virão ao de cima! Com a América a ostentar um rosto judeu e um grande bastão, não é de admirar que onde quer que se reúnam gentios informados (aqui e no estrangeiro), a JUDÉOPHOBIA atinja proporções hitlerianas:

> Atirador deixou o seu diário SKOKIE, Ill. 10 de julho - A polícia está a analisar notas racistas de um diário que aparentemente pertenceu a Benjamin Nathaniel Smith, na esperança de saber mais sobre o tiroteio mortal no Midwest no fim de semana passado... "Qualquer pessoa que conheça a história deste flagelo para a humanidade que se chama a si próprio judeus saberá porque agi..." Smith alegadamente matou duas pessoas e feriu outras nove, todas judias, negras ou asiáticas, em Illinois e Indiana, antes de se suicidar...
> *WASHINGTON POST* (7-11-99).

Onde há ódio, há também esperança (sic!).) Durante os últimos oito meses, aproximadamente, os meios de comunicação ocidentais transmitiram relatórios alarmantes sobre o ressurgimento do antissemitismo (sic) na antiga União Soviética, particularmente na Rússia e na Ucrânia, onde vive a maior parte dos 1,5 milhões de judeus da região... Os judeus ucranianos mais descontentes... partiram, na sua maioria para Israel, Estados Unidos e Alemanha... Em Moscovo, Vladimir Shapiro, um eminente sociólogo, falou-me de uma sondagem recente que revelava que o antissemitismo era frequente nas escolas secundárias da Federação Russa... A perseverança dos judeus da região e o seu sentido de coesão são admiráveis... O receio de que os judeus, como tantas vezes no passado, voltem a ser os bodes expiatórios dos males económicos dos seus países não pode ser ignorado.

ABRAHAM BRUMBERG, JUDEU, *Washington Post* (7-11-99).

O desfile do grupo ariano provocou numerosos protestos.

CORAÇÃO DE ALENE, Idaho, 10 de julho Membros das Nações Arianas marcharam hoje pelas ruas do centro da cidade, sob a proteção de uma ordem do tribunal federal, mas foram ofuscados por manifestantes que os obrigaram a desviar-se... As Nações Arianas afirmam que Deus ordenou a formação de uma pátria só para brancos no Noroeste do Pacífico.

WASHINGTON POST (7-11-99).

Possível ligação ao ódio nos assassínios na Califórnia. Assassinatos na Califórnia.

REDDING, Califórnia, 10 de julho... As buscas no condado de Shasta e nas residências federais de Ben Matthew Williams, 31 anos, e James Tyler Williams, 29 anos, revelaram um caderno de apontamentos que liga os irmãos aos incêndios das sinagogas em junho e que contém propaganda racista e antissemita ligada à Igreja Mundial do Criador... "Parecem dois rapazes americanos", disse Richardson. Não têm tatuagens estranhas. Não são skinheads..." Os membros da Igreja Mundial do Criador têm sido associados a numerosos crimes de ódio nos últimos anos, incluindo o atentado bombista contra um escritório da NAACP em Tacoma, Washington, em 1993, o espancamento de um homem negro e do seu filho adolescente em Sunrise, Florida, em 1997, e o espancamento do proprietário de um clube de vídeo judeu na Florida, no ano passado.

WASHINGTON POST (7-11-99).

Israel adverte o Japão contra o aumento do antissemitismo. TÓQUIO Os círculos académicos e empresariais japoneses devem denunciar os sinais de aumento do antissemitismo, segundo o embaixador israelita Yaacov Cohen... "Este é um fenómeno que deve preocupar os japoneses mais do que qualquer outra pessoa", afirmou Cohen numa entrevista ao Japanese Times.

EDWARD NEILAN, *Washington Times*. (*Alguns meses depois da publicação deste artigo, os japoneses sofreram um grande colapso no seu mercado de acções, por volta de 1999).*

RÚSSIA Os nacionalistas são diferentes dos patriotas. Um patriota ama o seu país, mas para um nacionalista, o ódio ao INIMIGO é mais importante do que o amor ao seu próprio país. Na Rússia, existe uma profunda afinidade entre os neo-comunistas e os nacionalistas. O seu inimigo comum é o judeu. Dizem: "Temos muito em comum com os alemães... Se os dois se juntarem, dominaremos o mundo".
Recensão do autor de *"Black Hundred"*, de Walter Laqueur.

Khakid Abduk Muhammad, o "representante" e "assistente nacional" do Ministro Louis Farrakhan e da Nação do Islão, chegou ao Kean College... e da sua boca saíram raios de zelo e ódio. O seu tema era um livro publicado pela Nação do Islão intitulado "A relação secreta entre negros e judeus". O Assistente Nacional dizia que os judeus eram "judeus impostores", mentirosos demoníacos que tinham rejeitado Jesus. Ele disse: "Jesus tinha razão. Vocês são todos mentirosos. O livro do Apocalipse está correto. Vós sois da sinagoga de Satanás"... Despojaram os palestinianos. Exploraram os alemães: "Toda a gente fala sempre de Hitler a exterminar seis milhões de judeus. Mas nunca ninguém pergunta o que é que eles fizeram a Hitler...". O Senado dos EUA condenou o discurso do Kean College por 97 votos.
PAUL BERMAN, JUDEU, *The New Yorker* (2-28-94).

Quando te aproximares de uma cidade para lutar contra ela, proclama-lhe a paz. Se ela te responder com paz e te abrir as suas portas, todos os seus habitantes te pagarão tributo e te servirão. Se, porém, não fizer paz convosco, mas vos fizer guerra, cercá-la-eis; e, quando o Senhor vosso Deus vo-la entregar nas vossas mãos, ferireis ao fio da espada todos os seus homens; mas tomareis para vós as mulheres, os pequeninos, o gado, tudo o que houver na cidade e todo o despojo que nela houver... Mas das cidades deste povo, que o Senhor vosso Deus vos dá em herança, não salvareis nada vivo que respire.
A BÍBLIA SANTA Deuteronómio 20:10.

O que é molho para o ganso é molho para o ganso.
Avô, *"Down on the Farm"*.

A SÍNTESE DO OCIDENTE está a decorrer a um ritmo acelerado. O seu povo ariano vê-se, uma vez mais, não como tribos nacionalistas (*franceses, alemães, húngaros, italianos, ingleses, irlandeses, polacos, espanhóis, russos (Rus), etc.*), mas como UMA NAÇÃO BRANCA. São como viajantes que regressam finalmente a casa depois de uma odisseia no mar tempestuoso e saem mais sábios. Os arianos compreendem agora que a cultura ocidental é de origem genética e que os genes brancos, e apenas os genes brancos, lhes permitiram transmitir beleza, comportamento, capacidade, inteligência e ALMA através das gerações. O estrato cultural desta grande CULTURA ARIANA reside num grupo relativamente pequeno de homens e mulheres extraordinários que valorizam a raça, a família, a lealdade, o dever e a honra acima das suas próprias vidas. Eles são únicos porque sentem instintivamente, compreendem intuitivamente e acreditam racionalmente na grande IDEIA ARIANA: O SOCIALISMO OCIDENTAL E O SANTO IMPÉRIO OCIDENTAL.

São os "recalcitrantes e os desiludidos", os que conseguiram, os mártires, os heróis em cujas veias corre o sangue dos conquistadores arianos. Vêm de todos os sectores da vida: cowboys, cientistas, carregadores de ferro, professores, artistas, homens de negócios, agricultores, soldados e por aí fora. Preservarão esta vantagem - com mãos sangrentas.

OS ILLUMINATI, como este tratado deixa claro, controlam, de facto possuem, os Estados Unidos da América. O poder das finanças globais e dos media globais está nas suas mãos, revogando a Constituição dos EUA e tornando os ramos executivo, legislativo e judicial do governo irrelevantes e incapazes de proteger o património genético branco. O governo federal é coagido, chantageado e comprado! O Estado já não funciona. A América Branca não tem meios de reparação constitucional. *Estes FACTOS são muito difíceis de aceitar para os Patriotas. Eles destacam, como nada mais pode, a tragédia da nossa perda.*

Os judeus nunca abandonarão voluntariamente o controlo do Ocidente. Seria suicida para eles fazê-lo. Os factos seriam revelados. Os judeus só podem sobreviver suprimindo os factos. A batalha para salvar a raça branca da extinção não será, portanto, travada nos corredores do Congresso, como os patriotas desejariam, mas nas sebes e ruas da América do Norte, onde os nossos antepassados lutaram.

Há cerca de 15 milhões de judeus a viver nos Estados Unidos. O Serviço de Recenseamento não está, obviamente, autorizado a contá-los. Qualquer viajante com olho e faro apurados apercebe-se de que os judeus estão espalhados pelo continente como colónias de térmitas (recentemente, houve um grande afluxo em Idaho!). Estão concentrados em três grandes regiões: Nova Iorque, Filadélfia-Baltimore, corredor de Washington D.C.; Chicago-St.Louis, corredor de Dallas; e Los Angeles, corredor de São Francisco. Quatro fusos horários. Gravitam também, graças a passaportes duplos e falsificados, entre os Estados Unidos, Israel e todas as nações do mundo. O seu ponto forte, como vimos, é uma organização soberba destinada a pôr em prática os Protocolos. Os judeus acreditam zelosamente que Jeová os instrui a usar todos os meios para destruir os gentios. Os campos de batalha do mundo estão cobertos de cruzes brancas arianas. O útero branco poluído está a destruir o património genético ariano.

Uma vez que o governo americano negou aos arianos qualquer recurso constitucional, só restam duas opções: revoltar-se ou morrer. O objetivo pró-branco não é destruir a grande nação/estado estabelecida pelos Pais Fundadores, o que já foi feito pelo INIMIGO. Os arianos pretendem restaurar a VISÃO dos FUNDADORES da América e devolver o Estado e o território à sua descendência branca.

A visão dos nossos antepassados será alargada para criar um PODER OCIDENTAL SANTO que englobará todos os estados brancos do mundo. A SIO ajudará todas as raças não brancas a manter a sua identidade. Este NOVO MUNDO ostentará populações raciais verdadeiramente DIVERSAIS, dadas por Deus, cada uma na sua própria pátria governada pelo seu próprio povo. À medida que a síntese dialética ocidental progride, o *estrato cultural* ariano irá subir à frente para liderar a NAÇÃO contra os PARASITAS e os exércitos bastardos alistados em seu nome. Os arianos só precisam de adotar a estratégia e as tácticas da revolução bolchevique (cerca de 1900) para recuperar a sua herança. Combater fogo com fogo. Se os judeus possuíssem armas bioquímicas modernas, os brancos seriam hoje tão raros como os Neandertais. *A força faz a razão e o vencedor fica com os despojos.* Essa é a lição da revolução bolchevique.

Atualmente, o Parasita é o dono do Oeste. Mas não por muito mais tempo. Os arianos têm as armas. Nós temos os homens. Só precisamos de financiar e liderar. Não há necessidade de um exército. 150 membros das Forças Especiais serão mais do que suficientes. *Só através da UNIFICAÇÃO dos Estados Brancos e do estabelecimento da INTEGRIDADE TERRITORIAL é que o homem branco poderá alcançar o seu DESTINO. O futuro é inevitável, é difícil e está cheio de heróis, mártires e vitórias gloriosas.*

O rei Górdio da Frigia tinha inventado um nó complexo que, segundo ele, só o futuro rei da Ásia poderia desatar. Quando o nó foi apresentado a Alexandre, o Grande, este sorriu e cortou-o com um único golpe da sua espada. A CONSPIRAÇÃO ILLUMINATI será ELIMINADA, tal como Alexandre eliminou o nó górdio! TODOS OS ARIANOS HONROSOS participarão neste empreendimento. Tudo o que precisamos é de FÉ em Deus e de VONTADE para sermos bem sucedidos. *Está a surgir uma nova era: A ERA MENDELIANA. Um maravilhoso império ocidental será construído!* A ORDEM DA NATUREZA é a seguinte: CULTIVEM O VOSSO JARDIM ISOLEM O VOSSO PATRIMÓNIO GENÉTICO EXCRETEM OS VOSSOS RESÍDUOS OU MORRAM!

O IMPÉRIO: Os arianos de todo o mundo, "acordando como de um sonho mau", de armas na mão, erguer-se-ão vitoriosos à frente da sua pátria, um Estado-nação branco, o SANTO IMPÉRIO OCIDENTAL.

O juramento ariano Sobre o sangue dos meus sagrados antepassados arianos, juro:

Eterna LEALDADE à minha FAMÍLIA + RAÇA + NAÇÃO + DEUS + Ser Corajoso + CONSIDERADO + JUSTO + REVERSIVO + FRANCO + CONFIANTE + e + VINGADOR

Eu juro, que Deus me ajude!

O IMPERATIVO CATEGÓRICO

(Revisto)

Age apenas de acordo com a máxima que te permitirá, ao mesmo tempo, assegurar a exaltação da raça ariana.

TRINDADE PANTEÍSTA

(Arianos - LA FORCE - Panteísmo):

Considera Javé um desprezo absoluto: um deus tribal judeu desajeitado "cheio de barulho e fúria que não significam nada".

O CRUCIFIXO ARIANO A *Cruz de Ferro* ostenta no seu centro de porcelana o rosto de uma bela mulher ariana. Os seus olhos azuis erguem-se para o céu e os seus lábios cor de cereja estão ligeiramente entreabertos. O cabelo de linho, fino como a seda, cai-lhe em cascata sobre os ombros. Uma gota de sangue escorre-lhe do canto da boca, desce-lhe pela garganta e cai-lhe no peito. *Também ela foi crucificada pelos JUDEUS.* Usa uma coroa de espinhos na qual está inscrita a palavra: *DRESDE!*

+++

Os arianos aparecem por toda a parte como os promotores do verdadeiro progresso e, na Europa, a sua expansão marca o momento em que a pré-história (europeia) começa a divergir da de África ou do Pacífico.
DR. V. GORDON CHILDE, "facilmente o maior pré-historiador... *provavelmente do mundo".* (Enciclopédia Britânica).

A única condição para centralizar o poder numa sociedade democrática é professar a igualdade.
ALEXIS de TOQUEVILLE.

(EN) Senhor Presidente, é monstruoso para esta grande nação ver o seu destino presidido por um traiçoeiro Sistema da Reserva Federal que actua em segredo com as Seguradoras Internacionais.
LOUIS T. McFADDEN, Presidente do Comité Bancário da Câmara.

A nação judaica é a única que possui os segredos de todas as outras... não há nenhum governo no mundo tão completamente ao seu serviço como a América. "Os ingleses fizeram isto", os alemães fizeram aquilo", quando foi o judeu internacional que o fez... "Os americanos são (agora conhecidos como) um povo sórdido, ganancioso e cruel". Porquê? Porque o poder do dinheiro judeu está centrado aqui. O génio do judeu é viver do povo, não da terra, não da produção de mercadorias a partir de matérias-primas, mas do povo. Deixemos que outros cultivem o solo; o judeu, se puder, viverá do cultivador. Que outros trabalhem em ofícios e manufacturas; o judeu explorará os frutos do seu trabalho. É este o seu génio particular. Se este génio é descrito como parasitário, o termo parece ser justificado por uma certa forma.
HENRY FORD, *"O Judeu Internacional".*

Poder e direito não são sinónimos. De facto, são muitas vezes opostos e irreconciliáveis. Há uma lei de Deus da qual derivam todas as leis equitativas do homem e segundo a qual os homens devem viver se não quiserem morrer na opressão, no caos e no desespero.

CÍCERO (106-43 A.C.).

O Ministério da Educação informou que, no *terceiro estudo internacional de matemática e ciências*, os alunos americanos do 12º ano obtiveram um dos resultados mais baixos dos 21 países que participaram no TIMSS, ficando apenas atrás dos alunos de Chipre e da África do Sul.
WASHINGTON TIMES (8-30-99).

Acima de tudo, sejam verdadeiros convosco próprios e, tal como a noite segue o dia, deixarão de poder ser falsos com quem quer que seja.
SHAKESPEARE, *"Hamlet"* (Polónio).

O corajoso Horácio, guardião do portão, disse: "Todos os homens desta terra morrem, mais cedo ou mais tarde. Que melhor maneira de morrer do que enfrentar adversários formidáveis pelas cinzas dos nossos pais e pelos templos dos nossos deuses!
MACAULEY, *"Lays of Ancient Rome"*.

Basta que os homens de bem não façam nada para que o mal triunfe.
EDMUND BURKE.

A árvore da liberdade alimenta-se do sangue dos tiranos; é o seu fertilizante natural.
JEFFERSON.

O que eu prevejo, porque o vejo nascer lenta e hesitantemente, é uma Europa unida. As nações que acabaram por valer alguma coisa nunca atingiram esse estado sob o império das instituições liberais: um grande perigo transformou-as em algo digno de respeito; só esse perigo pode fazer-nos tomar consciência dos nossos recursos, das nossas virtudes, dos nossos meios de defesa, das nossas armas, do nosso génio que nos obriga a ser fortes.
NIETZSCHE.

Comunicar qualquer coisa a um goy sobre as nossas relações religiosas seria o mesmo que matar todos os judeus, porque se os goyim soubessem o que ensinamos sobre eles, matar-nos-iam a todos abertamente.
TALMUD: David livre 37.

Todos os futuros votos, juramentos, promessas, promessas e juramentos feitos por mim serão anulados a partir deste Dia da Expiação até ao próximo.
TALMUD: Juramento de Kol Nidre.

TOB SHEBBE GOYIM HAROG (Matem os melhores gentios!)
TALMUD: Sanhedrin 59

ACABADO

GLOSSÁRIO

AD HOC: preocupação com um caso particular ou objetivo (subjetivo).

AD HOMINEM: ataca (logicamente) o carácter do adversário e não os seus argumentos.

ANTI-SEMITICO: erradamente interpretado como anti-judaico. Os judeus (asiáticos) odeiam os semitas (árabes) e matam-nos diariamente.

ARISTOCRACIA: governo dos melhores indivíduos; o grupo dos que se julgam superiores. Um homem excecional.

ARYEN (Nobre): s. m. Possivelmente atlante. Progenitor da raça branca que espalhou a sua cultura pela Europa, Índia, Pérsia, Egito, América e outras partes do globo.

Panteísmo ariano: Doutrina que equipara Deus à força e às leis do universo: mais especificamente, o mendelismo.

JUDEUS ASHKENAZIM: a "13ª tribo" (Arthur Koestler). Khazares asiáticos convertidos ao TALMUDISMO que se identificam falsamente como judeus. 98% dos judeus americanos são Ashkenazi.

BOURGEOISIE: classe social média.

CANAILLE: os "cães" raivosos de todas as revoluções que pilham, assassinam e violam em nome dos judeus de Paris, São Petersburgo e Chicago.

Sofá de fundição: onde as estrelas são feitas.

BANCO CENTRAL: sociedade anónima privada criada para gerir o dinheiro de um país em troca de uma parte dos lucros.

COMUM: vulgar, banal, vulgar, barato, medíocre e popular.

DEMOCRACIA: governo da maioria. Uma forma de governo desprezada pelos Pais Fundadores e exigida pelos parasitas.

DOCU-DRAMA: drama cujo conteúdo é objetivo e baseado em factos documentados (realidade). Hollywood transforma a desinformação em docu-drama, produzindo assim propaganda.

EQUALITARISMO: falsa crença na igualdade individual e racial.

BODY SPIRIT: espírito de grupo, inspiração, entusiasmo.

EX POST FACTO: feito (como promulgar uma lei) após o facto.

IN FLAGRANTE DELICTO: cometer uma infração grave.

IN SITU: numa posição natural.

FED: Federal Reserve System: banco central que controla a MOEDA americana; propriedade privada dos membros da KEHILLA judaica.

QUINTA COLUNA da B'nai B'rith; sabotadores, guerrilheiros, grupos de traição escondidos no seio de uma nação para ajudar o inimigo.

Combatente da liberdade/terrorista, consoante o ponto de vista.

A FRANC MAÇONARIA é uma organização secreta internacional cujos escalões superiores são ocupados por JUDEUS.

GENÉTICO: ligado a ou determinado por genes.

GOY: (plural Goyim) Gentios (ovelhas que pastam nas pastagens judaicas).

GULAG ARCHIPELAGUM: Campos de extermínio bolcheviques, URSS. As prisões mais hediondas da história do mundo (ler: Solzhenitsyn).

HOLLYWOOD Sodoma EUA. Judeus expostos. Pus. Infeção. Doença.

HOLOCAUSTO Atrocidades cometidas pelos Aliados contra a Alemanha.

A falsa religião do "HOLOCAUSTO" criada por mentirosos congénitos.

IDEOLOGIA: Teorização visionária.

ILLUMINATI: organização dos Rothschild criada para destruir os gentios, em particular a cultura ocidental.

KEHILLA: Conselho de Administração dos Illuminati: 13 judeus.

KHAGAN: Rei dos Judeus, líder da Kehilla.

KHAZARS: tribo asiática com afinidades mongol-turca-armenóides, convertida ao talmudismo (judaísmo) em 730 d.C.

RISO GRAVADO: banda sonora contendo risos, aplausos, vivas, etc., editada num filme/fita filmado na ausência do público.

INFAMY: calúnia, difamação; arma de propaganda judaica.

MAFIA U.S.A.: organização criminosa siciliana/italiana.

DESTINO MANIFESTO: política necessária de expansão imperialista, nomeadamente da raça branca.

MASS-MEDIA: meios de comunicação públicos (de massa), incluindo a rádio, a televisão, a Internet, a edição, o teatro, o cinema e a música.

MARRANE: Judeu cristianizado.

MENDEL: a era da genética.

MENDELISMO: s. m. Todos os estudos decorrentes da descoberta dos genes.

METISSAGEM: casamento ou coabitação entre uma pessoa branca e um membro de outra raça, nomeadamente um negro ou um judeu.

MEPRISE: Quando uma pessoa sabe que está a ser cometida uma traição, mas não toma qualquer medida para a impedir, a parte que sabe também é culpada de traição.

MAFIA: Sindicato do crime judeu.

O plano MORGENTHAU significou que 20 milhões de alemães morreram à fome.

MORFOLOGIA: ramo da biologia que se ocupa da estrutura física das plantas e dos animais.

NAÇÃO: (Natal: nascer: nacionalidade) um povo com o mesmo património genético; a sua raça, a sua família, a sua cultura, o seu território.

JUDEUS ORIENTAIS: grupo étnico misto (maioritariamente hebreu), estabelecido no Médio Oriente, no Norte de África, na Ásia e na China.

FISIOLOGIA: ramo da biologia que se ocupa dos aspectos físicos de um organismo e das suas funções normais.

PROTOCOLOS: Ata de uma conferência que indica o que foi acordado pelos patrocinadores. Um plano de ação.

OBJECTIVO: objetivo legítimo de guerra, preço de guerra.

PSICOLOGIA: Ciência da mente e do comportamento: Lusitânia, Pearl Harbor, Coventry, Baía dos Porcos, Golfo de Tonkin, USS Liberty, Harvey Oswald, etc.

SPIELBERGISMO: qualquer mentira escandalosa; por exemplo, "A Lista de Schindler".

JUDEUS SEPHARAD: Hebreus que viveram em Espanha até à sua expulsão em 1492.

SEPTUAGESIS: tradução do Antigo Testamento para grego por 70 rabinos, cada um dos quais chegou a traduções idênticas!

Um género de bactérias SPIROCHESE, como as que causam a sífilis.

MODERADORES DE TELEVISÃO: moderadores de televisão goy: bajuladores que repetem a ideologia, as mentiras e a propaganda dos judeus: traidores raciais.

TALMUD: Lei farisaica; "Sinagoga de Satanás" (Jesus).

THAUMATURGY: fazer milagres, magia.

TORAH (Pentateuco): primeiros cinco livros do Antigo Testamento.

Tifo: doença infecciosa fatal transmitida aos seres humanos por pulgas e piolhos; historicamente, esta doença afectou sobretudo os judeus da Europa Oriental.

UNIVERSALISMO: Catolicismo, Judaísmo, Iluminismo, Marxismo, Nova Era, etc. Aceitar a miscigenação ou ser queimado na fogueira.

USURE: Capitalismo judaico: juros compostos, falência, guerra.

WOLZEK: Falso campo de extermínio batizado por Rudolf Hess, comandante de Auschwitz (antes de ser enforcado), para que a história soubesse que as suas confissões sobre os judeus gaseados tinham sido obtidas sob tortura.

ZIETGEIST: s.m. Espírito da época.

WELTANSCHAUUNG: filosofia de vida.

BIBLIOGRAFIA

América

GARRETT, GARET Burden of Empire: The Road to Serfdom (O Fardo do Império: O Caminho para a Servidão)

NOCK, ALBERT JAY O Estado da União: Ensaios

OLIVER, REVILO O declínio da América

PIERCE, WILLIAM Os Diários de Turner

SKOUSEN, CLEON O capitalista nu

BEATY, JOHN O. A Cortina de Ferro sobre a América

BURNHAM, JAMES Suicídio Ocidental

BROWN, LAWRENCE O Poder do Ocidente

ALLEN, GARY Nenhum se atreve a chamar-lhe conspiração

NORMAN, CHARLES Ezra Pound

LARSON, MARTIN A Reserva Federal: O Dólar Manipulado

MULLINS, EUSTACE Mullins sobre o Sistema da Reserva Federal

SODDY, FREDERICK Riqueza, riqueza virtual e dívida

McFADDEN, LOUIS T. Discursos do registo do Congresso

SOMBERT, WERNER Os judeus e o capitalismo moderno

SMOOT, DAN O Governo Invisível.

SUTTON, ANTHONY Suicídio nacional

GOLDWATER, BARRY* Sem desculpas

Revisionismo histórico

VEALE, F. J. P. Advance to Barbarism: Total War (Avanço para a Barbárie: Guerra Total)

KEELING, RALPH Colheita horrível: Alemanha pós-guerra

WILTON, ROBERT Os últimos dias dos Romanov

RADZINSKY, EDWARD O Último Czar

IRVING, DAVID Churchill's War, Dresden

ENNES, JAMES Assalto ao USS LIBERTY

WEBSTER, NESTA H. A Revolução Francesa, Revolução Mundial

HOFFMAN, MICHAEL A. O Grande Julgamento do Holocausto: Zundel

BARNES, HARRY ELMER Em busca da verdade e da justiça: Primeira Guerra Mundial

Génese da guerra

TOLAND, JOHN Infâmia: Pearl Harbor

ZAYAS, ALFRED Uma vingança terrível: O assassínio dos alemães, os crimes de guerra da Wehrmacht

CROCKER, GEORGE O caminho de Roosevelt para a Rússia

DEGRELLE, LÉON Hitler: Nascido em Versalhes

O revisionismo do Holocausto

ZUNDEL, ERNST O 6-Milhões está mesmo morto?

BUTZ, ARTHUR R. O embuste do século XX

STAGLICH, WILHELM Auschwitz: Juiz examina provas

LEUCHTER, FRED Relatório Leuchter: O primeiro exame forense de Auschwitz

ROQUES, HENRI As "Confissões" de Kurt Gerstein

BALL, JOHN Air Photo Evidence: "Holocaust Sites.

HESS, WOLF Quem matou o meu pai, Rudolf Hess?

Raça e cultura

YOCKEY, FRANCIS PARKER Imperium

SIMPSON, WILLIAM G. Which way for Western man?

BAKER, JOHN R. Corrida

PEARSON, ROGER Shockley sobre eugenia e raça

GARRETT, HENRY E. Hereditariedade: A causa das diferenças raciais na inteligência

HERRNSTEIN/MURRAY A curva de Bell

PUTNAM, CARLTON Raça e realidade

GUENTHER, HANS Elementos raciais da história europeia

JUNG, CARL O segredo da flor de ouro, desenvolvimento da personalidade

ARDREY, ROBERT O contrato social, a génese africana

GALEÃO, CARLTON Origens das raças, raças europeias

CHILDE, GORDON Sobre a teoria ariana

GRANT, MADISON O Desaparecimento da Grande Raça

SPENGLER, OSWALD O declínio do Ocidente

ROBERTSON, WILMOT A maioria despossuída

GIBBON, EDWARD O Declínio e Queda do Império Romano

DE CHARDIN, TEILHARD O fenómeno do homem.

SANTAYANA, GEORGE O Último Puritano

HUXLEY, ALDOUS A Filosofia Perene, Admirável Mundo Novo

RENFREW, COLIN Antes da civilização

LUDOVICI, A. M. A procura da qualidade humana

FRAZER, JAMES G. The Golden Bough.

KERR, W. P. Epopéia e Romantismo

GRANT, MICHAEL Jesus

KUNG, HANS Ser cristão.

OTTO, RUDOLPH A ideia do sagrado.

NIETZSCHE, FREDERICK O ANTICRISTO, o homem e o super-homem. Assim falou Zaratustra

CHAMBERLAIN, HOUSTON A Génese do Século XIX

DOSTOYEVSKY, FYODOR A Possuída

KLASSEN, BEN A Religião Eterna da Natureza, A Bíblia do Homem Branco

JUNG, CARL O Cristo Ariano

RENAN, ERNEST Vida de Jesus

SPENCER, SIDNEY Mysticism & World Religion [Misticismo e Religião Mundial].

HAWKING, WILLIAM Uma Breve História do Tempo

JUDEUS

ARENDT, HANNAH* Eichmann em Jerusalém.

FORD, HENRY O Judeu Internacional

KOESTLER, ARTHUR* A Décima Terceira Tribo

MARSDEN, VICTOR E. Os Protocolos dos Sábios de Sião

LILIENTHAL, ALFRED M. * A ligação sionista

SAMUEL, MAURICE* Vós, pagãos

FREEDMAN, BENJAMIN* The Facts are the Facts: The Truth about the Khazars (Os Factos são os Factos: A Verdade sobre os Khazares)

CHESTERTON, A. K. Os novos senhores infelizes

BELLOC, HILLAIRE Os Judeus

ROBNETT, GEORGE W. Conquista através da imigração

SHAHAK, ISRAEL* História judaica, religião judaica: O peso de 3000 anos (Introdução de Gore Vidal)

STANKO, RUDY "Butch" O resultado!

SOLZHENITSYN, ALEKSANDER O Arquipélago Gulag; Um dia na vida de Ivan Denissovitch

KLASSEN, BERNHARDT (WCOTC) A Bíblia do Homem Branco

O Terceiro Reich

HITLER, ADOLPH Mein Kampf

IRVING, DAVID Goebbels: O Cérebro do Terceiro Reich

ROSENBERG, ALFRED O mito do século XX

+ + +

Muitas das obras acima referidas estão disponíveis na sua biblioteca pública. Outras podem ser obtidas numa ou mais das seguintes fontes:

O INSTITUTO DE INVESTIGAÇÃO HISTÓRICA

(Mark Weber) POB 2739 Newport Beach CA 92659 CHURCH OF THE CREATOR POB 2002 E. Peoria, IL 61611 (Matt Hale)

NATIONAL ALLIANCE (Dr. William Pierce) POB 330 Hillsboro, WVA 24946

THE TRUTH AT LAST (Dr. Edw. Fields) POB 1211 Marietta, GA 30061

CHRISTIAN DEFENSE LEAGUE (Dr. J. K. Warner) POB 449 Arabi, LA 70032

MONTANA MILITIA (John Trochmann) POB 1486 Noxon, MT 59853

THE LIBERTY BELL (George Dietz) Box 21 Reedy, W. Va 25270

ZUNDEL-RIMLAND 3152 Parkway, Suite 13 PMB 109 Pigeon Forge, TN 37863

ALGUNS SÍTIOS WEB INTERESSANTES

www.WCOTC.com (Matt Hale)
www.naawp.com (David Duke)
www.natall.com (Wm. Pierce)
www.codoh.com (Bradley Smith)
www.zundelsite.org (Ernst Zundel)

www.vho.org (Germar Rudolph)
www.russgranata.com (Russ Granata)
www.Kevin-Strom.com (Kevin Strom)
www.fpp.co.uk (David Irving)
www.adelaideinstitute.org (FredrickToben)

UM PUNHADO DE CIENTISTAS EMINENTES QUE REFUTAM MARX/FREUD/BOAS

JOHN R. BAKER: Professor de Biologia na Universidade de Oxford, membro da Royal Society, autor de *"Race"*.

V. GORDON CHILDE: Professor em Oxford, "facilmente o maior pré-historiador da Grã-Bretanha e provavelmente do mundo" (Ency. Brit.).

CARLTON S. COON: professor de antropologia em Harvard; antigo presidente da Associação Americana de Antropólogos Físicos; autor de *"The Origin of Races"*, etc.

F. A. E. CREW: M.D.Sc., PhD, Professor de Genética e Reprodução, Universidade de Edimburgo.

GEORGE W. CRITZ: Professor de Anatomia, Universidade da Carolina do Norte; *"The Biology of the Race Problem"*. o documento mais importante publicado até à data sobre o aspeto científico da questão racial".

C.D. DARLINGTON: FRS, Professor de Botânica, Oxford. Reconhecido internacionalmente pelas suas contribuições para as ciências da genética, citologia e teoria da evolução.

EDWARD M. EAST: Professor de genética, Harvard; *"A humanidade na encruzilhada"*.

HENRY E. GARRETT: diretor do departamento de psicologia da Universidade de Columbia, antigo presidente da American Psychological Ass'n.

R. R. GATES: Professor emérito de Botânica, Universidade de Londres. Autor de *"Human Genetics"*, onze livros e 400 artigos.

MADISON GRANT: Presidente da Sociedade Zoológica de Nova Iorque; administrador do Museu Americano de História Natural. Escreveu no

Museu de História Natural: *"The Conquest of a Continent"*; "The Passing of the Great Race".

HANS F. K. GUENTHER: Professor na Universidade de Berlim. O seu texto *"Elementos Raciais da História Europeia"* é considerado uma obra-prima.

E. A. HOOTEN: Professor de Antropologia na Universidade de Harvard; autor de *"Crime and the Man"*; *"Ape, Men, and Morons"*, etc.

ARTHUR R. JENSEN: Professor de Psicologia Educacional, Univ. Berkeley; psicólogo investigador no Inst. of Human Learning.

SIR ARTHUR M. D. KEITH: Reitor da Universidade de Edimburgo, curador do Museu do Royal College of Surgeons, "um dos maiores antropólogos deste século". Numerosas obras, entre as quais *"The Place of Prejudice in Modern Civilization"*.

L. S. B. LEAKEY: famoso pelas suas escavações no desfiladeiro de Olduvai, no Tanganica. Escreveu *"O progresso e a evolução do homem em África"*, afirmando que... *"por muito grandes que sejam as diferenças físicas entre raças como a europeia e a negra, as diferenças mentais e psicológicas são ainda maiores"*.

WILLIAM SHOCKLEY: Prémio Nobel, Professor Poniatoff de Engenharia na Universidade de Stanford, dedicou os seus esforços científicos à eugenia e aos estudos raciais.

AUDREY M. SHUEY: diretor do departamento de psicologia da Randolph-Macon, antigo membro do corpo docente da Universidade de Nova Iorque; autor do monumental *"The Testing of Negro Intelligence"*... "Os resultados são impressionantemente consistentes: os negros, quer sejam rurais ou urbanos, quer vivam no Norte ou no Sul, quer sejam alfabetizados ou analfabetos, quer sejam profissionais ou trabalhadores não qualificados, têm resultados inferiores aos de grupos comparáveis de brancos".

WILLIAM G. SIMPSON: Union Theological Seminary, *magna cum laude;* diretor-adjunto da American Civil Liberties Union; peregrinação a S. Francisco de Assis; uma das maiores autoridades mundiais em Nietzsche e Cristo; autor e conferencista.

EXPOSIÇÕES

FOGO

Shingletown home burns; family is safe
FRI AUG 2 6 1977

SHINGLETOWN — An early morning fire did an estimated $120,000 damage to the home of James W. Von Brunn on Wrangler Hill Road here today.

Shasta County Fire Department spokesman Deems Taylor said the fire apparently broke out in the attic near the chimney, but the exact cause is still under investigation. The fire was noticed about 3:25 a.m. when Von Brunn was awakened by the smell of smoke.

Von Brunn rushed his family out of the house and called firemen. Units from the Shingletown Volunteers, Shasta County and the California Department of Forestry responded. It took nearly two hours to quell the flames in the 3,800-square-foot wooden framed home.

The loss to the building was estimated at $80,000, and the contents at $40,000. Most of the loss is believed to be covered by insurance, according to firemen.

JVB estava a inspecionar as cinzas na manhã seguinte ao incêndio quando um homem se aproximou e se apresentou como vizinho. Era um silvicultor reformado, que vivia a cerca de três quartos de quilómetro de distância, no vale. Disse que pensava que o incêndio tinha sido fogo posto. Por volta da 1h30 da manhã, foi acordado pelos seus cães de caça. Saiu para os acalmar. "Ouvi um ruído agudo - como um foguete - vindo da sua direção. Depois, ouviu as portas dos carros a bater, seguidas do barulho dos pneus na estrada.

Este incidente está relacionado com telefonemas feitos no início do mês, ameaçando com consequências graves se a JVB não parasse a publicação do livro *Zionist Rape of the Holy Land (Conquest by Immigration)* de Robnett. Por razões demasiado pormenorizadas para serem aqui referidas, a probabilidade de fogo posto nunca foi comunicada à polícia ( ).

CARTA A JAMES HENRY WEBB

Escrita na prisão, a carta foi roubada do correio e nunca chegou a Webb.

Honorável James Henry Webb. Jr., Secretário da Marinha dos EUA Pentágono Washington, D.C. 20500

James W. von Brunn Prisioneiro federal n° 07128-016 P.O.Box 904-H FCI Ray Brook, N. Y. 12977

Senhor Secretário:

O Contra-Almirante John G. Crommelin, U.S.N. (Reformado) sugeriu-me que vos escrevesse a pedir a vossa ajuda. Sou um prisioneiro político encarcerado numa prisão federal devido às minhas acções contra aqueles que, na minha opinião, ameaçam a segurança da nossa nação.

Em 28 de fevereiro de 1985, o Almirante Crommelin apresentou ao nosso Presidente, o Honorável Ronald Reagan, um pedido de perdão presidencial para mim. Este pedido foi tratado de forma muito prestável e cortês pelo Sr. David B. Waller, Conselheiro Associado Sénior do Presidente, como indicado no Anexo "A". Após a receção da carta do Sr. Waller, apresentei um pedido pessoal de indulto presidencial, como indicado, ao Sr. David Stephenson, Advogado do Indulto Presidencial, Chevy Chase, Maryland.

Algumas semanas mais tarde, o Sr. Stephenson reuniu-se com a minha irmã e o seu advogado. O Sr. Stephenson disse-lhes que não apresentaria a minha petição escrita ao Presidente (ver anexo "B"), mas que recomendaria a comutação da minha pena pelas seguintes razões: a minha pena era demasiado severa para o crime cometido; era a minha primeira infração; a minha idade - atualmente 67,5 anos. Não tenho qualquer prova escrita destas declarações do Sr. Stephenson. O meu defensor público, John Hogrogian, disse-me que não deveria intentar qualquer outra ação judicial enquanto o advogado responsável pelo perdão processasse o meu pedido.

Em 20 de dezembro de 1987, ou por volta dessa data, numa carta dirigida ao Diretor da FCI, Ray Brook, o Sr. Stephenson inverteu a sua opinião, declarando que "não se justificava qualquer ação favorável" no meu caso. O Sr. Stephenson ignorou as numerosas tentativas do Almirante Crommelin para saber o resultado do seu pedido em meu nome.

Senhor Secretário, depois de ler este dossier, pode deduzir que as pessoas que, nos bastidores, manipularam o meu julgamento e prolongaram o meu encarceramento também podem ter influenciado o Sr. Stephenson.

Com base nos factos que se seguem, solicito respeitosamente a V. Exa. que utilize a sua influência para obter uma ação relativamente ao pedido de perdão do Almirante Crommelin, bem documentado, em meu nome, e ao meu pedido pessoal de perdão, que o defensor do perdão, segundo as suas próprias palavras, nunca tencionou apresentar ao Presidente.

Servi como capitão e oficial executivo de um PT-Boat durante a Segunda Guerra Mundial no Mediterrâneo e no Pacífico. Recebi uma condecoração do Almirante Hewitt. Quando prestei juramento como oficial da Marinha, comprometi-me a cumprir todas as palavras desse juramento e, evidentemente, continuo a fazê-lo. Considero que o inimigo mais formidável dos Estados Unidos e da cultura ocidental é o marxismo-comunismo. Os contribuintes americanos gastaram biliões de notas da Reserva Federal para travar uma prolongada "Guerra Fria" com a União Soviética e derramámos baldes de sangue em "guerras sem esperança" contra os marxistas em quase todas as regiões do mundo. No entanto, dentro das nossas fronteiras, protegidos pela própria Constituição que procuram destruir, os marxistas têm sido autorizados a assumir o controlo da máquina do nosso governo. Não há dúvida de que existe uma conspiração para criar um governo marxista de um mundo só, sacrificando a soberania da América. É igualmente certo que os ideólogos de um mundo único de todos os tipos são financiados pela cabala bancária internacional, na qual o Sistema da Reserva Federal (FED) desempenha um papel importante. Não é segredo que os banqueiros americanos financiaram o reforço militar soviético. Durante a "operação policial" no Vietname, a produção soviética de camiões duplicou graças ao financiamento e à assistência tecnológica dos EUA. Estes camiões foram entregues no Vietname a bordo de navios, a caminho de Haiphong, construídos pela América e pelos nossos aliados. Porque é que os homens dominantes em posições de grande poder na América estão dispostos a sacrificar o tesouro americano e vidas americanas para fazer avançar a propagação do marxismo em todo o mundo? Rheinhold Niebuhr deu uma razão: "O marxismo é o cumprimento moderno da profecia judaica. James Warburg, filho do principal arquitecto da Lei da Reserva Federal, disse ao Senado dos EUA: "Teremos um governo mundial, quer queiramos quer não. A questão é se teremos um governo mundial por consentimento ou por conquista" (1953).

Em 7 de dezembro de 1981, eu esperava revelar ao povo americano certos factos sobre a conspiração marxista mundial que estão a ser suprimidos pelos meios de comunicação social. Tentei colocar o Conselho de Governadores da FED sob prisão legal, não violenta e cidadã, de acordo com as leis do Distrito de Columbia e a Lei de Traição e Sedição dos EUA. Acuso a FED de traição, de operar uma empresa fraudulenta e de operações empresariais privadas inconstitucionais. Tencionava deter os prisioneiros do conselho de administração na sala de reuniões, exigir que os seus colegas conspiradores da CBS fornecessem uma ligação à televisão nacional e, depois, através da televisão, entregar figurativamente os criminosos ao povo americano com uma explicação das minhas acusações contra a FED. Depois tencionava entregar os prisioneiros, ilesos, ao Presidente dos Estados Unidos. Esperava ser julgado num Tribunal Distrital Federal dos Estados Unidos e provar a culpa do FED perante um júri dos meus pares. Esperava que o júri considerasse o FED culpado e que a detenção dos criminosos pelos meus concidadãos fosse confirmada por lei. Assim, nós, o povo, mandávamos o Congresso dos Estados Unidos processar o FED, uma empresa privada, ao abrigo do direito federal de responsabilidade civil.

Não atingi os meus objectivos no edifício da FED. Não houve

violência. Entreguei voluntariamente as minhas armas descarregadas ao guarda, um antigo marine americano. Não tinha munições nem explosivos comigo (todos estes factos são omitidos ou distorcidos no relatório oficial).

A minha fiança foi fixada em $3.000 ($300 em dinheiro). O Juiz Hess libertou-me sob fiança. Mais tarde, fui acusado de tentativa de rapto, roubo, arrombamento, agressão e posse de armas ilegais. Catorze meses mais tarde, depois de os aspectos oportunistas das minhas acções se terem desvanecido, fui julgado, condenado e sentenciado por todas as acusações. O Governo ofereceu-se para retirar todas as acusações se eu me declarasse culpado das acusações relativas às armas. Recusei o acordo, esperando um julgamento justo.

Foi-me negado um julgamento justo pelas seguintes razões:

1) O governo julgou-me no Tribunal Superior de Washington, D.C., que não tem competência para se pronunciar sobre questões constitucionais. Por conseguinte, não me foi possível prosseguir com a questão da inconstitucionalidade do FED, um elemento importante da minha defesa. O meu pedido de mudança de foro foi rejeitado. O caso deveria ter sido julgado num tribunal distrital federal. Atualmente, sou um prisioneiro de Washington "armazenado" numa prisão federal e sob a jurisdição da Comissão Federal de Liberdade Condicional, que recentemente me voltou a julgar e a condenar.
2) Não houve qualquer cobertura mediática do meu julgamento. Visitei pessoalmente os chefes de redação dos jornais de Washington e escrevi aos principais canais de televisão, convidando-os a cobrir-me. Todos nos lembramos da publicidade favorável dada ao "julgamento dos Pentagon Papers" de Daniel Ellsberg. Aqueles que orquestraram esta publicidade são os mesmos senhores dos media que suprimiram a minha tentativa de expor a conspiração marxista dentro da nossa nação.
3) Na altura da minha detenção, eu trazia comigo um esboço de 11 páginas (Gov't. Exh. 14) (ver anexo "C") a partir do qual tencionava fazer uma apresentação extemporânea na televisão. O Documento 14 implica os judeus/sionistas na conspiração marxista de um só mundo. O diagrama também mostra que os negros estão a ser usados como fantoches pelos marxistas para destruir a nossa cultura ocidental. Os manipuladores, para garantir a minha condenação, simplesmente nomearam oficiais de justiça que seriam racialmente preconceituosos contra mim por causa do conteúdo do Documento 14.

Os oficiais de justiça e o júri são nomeados do seguinte modo

A juíza, Harriet Rosen Taylor, judia; o procurador, Elliot Warren, judeu (Warren, mais tarde substituído por Ron Dixon, permaneceu na sala de audiências durante todo o julgamento como conselheiro de Dixon); o procurador, Ron Dixon, negro; o agente de liberdade condicional, Marvin Davids, judeu (rabino); o escrivão e o oficial de justiça, negros. Dixon, utilizando os seus desafios peremptórios, afastou todos os jurados, exceto uma mulher branca, colocando 11 jurados negros e 3 suplentes negros. A advogada de defesa judia nomeada pelo tribunal (Miss Elizabeth Kent) foi dispensada por mim quando não trabalhou no caso durante vários meses. O seu substituto nomeado pelo tribunal, Gerard Lewis, revelou-se um cavalo de Troia. Teria tido um julgamento mais justo no Iowa!

4) Assistência ineficaz do advogado (no julgamento e no recurso). Lewis revelou-me no julgamento que não tinha "coração para defender" as minhas convicções políticas ou raciais, nem para resistir aos ataques racistas da acusação, porque ele, Lewis, era parcialmente judeu e membro de pleno direito da NAACP.
5) A prova 14 do Governo foi fundamental para os esforços do Governo para refutar a defesa do recorrente... dada a pouca atenção dada no documento às políticas do Conselho da Reserva Federal - menos de uma página - em comparação com as opiniões relativas a negros, judeus e sionistas - 10 páginas - a acusação tinha claramente o direito de questionar as verdadeiras motivações do recorrente para empreender as suas acções...". Embora o conteúdo do documento fosse controverso e, sem dúvida, ofensivo para alguns, este facto, por si só, não pode proteger a defesa de ser confrontada com ele no interrogatório...". (Relatório do recorrente, Gov. #84-1641. Criminal # F 7199-81).

A objeção não se referia à utilização da prova 14 pela acusação, mas à forma como foi utilizada. Em primeiro lugar, foi selecionado um júri negro tendencioso, juntamente com um juiz judeu. Em segundo lugar, foram utilizadas declarações da prova fora de contexto para inflamar o tribunal. Não me foi permitido ler a Exposição de Motivos na íntegra, para colocar as observações da acusação em perspetiva e para mostrar que as citações na Exposição de Motivos provêm de homens eminentes, competentes e, em muitos casos, venerados.

A acusação alega que, pelo facto de eu ter dedicado apenas uma página à FED, os meus verdadeiros motivos eram fazer reféns e expressar as minhas opiniões racistas. Esta linha de raciocínio ilusória seria o mesmo que afirmar que a superestrutura de um arranha-céus, pelo facto de conter mais metros cúbicos, é mais importante do que as suas fundações. A acusação também parece implicar que não se pode ser um alegado racista e, ao mesmo tempo, procurar prender criminosos, sendo as duas ideias mutuamente exclusivas. No entanto, o Tribunal de Recurso, uma mistura de raças, apoiou plenamente os argumentos e os procedimentos da acusação. O que eu tentei delinear, evidentemente, é que um longo período da história judaica foi transformado em marxismo-comunismo, financiado por usurocratas internacionais, com o apoio dos meios de comunicação social (em grande parte nas mãos dos judeus) e de outros grupos de apoio.

6) Foi-me negado o direito constitucional de intimar (entre outros) o Sr. Paul Volcker e o Sr. Zibigniew Brzezinsky, nenhum dos quais goza de imunidade de intimação, e ambos estão empregados em actividades privadas anti-nacionais.

7) Durante o julgamento, o Governo admitiu que tinha na sua posse documentos relativos ao meu caso provenientes do escritório de Elizabeth Kent, a minha primeira (e inicial) advogada de defesa. A acusação também recebeu outros documentos de fontes externas durante o julgamento, que o juiz se recusou a admitir como prova, mas que foram incorporados no meu processo.

8) Elgin Groseclose, um perito monetário que já tinha testemunhado nessa qualidade perante o Congresso em várias ocasiões, compareceu como testemunha de defesa. Afirmou (parafraseio) que: a FED é uma empresa privada, sujeita às leis de responsabilidade civil dos Estados Unidos; actua independentemente dos três ramos do nosso governo; a nota da FED não tem valor porque uma reserva de valor é concebida a partir do nada; a FED cria deliberadamente períodos de expansão e recessão em detrimento do povo americano; pode ser necessária violência para derrubar a FED porque o seu enorme poder controla o Congresso. Não admira que os meios de comunicação social não tenham sido autorizados a assistir ao julgamento! O testemunho do Dr. Groseclose é praticamente omitido no dossier do recorrente, para além de se dizer que ele culpou a FED pela inflação.

Foi-me negada a caução de apresentação e, imediatamente após a minha libertação do tribunal, fui encarcerado na cadeia do Distrito de

Colúmbia. A legislação do Distrito de Colúmbia exige que os relatórios das audiências preliminares sejam apresentados ao arguido pelo menos 10 dias antes da sentença. O meu relatório da audiência preliminar foi-me apresentado numa cela de detenção 5 a 10 minutos antes da sentença. Lewis encorajou-me a assinar a minha aprovação porque o rabino tinha recomendado que me fosse dada liberdade condicional. Esta cenoura para obter a minha assinatura foi bem sucedida. Muito mais tarde, descobri os erros, as distorções e as omissões do PSI, por exemplo, o facto de não haver violência, munições ou explosivos no local do crime não ter sido comunicado.

Fui enviado para o Hospital Federal de Springfield para determinar o estado da minha saúde mental. Ao fim de três meses e meio, os psiquiatras declararam-me "são, sem sequer uma personalidade paranoica". No entanto, com base em testes (a que respondi a lápis), Springfield declarou que o meu QI era baixo. Para refutar esta afirmação, insisti em fazer testes supervisionados, cujos resultados me permitiram entrar para a MENSA, cujos critérios de adesão começam no percentil 98 do QI. O relatório de Springfield que atesta a minha boa saúde mental não consta dos registos da prisão.

Benjamin Baer, judeu, presidente da Comissão Nacional de Liberdade Condicional, Chevy Chase, MD, ignora o Relatório de Springfield. Ele insiste nos seus muitos memorandos que eu preciso de "cuidados de saúde mental - e cuidados posteriores". No mundo paranoico de Baer, qualquer pessoa que questione os motivos dos judeus e dos marxistas está condenada a ser louca.

O facto de estar detido numa prisão a 700 milhas de Washington impediu-me de conhecer o meu defensor público, John Hogrogian. Ele não tinha telefone no escritório! Por conseguinte, não pude ajudá-lo a preparar o meu recurso. O calendário do recurso foi organizado de tal forma que só recebi uma cópia do dossier depois de o *original ter sido apresentado*. Só recebi as transcrições do julgamento vários meses depois de o meu recurso ter sido rejeitado por um tribunal de recurso com preconceitos raciais. Entre outros erros, Hogrogian não apresentou uma lista de jurados. O Tribunal de Recurso, com preconceitos raciais, utilizou este facto como desculpa para NÃO se pronunciar sobre a minha moção, alegando que o tribunal de julgamento tinha sido injustiçado e que eu não tinha tido um júri dos meus pares. Pouco depois da audiência, Hogrogian foi recompensado com um emprego como advogado em Nova Iorque ("A maior cidade judaica do mundo" - Harry Golden).

O juiz Taylor condenou-me a 3 anos, 8 meses e 11 anos. Se me qualificasse, era elegível para liberdade condicional à taxa mais baixa.

Eu estava qualificado. No entanto, Benjamin Baer e o seu agente regional da comissão de liberdade condicional, Shelley Wittgenstein, um judeu, acusaram-me novamente, de facto, de um crime adicional: "ter cometido um crime grave contra a segurança da nação". Baer também afirmou num memorando que eu defendia a eliminação de uma "determinada raça". Uma distorção da minha declaração (Exh. 14) de que os negros e os judeus deviam ser deportados para os seus países de origem. Um sentimento expresso por Lincoln, Jefferson e outros, bem como por judeus e negros contemporâneos. Baer e companhia voltaram a processar-me, julgaram-me e condenaram-me novamente a um total de 8 anos e 4 meses.

Isto significa uma pena de 25 anos (1/3 de 25). Benjamin Baer é o grande responsável pela expansão da burocracia das prisões federais. Produz penas incrivelmente longas, retirando os presos das suas diretrizes. Muitos jovens condenados são assim reintegrados na sociedade como homens de meia-idade, sem família e sem perspectivas de emprego. Tornam-se reincidentes instantâneos, aptos apenas para trabalhar para a UNICOR, um negócio em rápido crescimento no sistema FedPr.

Os veteranos do Vietname são vistos como uma ameaça para a sociedade na proporção direta da sua experiência militar: quanto mais estrelas de batalha, mais medalhas de bravura, mais duras são as sentenças proferidas por Baer. Ele não tem sentido de honra. Não há dúvida de que é necessária uma política de comutação mais branda para a grande maioria dos veteranos do Vietname. O seu patriotismo foi levado ao limite. Deixem-nos ganhar uma guerra contra Baer.

Apercebo-me que já tomei demasiado do vosso precioso tempo. Por isso, vou continuar com isto.

Sr. Secretário, os meus esforços não foram dirigidos contra a nossa nação, mas contra aqueles que a querem destruir. Acredito que as minhas acções no FED foram apoiadas pela lei. Embora possa ou não concordar com a minha filosofia ou aprovar as minhas acções, sei que apoia o direito de um cidadão americano a um julgamento justo, rápido e público. Por isso, tem razão em usar a sua justa influência para expor o imenso e arrogante controlo que os marxistas têm agora sobre a jurisprudência de Washington e o sistema prisional federal, não muito diferente do poder do Sistema da Reserva Federal sobre o sistema monetário dos EUA.

Por conseguinte, peço-lhe respeitosamente que faça tudo o que estiver ao seu alcance para ajudar a apresentar ao Presidente dos Estados Unidos os dois pedidos acima referidos: o pedido de perdão do Contra-Almirante John G. Crommelin em meu nome e o meu pedido pessoal de perdão presidencial.

Com os melhores cumprimentos

James W. von Brunn. Encls:

Carta "A" da Casa Branca

"B" Von Brunn pede perdão C" Moeda do governo 14 cc:

Contra-almirante John G. Crommelin, U.S.N.(Reformado)

Carta de Crommelin a Erik von Brunn

(primeira página fotografada abaixo; segue-se o texto integral)

JOHN G. CROMMELIN
Rear Admiral U. S. N. (Retired)
HARROGATE SPRINGS
WETUMPKA, ALA.

October 17, 1983.

Dear Erik,

Your Aunt Alyce has told me that you are a strong, healthy, six year old boy and that you miss your father, James Von Brunn, who has been held by U.S. federal authorities now for some time. We all hope that he will soon be released, for in the opinion of those of us who understand the malfunctioning of certain elements of our once near perfect government, he has committed no crime. But quite the contrary, he has taken very courageous and patriotic action to try and alert the U.S. citizens to the real organization of the Federal Reserve System and its great danger to the survival of our once White Christian constitutional republic, the corner stone of Western Civilization.

It is my conviction that James von Brunn deserves the gratitude and assistance of every White Christian citizen of these United States. And I believe he would have this support were it not for the cabal which controls not only the Federal Reserve System but also the nationally effective communication media.

In the early 1950s I discussed this media control with General Douglas MacArthur in a lengthy private conversation. We both agreed that the greatest internal or external threat to the survival of The United States was the near ironclad control which our enemies and subversives exercise over the U.S. communication media.

I suppose you know that your father was a PT Boat captain in World War II. We were both naval officers and

OVER

JOHN G. CROMMELIN

Contra-almirante, Marinha dos EUA (reformado) Harrogate Springs

Wetumpka, Geórgia 17 de outubro de 1983 Caro Erik,

A tua tia Alyce disse-me que eras um rapaz de seis anos forte e saudável e que tinhas saudades do teu pai, James von Brunn, que está sob custódia federal há algum tempo. Todos esperamos que ele seja libertado em breve porque, na opinião daqueles de nós que compreendem os elementos disfuncionais do nosso governo outrora quase perfeito, ele não cometeu qualquer crime. Pelo contrário, tomou medidas muito corajosas e patrióticas para tentar alertar o povo americano para a verdadeira organização do Sistema da Reserva Federal e para o grande perigo que representa para a sobrevivência da nossa antiga república constitucional branca e cristã, a pedra angular da civilização ocidental.

Estou convencido de que James von Brunn merece a gratidão e o apoio de todos os cidadãos brancos e cristãos dos Estados Unidos. E creio que ele teria esse apoio se não fosse a cabala que controla não só o Sistema da Reserva Federal, mas também os meios de comunicação eficazes a nível nacional.

No início dos anos 50, discuti este controlo dos meios de comunicação social com o General Douglas McArthur numa longa conversa privada. Ambos concordámos que a maior ameaça interna e externa à sobrevivência dos Estados Unidos era o controlo quase absoluto dos meios de comunicação social americanos.

Suponho que sabes que o teu pai foi capitão de um PT-Boat durante a Segunda Guerra Mundial. Éramos ambos oficiais da Marinha e somos amigos há muito tempo. Eu tive a sorte de ser Oficial Aviador e depois Oficial Executivo do porta-aviões U.S.S. Enterprise, o maior navio de combate dos anais da história. Talvez um dia tenha a oportunidade de vos falar sobre as ferozes batalhas que tiveram lugar perto de Guadalcanal.

Eis algo que precisa de saber: todos os oficiais da Marinha dos EUA, antes de serem nomeados, fazem um juramento de "apoiar e defender a Constituição dos Estados Unidos contra TODOS os inimigos, estrangeiros ou nacionais". "Este é um compromisso para toda a vida, desde que o oficial continue a ser um cidadão americano.

Quando o seu pai tentou uma detenção não violenta do Conselho de Governadores do Sistema da Reserva Federal, creio que as provas mostrarão que ele não tencionava magoar fisicamente ninguém e que a sua motivação era forçar os meios de comunicação social controlados a dar-lhe a oportunidade de provar ao público americano que a Reserva Federal é o seu inimigo mais perigoso e que a Lei da Reserva Federal de 1913 tem de ser revogada pelo Congresso dos EUA se a República Constitucional dos Estados Unidos quiser sobreviver.

Para mostrar que o seu pai não estava sozinho na sua tentativa de expor o carácter e os perigos da Reserva Federal, junto envio alguns documentos que provam que a Assembleia Legislativa do Estado do Alabama aprovou (por voto unânime da Câmara) uma Resolução Conjunta HJR-90 assinada pelo Governador James em 2 de março de 1982 "apelando ao Congresso dos EUA para revogar a Lei da Reserva Federal de 1913".

Erik, embora o teu pai e a tua tia Alyce estejam atualmente a ser alvo de decisões legais ou ilegais que esperamos que possam ser contestadas com êxito, quando fores mais velho e te tornares um homem, vais perceber que o teu pai defendeu o elemento fundamental da civilização cristã branca, que é o facto de todos os homens brancos inteligentes deverem viver e esforçar-se por garantir um futuro melhor para os seus filhos e netos. É isso que Jim von Brunn está a tentar fazer por si.

Com os melhores cumprimentos

Jno. G. Crommelin

Contra-almirante, Marinha dos EUA (reformado)

BOICOTE DE ANDERSON

Anderson urges boycott of series sponsor 5-24 94

By MARCIE ALVARADO
Staff Writer

EASTON — Talbot County Council Vice President Andrew Anderson has urged county residents to avoid the local sponsor of an anti-Holocaust TV series airing on local cable television.

Jim VonBrunn is sponsoring a six-part series that questions whether the Holocaust occurred and attempts to suggest that the *Diary of Anne Frank* is a hoax. The programs are being broadcast on Easton cable channel 15.

The first program aired Monday, May 16 and the series is scheduled to run every Monday and Thursday night for four weeks. The tapes, made in Canada in 1982, attempt to refute historical accounts about the Holocaust and Adolf Hitler's genocidal "Final Solution" for European Jews.

Because of federal cable regulations local access channels are open to almost any programming, including ones promoting racist ideas, cable officials said this week. They said they can't refuse to run the programs.

During yesterday's council meeting, Anderson spoke out against the series and VonBrunn's opinions.

Anderson, a retired U.S. Army general, said he spent 13 years of his military career in Europe and toured the former concentration camps at Belsen and Dachau.

"I have seen evidence of the 'Final Solution.' It is documented fact," Anderson said. "For someone to show these tapes on our cable channel boggles the mind."

Anderson then called for a boycott of VonBrunn's business.

Speaking during the council members' comment period, Anderson said, "I will not frequent his business and I ask other people to stay the hell away from him. He is bad news."

VonBrunn, contacted at his home on Tuesday, declined to comment on Anderson's remarks.

5-26-94

Dachau photos vivid reminder

As I write this I have before me three snapshots taken by my husband at Dachau the day after it was liberated by the U.S. Army.

One shows skeleton-like bodies tossed on an open car of a train. The other two, taken in a shed, show discarded remains of what once were human beings.

Perhaps Mr. VonBrunn has an explanation for these snapshots. I wonder where he was the day my husband was at Dachau taking these pictures.

DOROTHY DeCAMP
Oxford

Denial just won't change history

In response to the article concerning the series of anti-Semitic programs airing on an Easton local access channel, I will defend to death Mr. VonBrunn's God-given right to free speech. However, it is imperative that we, as Christians, remember always that Jesus Christ was born, lived, and died a Jew. We should also remember that even as he died, for ALL mankind, he said, "Forgive them, Father, for they know not what they do." Denial can never change history. Peace and love.

KITTY SCHNEIDER,
Trinity Cathedral
Easton

CARTA A ROBERT HIGGINS

JAMES W. VON BRUNN

P.O. BOX 2821, EASTON, MD 21601

24 de maio de 1994

CARTA ABERTA

RE: CITAÇÕES DO CONSELHO DO CONDE NO EASTON *STAR-DEMOCRAT* (5-24-94)

Robert Higgins, Presidente Talbot County Council Court House Easton, MD 21601

Caro Sr. Higgins:

Na minha juventude, fiz o Juramento dos Oficiais da Marinha, jurando "... proteger e defender a Constituição dos Estados Unidos da América contra todos os inimigos estrangeiros e nacionais..." Considero esse juramento tão importante hoje como o foi durante a Segunda Guerra Mundial.

Surpreende-me saber que o Conselho do Condado de Talbot, representado pelo vosso Vice-presidente, Andrew Anderson, parece ser um inimigo interno da nossa Constituição, que me privaria, a mim e aos cidadãos do Condado de Talbot, dos nossos direitos consagrados na Primeira Emenda. Se eu fosse um livro, ele queimar-me-ia porque não concorda com o que eu acredito ser verdade. Apela publicamente a que me rejeitem e boicotem o meu negócio, ameaçando o meu sustento. Duvido que o Conselho do Condado apoie os pontos de vista totalitários de Anderson. No entanto, peço-vos que dêem a conhecer publicamente a vossa posição.

Anderson afirma ter visto "provas da 'Solução Final'" nos campos de concentração de Dachau e Bergen-Belsen. Ele poderia receber uma recompensa substancial por apresentar essas provas. Mais ninguém as viu. A Comissão Aliada para os Crimes de Guerra estabeleceu desde o início que não existiam câmaras de gás de execução nestes campos, nem em nenhum dos treze (13) campos na Alemanha/Áustria. Um documento oficial para este efeito foi assinado pelos membros desta Comissão em 1 de outubro de 1948 (cópias oficiais disponíveis).

Nos últimos meses da guerra, os Aliados tomaram o controlo dos céus. Atacámos auto-estradas, estradas, pontes, caminhos-de-ferro, centrais eléctricas, etc. Os abastecimentos vitais foram impedidos de chegar aos campos. Quando os Aliados tomaram o controlo dos campos, foram recebidos por cenas de horror: pessoas doentes e moribundas; cadáveres emaciados sem sepulturas cobriam a área. Não foram gaseados ou fuzilados, como nos tinham feito crer, mas morreram lentamente de subnutrição e de tifo, que grassava na maior parte dos campos. Para completar este cenário macabro, a 45ª divisão do exército americano, que "libertou" Dachau, reuniu 560 guardas e enfermeiras alemãs de uniforme e matou-os com metralhadoras.

O Comité Internacional da Cruz Vermelha (CICV) e a Igreja Católica, cujos membros visitaram todos os campos, não fazem qualquer referência a execuções em massa ou a câmaras de gás. Centenas de toneladas de provas, incluindo descodificações Ultra-Enigma de comunicações alemãs, foram examinadas por peritos internacionais. Ninguém apresentou provas de uma ordem, um orçamento, um plano ou uma máquina para a chamada Solução Final". *NÃO HÁ PROVAS DO ASSASSÍNIO PLANEADO DOS JUDEUS.* Os judeus foram internados como inimigos do Estado. A guerra da Alemanha era dirigida contra o comunismo, o bolchevismo e o sionismo. Hitler queria uma confederação de Estados europeus com uma base populacional branca. Estima-se que menos de 300.000 judeus morreram de todas as causas durante a Segunda Guerra Mundial.

Com os melhores cumprimentos

James W. von Brunn

EDITORIAIS DO STAR-DEMOCRAT

Page 4A Tuesday, April 22, 1997

THE STAR DEMOCRAT EDITORIAL

Tiger Woods is the new face of our country

The Tiger Woods phenomenon, coming at the 50th anniversary of Jackie Robinson's destruction of baseball's color barrier, has been interpreted as an example of another African-American breaking through a racial bulwark.

But it's much more than that, because Woods is not only an African-American. His father is black, while his mother is Thai. He's also American Indian, Chinese and white.

In America, he's lauded as an African-American role model, while in Thailand, he's the nation's favorite son.

In reality, Woods is an exemplar of the American melting pot. Some call him mixed-race, but that's a stale phrase in a nation of immigrants from every corner of the planet at a time when melting-pot ingredients blend more and more each day. The number of multiracial marriages quadrupled from 1970 to 1990 in America, according to census figures, but the real figure is likely much higher. The number of multi-racial young people is clearly on the rise.

Of course, we cannot be naive. Woods is a person of color, subject to the prejudices that infect our society. While his recently acquired wealth and fortune may shield him, bigotry still afflicts people of color, particularly those who don't have Woods' benefits. For them, racial obstacles still loom large.

Yet Woods is confounding prejudice. He defies racial labels in a society obsessed by race, while commanding awe in a sport dominated by whites.

The result is that he baffles the American institution of bigotry. Those who might have disdained him have no choice but to respect him. Confused about his ethnicity, they're nonetheless amazed by his abilities, and grudgingly accept him.

In the past, the term melting pot was seen through a white European prism, mainly referring to Irish, Italians, Swedes, Poles and others who immigrated here around the turn of the century. But today, more than ever, the melting pot continues to bubble and brew.

Our nation has become a place, perhaps the only one in human history, where all races and ethnicities mix together.

In our children's lifetimes, we will see the notion of labeling people as fill-in-the-blank Americans begin to fade, and bigotry and prejudice along with it. In that light, Tiger Woods is a true modern.

He shows the world the face of our country, today and in the future.

Page 4A, Wednesday, September 13, 2000

EDITORIAL

Double helix that binds us all

There is no denying the reality of race. The proof confronts us daily — the color of our skin or the texture of our hair, even the diseases to which we sometimes fall prey. But underneath the microscope, those differences melt away.

Recent efforts to unravel the genetic code demonstrate that there simply is no biological basis for the concept of race. Scientists involved in the research to decode the human genome say that people are 99.9 percent alike, at the genetic level.

That should come as no surprise to any student of history or biology. We've long recognized that human anatomy is the same the world over. We know that compatible blood or organs can be transplanted from people of one color to those of another without undue complications. We know that modern humans first appeared in Africa 100,000 or so years ago — the blink of an eye, in evolutionary terms.

We are too young a species to have developed distinct biological subgroups. And we know that the concept of race has been remarkably plastic over the years. Classification schemes developed as recently as the 19th century placed people from Italy and Ireland in a different group than those from Northern Europe.

The accumulating evidence hasn't stopped modern racists seeking biological differences. The latest effort involves comparing average brain weights of different racial groups to create a hierarchy, with Asians on top and blacks at the bottom. By that tortured reasoning, Neanderthals would have inherited the Earth. They had larger brains than any of the modern humans that displaced them.

Race and ethnicity can, of course, be useful concepts. But they can also mislead. Australian Aborigines and African-Americans both have shorter life expectancy than their white countrymen. But the explanation is more likely found in their social status than in the genes. Skin color is but an accident of evolution. It is our culture and experiences far more than our race that shapes who we are.

And so our efforts to unravel the genetic code have reinforced a lesson most knew already: At the most basic level, we are all inextricably bound together by DNA's double helix.

We who share this increasingly tense and crowded planet are all members of the same race — the human race.

NUNCA RENUNCIAR À SOBERANIA

Poderosos são os homens que criaram esta terra, Fortes nas suas intenções e nas suas mãos, Grandes nas suas visões e livres dos seus medos, Fortaleza e lar, eles construíram-nos aqui.

Eis o que cantavam sem cessar: "Não abdiquem da soberania! Escura é a noite, a nação dorme, Descuidada é a sentinela que vigia, Surdos são os ouvidos que não ouvem A canção dos homens livres que ressoa claramente;

Levado pelo vento para sempre Nunca abandones a tua soberania!

A confusão reina, a hora é tardia, os traidores entram pela porta aberta. A liberdade está à venda, e com ela a humanidade - Será que eles não ouvem esse grito de novo? Através dos tempos, sem fim - Nunca abandoneis a vossa soberania!"

JOSEPHINE POWELL BEATY.

Barboursville, Virgínia

CÍCERO

Poder e direito não são sinónimos. De facto, são muitas vezes opostos e irreconciliáveis. Existe a LEI DE DEUS da qual derivam todas as leis equitativas do homem e segundo a qual o homem deve viver se não quiser morrer na opressão, no caos e no desespero. Separado da LEI ETERNA E IMUNDA DE DEUS, estabelecida antes da fundação dos sóis, o poder do homem é mau, por mais nobres que sejam as palavras com que é usado ou as razões invocadas para o aplicar. Os homens de boa vontade, conscientes da LEI DEPOSITADA POR DEUS, opor-se-ão aos governos governados por homens e, se quiserem sobreviver como nação, destruirão os governos que tentam governar de acordo com os caprichos ou o poder de juízes venais.

CÍCERO (106-43 A.C.).

Já publicado

www.ingramcontent.com/pod-product-compliance
Lightning Source LLC
Chambersburg PA
CBHW071346150426
43191CB00007B/869